벤야민과 도시, 영화, 역사와 고스트
21세기 도시 문화

Benjamin and City Cultures of the 21st Century

벤야민과 21세기 도시 문화

도시, 영화, 역사와 고스트

이창남, 길로크 편저
Walter Benjamin
조형준 번역

벤야민과 21세기 도시 문화
도시, 영화, 역사와 고스트

편저 | 이창남 · 길로크
옮긴이 | 조형준
펴낸이 | 조형준
펴낸곳 | 새물결 출판사
1판 인쇄 | 2018년 12월 20일
1판 발행 | 2018년 12월 20일
등록 | 서울 제15-52호(1989.11.9)
주소 | 서울특별시 마포구 포은로 5길 46 2층 121-822
전화 | (편집부) 3141-8696 (영업부) 3141-8697 팩스 3141-1778
이메일 | saemulgyul@gmail.com
ISBN 978-89-5559-418-8(93300)

ⓒ 이창남 · 길로크, 2018

이 책의 저작권은 새물결 출판사에 있습니다. 신저작권법에 의해 보호를 받는 저작물이므로 무단 전재와 복제를 금합니다.

| 차례 |

서문 · 9

1부 경계 위의 고스트

01 유령을 위한 집: 도시 속의 벤야민과 슈비터스
에스더 레슬리 · 19
1_ 꿈의 집 · 19
2_ 고물상 · 37
3_ 찌꺼기 같은 지식 · 39

02 메트로폴리스 경계 위의 고스트 이미지: 파리와 『오페라의 유령』
이창남 · 47
1_ 만남과 조우로서의 이미지 · 47
2_ 무덤 위의 장식 · 50
3_ 고스트의 위험과 매혹 · 54
4_ 고스트와 공동체 · 60
5_ 초국적 소통 가능성과 변증법적 이미지 · 66

03 유스턴의 에우리디케: 벤야민과 오제, 지하로 내려가다
그레이엄 길로크 · 77
1_ 서론: 지도 그리기 · 77
2_ '기억의 기계' · 80
3_ 기억의 정거장 · 83
4_ 습관과 전술 · 88
5_ 환승과 마주침 · 90
6_ 재방문과 자아의 유령 · 93
7_ 에필로그: 성좌 · 99

04 **화가 로리의 출몰: 샐포드의 '더 로리' 미술관의 계급, 대중적 관람과 이미지** 조에 톰슨 · 103

  1_ 서론: 도시와 환영 · 104
  2_ 멜랑콜리: 현대적 정조 · 106
  3_ 경기 보러 가기, 로리 보러 가기 · 109
  4_ 이미지: 아우라에서 시뮬레이션으로 · 119
  5_ 종합 계획: 좀비, 도펠겡어, 카니발 · 123
  6_ 결론 · 130

2부 화석이 되어

05 **기념물 되기, 윈저 활성화하기**
    카렌 엥글 · 139

06 **뉴욕, 20세기의 수도: 벤야민의 삶과 죽음**
    데이비드 키식 · 157

07 **운명의 단계/무대에서: 시드니의 퇴물 구출하기**
    엠마 프레이저 · 171

  1_ 서문 · 171
  2_ 시드니의 유령들 · 175
    글리브 · 178 | 퍼몬트와 제분소 · 184
  3_ 폐허를 어떻게 읽을 것인가? · 190
  4_ 도시의 폐물 · 196
  5_ 구원 · 198
  6_ 결론 · 201

3부 스크린 속의 도시

08 영화와 대도시: 도시 현실로의 카메라의 침투
파비오 라 로카 · 207

1_ 서론 · 207
2_ 도시적 차원에서의 실재의 이미지 · 209
3_ 영화적 소요逍遙 · 214
4_ 열림: 영화적 패러다임 · 218

09 카메라가 역에 도착하다: 문화적 기억으로서의 영화적 기억
러셀 J. 킬번 · 223

1_ 서론: 영화적 도시, 정체성 그리고 문화적 기억 · 223
2_ 처소적 주체와 이동적 주체 · 225
3_ 시각적 무의식, 공유된 꿈꾸기와 기억 · 230
4_ 포스트-영화적 향수: 기차의 도착 · 243
5_ 결론 · 248

서문

1.

대도시는 현대의 삶에 대한 암시로 가득 차 있다. 20세기의 걸출한 독일 사상가 벤야민Walter Benjamin(1892~1940년)의 도시 연구도 당대 유럽의 대도시 '파리'와 '베를린'의 암시와 표징을 해독하는 작업이었다. 이 책은 '고스트 타운'이라는 주제 하에 벤야민의 도시 연구의 방법론적 현재성과 응용 가능성을 세계의 여러 도시를 중심으로 살펴보려는 기획이다. 여기서 우리는 파리, 런던, 샐포드, 디트로이트, 시드니, 뉴욕 등 세계의 여러 주요 도시 속의 유령화된 공간의 기억과 흔적의 의미를 검토하고, 도시와 영화의 상호성에 따른 인식론적이고 기억이론적인 횡단의 양상을 추적하고자 한다.

특히 우리가 화두로 제시한 '고스트'는 부재하는 듯하면서 현재 속에서 작동하는 과거이며, 불연속적으로 출몰하는 사건이고, 잊혀진 듯하면서도 상기되는 기억이자 형체 없이 부유하며 역사를 만드는 군중이기도 하다. 일상의 도저한 흐름 속에 잠재하다가 어느 순간 우리 기억과 현실 속에 돌출하는 이 고스트의 현상학은 대도시의 시간과 공간 속에서 현전적으로 작동하고 있다. 지하철과 상점, 극장과 전시장 그리고 영화관 같은 일상의 공간 속에서 고스트는 기억과 망각, 이미지와 실재, 삶과 죽음의 경계 그리고 그 너머 사이의 간극에서 출몰한다.

이러한 고스트의 의미론을 탐구한다는 것은 데리다가 『마르크스의 유령들』에서 말하듯이 "죽음을 향해서가 아니라 경계 위에서의 삶을 향해, 곧 삶이나 죽음이 그것의 흔적들이며 흔적의 흔적들일 어떤 흔적을 향해" 나아간다는 것을 의미한다. 그러한 '고스트'의 의미론에 대한 관심은 오늘날 폭넓은 분야에서 나타나고 있고, '존재론Ontology'을 '유령론Hantology'으로 대체할 정도로 의욕적으로 개진되고 있다. 본서에서도 비판이론적 도시 연구 전통 속에서 고든Avery Gordon, 슈비터스Kurt Schwitters, 보드리야르Jean Baudrillard, 오제Marc Augé를 비롯한 여러 도시 문화 이론가에 의해 시사되고 있는 현대 대도시의 유령론을 기억, 매체, 지역 문제에 대한 연구와 관련해 활용하고 있다.

'고스트'는 다름 아니라 경계의 현상이다. 요컨대 그것은 과거와 현재, 실재와 상상, 지하와 지상, 국내와 국외 같은 심상적/실재적 경계 위에 출몰한다. 그러한 '고스트'의 의미에 대한 평가는 필자마다 다소 차이가 있지만 본서에서는 대체로 그러한 부재와 현존, 이미지와 실재, 과거와 현재가 몸을 바꾸며 뒤섞는 혼종의 역학을 '고스트적 현상'으로 총칭하고 있다. 그것을 매개로 "공적 역사와 다른 기억"(노라Pierre Nora)을 상기시키고, 실재와 상상을 횡단하는 인식의 지평을 열며, 지역과 공간의 경계 위에 새겨진 관계의 아이콘과, 지하철 정거장으로 각인된 일상의 기억의 부표를 살펴보려고 한다. 그리고 그 사이를 오가며 어떤 비공식적 역사를 만들어가는 대중의 유령적 흐름을 추적하려고 한다.

일상 속에서 나타나는 이러한 고스트적 현상은 너무 쉽게 간과되어 왔고, 학문이라는 이름의 제도로는 가닿지 못하는 영역이 되곤 했다. 그러한 문제의식을 공유한 국내외 학자들이 '고스트 타운: 도시 경관, 기억 그리고 비판이론Ghost-towns: Cityscapes, Memories and Critical Theory'이라는 제하에 2013년에 저널 『소사이어티즈Societies』 특집호를 발간했다. 이 책은 그 한국어판이다. 각 장의 필자는 벤야민과 비판이론의 도시 연구 전통을 연구해왔고, 대도시의 일상에서 '비존재'로 또 '비역사'로 간과되어온 유령적 기억과 공간을 복구하고자 하는 데 뜻을 같이하고 있다. 그리고 그러한 인식론을 공유한 토대 위에서 현대의 대도시의 일상의 시공간의 경계와 흔적 속에서 나타나는 고스트적 현상에 대한 다양한 시각에서의 해석을 제시하려 한다.

2.

레슬리는 벤야민의 『일방통행로』의 의미론을 분석하면서 과거의 전통적 휴머니즘이 일종의 고스트로 변형되는 역사적 기점을 슈비터스의 작업과 더불어 살펴보고 있다. 현대 도시의 상징적 축도라고 할 수 있는 『일방통행로』의 간판과 상점 그리고 거리와 기념관, 주유소 등은 변화된 현대 도시의 현상학을 드러내며, 그것의 이면에서 고스트는 사라졌지만 여전히 현대적 자아 이면의 자아로 우리 주변에 출몰하고 있다는 것이다.

이창남은 『오페라의 유령Le Fantôme de l'Opéra』을 현대 도시의 문제를 드러낸 소설로 분석하고 있다. 그는 오스만 시절에 설립된 파리의 오페라극장을 새로 등장한 대도시의 축도로 해석하며, 그 안에서 이루어지는 고스트의 현란한 기만과 눈속임도 대도시의 판타스마고리를 모방하고 있는 것으로 본다. 이 소설에서 설정된 고스트의 국외자적 이력 또한 대도시에서 초국적 관계로 이어지는 경계의 문턱을 상징적으로 나타내는 것으로 해석하고 있다. 그러한 경계 위의 이미지로서 고스트는 벤야민의 '인식 가능성'이라는 개념을 통해 대도시에 형성되어가던 초국적 소통의 역사적 국면의 한 표식으로 간주될 수 있는 것으로 제시된다.

길로크는 지하도로 내려간 벤야민을 표제적 모티프로 제시하면서 런던의 지하철에서 벤야민적 도시 인식이 갖는 현재성을 오제의 지하도에 대한 성찰을 매개로 살펴보고 있다. 현대의 도시인들이 경험하는 사건과 매개된 정거장의 이름처럼 지하철역은 우리의 기억의 성좌를 구축하는 별들처럼 자리하고 있다. "과거의 마주침, 마주침, 밀회, 회합, 언쟁, 헤어짐, 재결합, 첫눈과 마지막 눈의 기억으로 가득 차 있는 소수의 갈아타는 선과 환승역"(100페이지)이 바로 지상에서는 보지 못하는 어떤 물화된 기억을 복구하는 계기임이 시사되고 있다.

톰슨은 영국의 샐포드의 노동자 화가 로리의 그림과 그의 이름을 딴 문화센터 '더 로리'를 중심으로 도시와 대중의 의미론을 살펴보고 있다. 대중과 도시 공간은 상호 밀접히 연결된다. "공간은 [그곳을] 어떻게 찾아가느냐에 따라 변형의 잠재력을 갖기"(104페이지) 때문이다. 그러한 행위자로서 대중에 주목한 로리의 회화는 목적지향적인 집체적 대중보다는 여가를 보내는 일상의 대중에 초점을 맞추고 있다. 20세기 도시 경관의 일부로서 구축된 문화 소비의 현장에 출몰하는 이 대중의 형상을 관찰하면서 그는 소비이데올로기에 적응하면서도 그것을 교란하는 고스트적 현상을 도출해내고 있다.

엥글은 캐나다와 미국의 경계 지점인 윈저에서 디트로이트를 바라보며 유령도시가 되어 가고 있는 윈저의 과거와 현재를 현지 관찰자 시각에서 기록하고 있다. 그는 디트로이트에 대해 이렇게 말한다. "이곳에서는 온갖 것이 오간다. 도시는 빈 가게와 '세놓음'이라는 간판으로 가득 차 있다"(142페이지). "디트로이트는 지난 10년 동안 초신성 단계를 지나 모든 것이 말끔히 추출당한 채 일련의 죽음을 상징하게 되었다"(148페이지). 이를 통해 우리는 산업화의 상징적 도시인 디트로이트의 어제와 오늘을 통해 격변하는 도시의 과거와 현재가 드러내는 역사의 한 표징을 읽을 수 있다.

키식은 벤야민이 1940년에 프랑스와 스페인 국경에서 사망한 것이 아니라 뉴욕으로 망명에 성공해 익명으로 살며 '20세기 수도, 뉴욕'을 대상으로 『맨해튼 프로젝트』를 쓰고 있는 것으로 상상하고 있다. 이 유령적 벤야민의 눈에 비친 뉴욕에서의 삶은 "성냥불꽃처럼 사라져가는 도시의 지나가는 삶"(168페이지)이다. 그와 관련된 구원의 아이러니를 그는 "죽은 다음 화석이 되기 위해 화석처럼 살 필요가 있을까?"(169페이지)라는 질문 속에 예시하고 있다.

프레이저는 낡은 아케이드에서 현대 도시의 전사前史를 본 벤야민의 인식을 확장해 오스트리아의 시드니의 과거와 현재를 조명하고 있다. 그에 따르면 "시드니는 어두운 식민지적 기원에 사로잡혀 있는 도시로 ······

살아남은 것에 의해서만큼 부재에 의해서도 사로잡혀 있다"(177페이지). 그는 산업화 시대의 시드니의 흔적을 보여주는 전차 차고, 제분소 등을 답사하며 "명백히 현존하지 않음에도 불구하고 우리를 사로잡는 사회학적 부재"(189페이지)에 주목한다.

라 로카는 대도시와 영화의 상관성을 살펴보고 있다. 양자는 거의 동시적으로 생겨났고, 도시의 실재와 영화의 이미지는 밀접히 상호작용하는 관계를 형성해왔다. 도시와 영화 사이의 상징적 교환을 통해 이미지가 실재가 되고 실재가 이미지가 되는 횡단적 교섭이 이루어지는 것이다. 이는 '시각적 무의식'을 개척하는 영화에 대한 벤야민의 매체론적 인식론의 확장된 귀결이기도 하다. 여기서 전통적 실재와 영화의 이미지 사이의 위계는 전도된다.

킬번은 디지털 시대의 블록버스터 영화 〈후고*Hugo*〉와 〈인셉션*Inception*〉을 통해 영화와 기억 문제에 천착하고 있다. 기억은 단순히 존재했던 것이 아니라 상상했던 것, 즉 꿈과 교차되면서 구성되는 것이다. 그런 점에서 꿈의 형식인 영화는 우리의 역사적 기억에 구성적으로 작동한다. 거꾸로 기억은 꿈속에 흔적을 드리우고 있다. 그는 초기 영화에 등장하는 대도시와 기차의 모습이 포스트-시네마 시대의 영화 〈후고〉와 〈인셉션〉에 변화된 모습으로 나타나는 양상을 분석하면서 시공간적 인식과 상상의 접점 속에서 이루어지는 '기억'의 구성적 면모를 드러내고 있다.

3.

　우리는 벤야민의 도시 연구의 지평이 확장될 수 있을 가능성을 세계의 여러 도시의 어제와 오늘 그리고 그러한 도시가 품어온 꿈과 실재를 매개로 드러내고자 했다. '고스트'는 우리 인식과 기억 그리고 실재와 상상, 과거와 현재의 간극에서 부유하며 끊임없이 출몰한다. 그리고 그것은 학문과 일상 속에 제도화된 고정관념을 교란하면서 비존재의 존재, 물화로서 망각된 기억의 복구를 요청하고 있다. 낡고 버려진 19세기의 상점가인 아케이드에서 현대의 거대 쇼핑몰을 예견한 벤야민의 선구적 작업은 죽은 고스트의 현상학에 주목할 것을 강력히 요청하는 것이었다고 해도 과언이 아니다.

　본서의 한국어판이 나오기까지 지원을 아끼지 않은 한양대학교 비교역사문화연구소와 원고 번역에서 출판까지 전 과정을 세심히 살펴주신 새물결출판사 편집부에 깊은 감사를 표하고 싶다. 여기에 실린 개개의 글은 세계의 여러 도시의 어제와 오늘에 대한 관찰과 사유의 흔적이다. 이를 매개하고 보충하는 것은 이제 독자들 몫이다. 향후 독자들의 연구와 일상 속에서 우리의 '고스트들'이 풍요로운 후생後生을 얻을 수 있기를 기대한다.

2018년 8월 2일
필자를 대표해 이창남, 길로크

1 경계 위의 고스트

1장

유령을 위한 집:
도시 속의 벤야민과 슈비터스

에스더 레슬리

1. 꿈의 집

　벤야민의 『일방통행로』는 1920년대에, 근대 독일의 정신없이 바쁜 거리의 소란으로부터 쓰여졌다. 제목이 그것을 암시하는데, 거리를 어지럽히고 있는 교통 표지판 중의 하나에서 제목을 따왔다. 그것은 단장, 명제, 일화, 아포리즘의 모음으로, 인플레이션의 압력, 기술 발달, 그리고 네온사인, 포스터, 신문, 팸플릿 같은 정보 소통의 새로운 양상 등의 주제에 따라 도시의 일상을 성찰하고 있다. 『일방통행로』를 여는 단장은 도시 환경을 가리키는데, '주유소'라는 제목을 통해 독자가 자동차와 오토바이의 세계에 의해 필요해진 도시적 구조에 주의를 돌리도록 하고 있다. 차량에 연료를 채우는 곳이 그곳이다. 에너지를 사는 곳이 그곳이다. 이 제목 아래 벤야민은 행동에서 태어나며 전단지, 팸플릿, 신문 기사, 플래카드 등의 기민한 반응 속에서 구현되는 글쓰기를 위해 책을 포기해야 한다는 논쟁적 주장을 하고 있다. 이 조언에 주의를 기울인다면 문인들은 새로워진 에너지를 획득할 수 있으리라는 것이다. 벤야민은 재치 있는 논평, 꿈의 기록, 가정, 주제어로 구성된 단편적 성격의 책을 쓰면서 그와 비슷한 절차를 채택하고 있다. 작가들에게 보다 기계처럼 되어 나름대로 자기 의견을 섞은 기름을 사회적 존재의 거대한 장치의 이런저런 부분에 주입할 것을 호소한 후 벤야민의 원고는 돌연 안으로 향한다. 거리의 공적 세계를 뒤로 하고 일련의 실내가 상기된다. 이처럼 안으로 향하는 것은 논쟁적으로 되라는 요구를 충족시키고 있는가? 그것은 긴급한, 기민한 산문은 정치 세계에만 국한되지 않으며 주체성에 대한 축조적 진술 또한 이처럼 새로운 형태로 쓰여질 필요가 있음을 강조하고 있는 것처럼 보인다.

먼저 우리는 집안에 있는 아침 식당에 있게 된다. '아침 식당'이라는 제목 아래 벤야민은 잠과 깨어남 사이의 과도기적 공간과 시간에 주목하고 있다. 그는 깨어남에 대해 묘사하지만 꿈의 세계가 완전히 방치되는 것은 아니다. 벤야민은 아침 식사 전에 꿈 이야기를 하는 것을 금지하는 민간전승에 대해 들려준다. 우리의 표면은 수건으로 깨끗이 닦아낼 수도 있지만 우리 몸의 가장 깊은 층에서는 꿈의 회색 어스름이 그대로 머물러 있다. 식사를 하려고 하지 않는 것은 낮과의 접촉을 피하려는 사람의 전략이라고 벤야민은 진술한다. 그것은 꿈의 세력권 안에 붙잡혀 있다는 느낌을 잃어버리기를 거부하는 사람의 전술이다. 꿈은 생산적이기 때문이다. 에너지의 원천인 것이다. 따라서 끈질기게 남아 있으려는 꿈에 의해 간직되게 되는 자원은 아침 일을 통해 연소시키는 것이 바람직하리라고 그는 지적한다. 꿈은 창조적 작업으로, 초현실주의자들이 잘 알고 있던 대로 아마 시 쓰기로 전환될 수 있을 것이다. 아마 꿈은 다른 유형의 지식으로, 예를 들어 이성의 빛을 따르고 있는 낮의 안정된 세계를 영감을 받은 삶이라는 이름 아래 전복시키는 데 필요한 정신 상태로 번역될 수 있을 것이다. 하지만 꿈꾸는 사람은 아침을 먹으며 꿈을 쫓아내며 다시 한 번 그것을 자아의 깊숙한 곳에 압축시켜 놓을 것이며, 그리하여 그것의 보다 깊이 있는 쪽, 벤야민이 기억이라는 부르는 것에 가닿을 가능성이 더 크다. 꿈의 내용은 파묻힌 기억으로 바뀐다. 다른 단편들에서 벤야민이 들추어내는 것이 이 기억이다.

『일방통행로』의 다음 절은 '113번지'라는 제목으로, 두 개의 세부 항목 또는 방으로 나뉜다. 첫 번째 방은 지하실이다. 그것은 "형상들을 담고 있는 시간들은 꿈의 집 안에서 흘러가 버렸다"는 제사와 함께 시작된다. 이 구절은 벤야민 본인이 지은 것으로, 프라이부르크대학교 재학 당시의 친구 하인레Fritz Heinle의 사망 소식을 듣고 쓴 연작 소네트 중의 한 편이었다. 하인레는 벤야민과 청년운동을 함께 한 동지로, 1914년 8월에 제1차세계대전이 발발한 것에 대한 항의로 자살했다. 형상, 즉 하인레와 꿈의 집이 환기된다. 이 꿈의 집을 위한 시간이 다 되었다. 이 집이 보호해 온 이 형상의 시간은 지나가버렸다. 이 시행에 이어지는 단편은 꿈에 나오는 어떤 형상으로서의 그리고 기억의 저장소로서의 집의 의미를 자세히 설명하고 있다. 집은 마치 꿈의 사유와 기억이 저장되듯이 사물, 대상, 보물이 아마 지하실이나 저장소에 소중히 저장되는 곳이다. 이처럼 숨겨진 물품은 단지 약탈이나 그와 비슷한 폭력 행위 이후에나 다시 드러난다. 우리 삶의 여정은 시간이 흐르면서 지어진, 하지만 오래 전에 시작된 집과 같다. 이 삶 속에서 일어난 많은 일은 기억에게는 잃어버린 것이 된다. 그것은 갈라진 틈이나 다른 잡동사니 더미 아래로 빠져버린다. 벤야민은 이렇게 쓰고 있다.

우리는 삶이라는 집을 세울 때 우리가 따랐던 의식을 벌써 오래전에 잊어버렸다. 그러나 그것이 공격받을 때, 그리고 적의 폭탄이 떨어지고 있을 때 그들 폭탄에 의해 수척해진, 기이한 고물들이 토대 속에서 그대로 드러나는 것이 아닌가. 얼마나 많은 것이 주문과 더불어 묻히고 희생물로 바쳐졌던가. 저 아래에는 얼마나 무시무시한 진품 진열실이, 가장 일상적인 것에 가장 깊은 수혈竪穴이 주어져 있는 진열장이 놓여 있던가. 절망에 빠져 있던 어느 날 밤 나는 몇 십 년이나 소식을 모르고 있었으며 당시 거의 생각조차 못하고 있던 학창 시절의 최고의 단짝과 만나 우정을, 그리고 형제 같은 애정을 폭풍처럼 새롭게 맺는 꿈을 꾸었다. 그러나 잠에서 깼을 때 분명하게 알 수 있었다. ― 절망이 폭발하듯 드러낸 것[낮으로 가져온 것]은 그의 유해로, 그것이 거기 갇혀 있던 것은 이렇게 경고하기 위해서였다는 것을. 즉 언젠가 여기 살게 될 사람은 어떤 경우에도 그와 닮아서는 안 된다는 것을.

우리는 우리 삶이 어떻게 해서 지금 같은 형상을 갖게 되었는지를 지속적으로 추적하지는 않는다. 자아의 집을 위해 초석 역할을 하는 것은 지하실로, 그것이 가장 오래된 부분이다. 그것에는 우리가 알려고 하는 것보다 더 많은 것이 저장되어 있다. 난폭하게 그리고 강제로 기이한 고물들이 그곳에서 드러난다. 그와 같은 것이 의식儀式의 성격이다. 의식은 다른 가능성의 희생을 포함한다. 의식은 존재하게 된, 무의식적으로 존재하게 된 삶을 위한 이름이다. 꿈과 실패 또한 지하실에서 이루어진다. 많은 것이 망각된다. 자아의 집이 지속적인 공격 아래 있게 될 순간까지는 말이다. 그러한 일이 일어날 때 우리의 토대 자체가 덜거덕거린다. 벤야민은 일단 그러한 공격이 일어나면 우리는 과거로부터 단절하고 완전히 변형된다고 주장한다.

전쟁, 여기서는 제1차세계대전은 물리적 세계의 잔해와 파멸을 낳는다. 심리적 세계 또한 파괴된다. 자아의 익숙한 구조가 산산조각 나자 '기이한 고물들'이 그대로 드러난다. 지하의 고물들이 백일하에 드러나는 것이다. 이 고물들은 습관들로, 가장 흔하고 가장 무의식적인 것, 기원이 결코 질문되어본 적이 없는 것이다. 그것들은 망각된 경험, 사람, 관계 또는 물건일 수 있다. 지금까지 기억되지 않았지만 한때 삶과 삶의 형성에서 결정적이었던 것일 수 있다. 벤야민은 친구 꿈을 꾸었다. 학창 시절 최고 단짝이었지만 지금은 잃어버린 어떤 사람의 꿈을 꾼다. 학창 시절 벤야민의 세계를 형성했던 세계는 폐허가 되었다. 잠에서 깨어났을 때 그에게 분명해진 기이한 고물은 친구의 유해로, 관계의 겉껍질이었다. 그것이 그의 존재의 토대를 형성하고 있지만 바로 그것이 실존적 위협이 등장해 토대에 대한 검토가 필요한 순간까지 하나하나씩 죽어가고 있는 그의 일부를 이루고 있다. 절망에 빠진 벤야민은 수십 년을 건너 뒤돌아보며 자기였던 사람은 누군가 다른 사람이며, 그가 알았지만 더 이상 알지 못하는 사람도 마찬가지임을 발견한다. 유해는 친구 것일 수도 본인 것일 수도 있다. 어떤 경우건 다시 마주치고 보니 그것은 비록 그의 토대의 일부를 이루고 있지만 더 이상 그를 닮은 어떤 사람이 아니다. 우리 또한 우리가 아닌 사람이다. 꿈속에서는 아무것도 모르고 과거 속에 거주할 수 있다. 우리는 지금까지 우리가 살아온 익숙한 삶을 산다. 연대기는 힘을 잃었다. 사태의 전개는 역전된다. 자아의 집은 안에 영묘나 박물관을 갖고 있을 수 있다. 다시 깨어나면 모든 것이 폭파된다. 과거에 우리였던 것으로 돌아갈 수 있는 방법은 없다. 하지만 그것을 폭파시키는 중에 파편과 부스러기를 골라 그것으로부터 의미를 만들어내려고 시도할 수 있다. 그것을 의미로 만드는 것은 꿈에서 깨어나고 꿈의 지배를 따돌리는 것일 것이다.

그것은 우리 자신을 통속성의 합리성 안으로 압착해서 밀어 넣기 위해서가 아니라 현재를 이전에 존재한 모든 것의 정점으로 인식할 수 있도록 하기 위해서이다. 깨어났다는 인식은 과거를 마주치기 위해 또는 찬장에서 케케묵은 잔해를 찾기 위해 저 아래로, 지하로 내려간 이후에야 이루어진다. 벤야민은 본인 또한 이전의 자아와 관련해 죽었음을 깨닫는다. 꿈은 번쩍하는 깨달음을 전한다. 현재의 벤야민은 개인적인 것이든 집단적인 것이든 과거와의 통일을 주장할 수 없음을 말이다. 그는 달라졌다. 세상은 바뀌었다.

예를 들어 『아케이드 프로젝트』에는 현재를 자각하기 위해 벤야민이 심층으로, 지하 세계나 무의식 속으로 들어가는 것이 필요함을 보여주는 많은 구절이 들어 있다. 벤야민의 생각은 개별화될 수 있고 모든 시대의 꿈꾸는 모든 인간에게 중요하지만 또한 역사적인 것이기도 하다. 산업 자본주의, 모더니티와 현대적인 것, 이것들은 강력한 꿈을 생성해왔다. 상품의 환등상은 많은 사람을 유혹해 풍족하고 아름답고 부유한 삶을 꿈꾸도록 만들어왔다. 하지만 이 경제와 사회는 무한히 배열된 상품과 나란히 전쟁과 제국주의, 폭력과 극빈을 낳아왔다. 꿈꾸는 무리는 세계의 실망스런 현실을 자각해야 한다. 세계를 전복하기 위한 전주곡으로 말이다. 그와 같은 통찰이 역사의 움직임에 대한 벤야민의 지각에 스며들어 있다. 그가 보기에 과거와 현재의 연속성 같은 것은 존재하지 않으며, 어떤 것에서 다른 것, 어떤 사건에서 다음번 사건으로의 점진적 발전 같은 것은 존재하지 않는다. 오히려 에피소드, 지그재그, 불연속성, 파손이 존재한다. 우리는 충만함을 꿈꾸지만 막상 잠에서 깨어나서는 우리 손에 파편과 부스러기를 쥐고 있는 것을 발견한다.

벤야민은 마르크스와 프로이트의 영향 하에 글을 쓰고 있다. 마르크스와 프로이트 모두 엄격한 선형성이나 따분한 연대기를 부정한다. 두 사람 모두 과거의 행위가 현재에 작용하며 현재가 과거에 작용하는 방식에 대한 이해를 가동시킨다. 예를 들어 과거가 현재에 영향을 미친다는 프로이트의 사후성Nachträglichkeit이라는 개념이 그렇다. 또한 기억의 단편화된 구성 방식이 망각의 기능을 그리고 현재에서의 과거의 창조적 구성이 하는 역할을 자아라는 역동적 개념을 형성하는 일부로 강조해준다는 프로이트의 생각도 있다. 마르크스가 보기에 세계는 오랫동안 어떤 것을 즉 현실 속에서 소유하려면 단지 의식하기만 하면 되는 어떤 것을 꿈꾸어왔다. 현재는 다름 아니라 특정한 경로를 취한 과거로부터 출현한다. 과거의 행동이 현재를 만들지만 과거의 꿈도 현재에 반향되며 실현될 것을 요구한다. 과거를 통해 현재를 꿰뚫어볼 수 있다. 과거를 통해 현재가 알려질 수 있을 것이다. 예를 들어 마르크스는 현재의 자본주의적 생산양식, 사적 소유, 개인주의의 역사적 성격, 즉 전혀 영원하지 않은 비자연적 성격을 폭로하기 위해 원시 사회를 연구했다. 옛날에 대한 검토가 할 수 있는 것이 이것이다. 그것은 순간적으로나마 현재와 비판적으로 관계를 맺는 것을 허용해준다. 그것은 비록 또한 최고는 아니었지만 다른 방식이 존재했음을 상기시키며, 말라죽은 채 사람을 질식시키는 '지금'으로부터 벗어나 우리 자신이 가보는 것을 상상해볼 수 있는 어딘가 다른 곳을 제공해준다. 그것은 가담에 관한 것이다. 마르크스주의자 블로흐Ernst Bloch는 1921년에 발간된 뮌처Thomas Münzer에 대한 저서에서 아래 같이 전형적으로 수수께끼 같은 용어로 꿈과 고대의 정신을 어떻게 동원할 수 있는지를 보여준다.

따라서 우리는 분명히 뒤돌아보지 않는다. 심지어 여기서도 마찬가지이다.

오히려 우리는 정열적으로 가담한다. 그리고 타인들 또한 변형된 채 돌아오는데, 죽은 자들이 돌아오는 것이다. 그들의 행동은 우리와 함께 다시 한 번 충족되기를 원한다([2], p. xi).

블로흐는 아직 완성될 필요가 있는 옛날의 일을 환기시킨다. 죽은 자들이 돌아오는데, 그들은 수동적이지 않으며 역사적 정의 또는 미래에서 역사적 일부일 것을 요구한다. 유령은 활동가이다.

『일방통행로』의 다음 번 단장은 다른 방, 또는 방의 꿈이라는 표지를 달고 있다. 집에 대한 탐구는 집의 방문이 되는데, 박물관이 된 집에서 하는 것과 같은 것이 그것이다. 벤야민이 우리의 가이드이다. 그가 현관에 발을 들여놓는 집은 바이마르의 괴테 하우스 또는 꿈에서 본 그와 비슷한 집이다. 여기서 우리는 소생된 시인, 즉 괴테 형태로 유령과 마주친다. 벤야민은 그의 '꿈의 연감'에 들어 있는 어떤 꿈을 『일방통행로』로 옮겨놓는다.

현관. 괴테 하우스 방문, 꿈속에서 방들을 보았었는지는 기억나지 않는다. 학교에서처럼 회반죽만 바른 복도들이 죽 이어져 있었다. 두 명의 나이 지긋한 영국 여성 방문자와 관리인 한 명이 꿈의 단역이었다. 관리인은 우리에게 한 통로의 맨 끝에 있는 사면 책상 위에 펼쳐져 있는 내방객 방명록에 이름을 적을 것을 재촉하고 있다. 그쪽으로 가서 페이지를 넘기던 나는 이미 내 이름이 크고 서툰 아이 글씨로 적혀 있는 것을 발견했다.

벤야민이 꿈속에서 괴테 하우스를 방문한 것은 독일 문학의 집으로 그를 데려간다. 이 집에서 전통은 자기의 기원을 발견한다. 벤야민은 꿈

속에서 그를 형성한 독일 문학의 고전주의의 깊이 묻혀 있는 층들을 방문한다. 그것이 그의 교육의 기층으로, 그것이 그가 내방객 방명록에서 자기 이름이 크고 서툰 아이 글씨로 적혀 있는 것을 발견하는 이유를 설명해줄 수 있을 것이다. 그것은 어렸을 때 괴테의 시가 그를 형성했음을 인정하는 것처럼 보인다. 문학적 고전주의의 이 부분은 현재 어른이 된 그에게서 더 이상 옛날의 모습을 닮지 않은 어떤 것으로 도착한다. 일단 나치라는 역사적 시대에 왜곡된 다음 인간성Humanität이라는 고전주의의 유산은 점점 더 그렇게 되어가듯이 말이다. 오래된 작품은 완성되지 않거나 또는 잘못 완성되었다. 벤야민은 1920년대에 괴테의 유산을 둘러싸고 씨름을 벌였다. 그의 최초의 중요한 문학평론 논문은 괴테 말년의 작품 『친화력』에 대한 연구였는데, 거기서 그는 훨씬 더 기성 제도의 편에 서 있던 다른 비평가들을 작품보다는 저자와 그의 전기에 초점을 맞춘다는 이유로 무자비하게 공격하고 있다. 게다가 그렇게 해서 과대포장된 이 저자의 모습은 그를 비모순적인 역사적 연속성 속으로 동화시키는데, 그것은 조금도 역사와 같은 어떤 것이 아니다. 과거의 이미지를 영구화하기 때문이라는 것이다([3], pp. 320~321).

1928년 1월 30일에 친구에게 보낸 편지에서 벤야민은 독일 문학에 몰두하던 시기가 끝났다고 대담하게 진술하고 있다([4], p. 322). 1925년에 그는 교수자격논문과 관련해 불쾌한 경험을 하는데, 조언에 따라 거부당하기 전에 논문 제출을 철회했다. 그것은 그가 독일 대학교의 교수직에 임용될 가능성을 배제해버렸다. 『일방통행로』는 새로운, 비문학적인, 보다 파리적인, 초현실주의적인 연작의 시작을 대변하는 것이었다. 그것은 또한 그가 학계의 상대적으로 안전한 삶을 떠나 평론가와 저널리즘의 위태위태한 삶으로 옮겨갔음을 알리는 것이기도 했다. 폐쇄된 통로가 될 기원으로 돌아가는 것은 가슴 아픈 일이다.

꿈은 그를 바이마르의 괴테 하우스로 데려간다. 괴테는 여전히 그곳에 살고 있다. 하지만 방금 전까지만 그랬다. 지금은 내방객 방명록과 관리인만 있을 뿐이다. 박물관화가 진행 중이다. 자아의 집은 박물관이다. 이 꿈속에서 벤야민이 자기를 발견하는 장소는 또한 긴 흰색 복도가 있는 그의 학교이기도 하다. 학교는 벤야민에게 끔찍한 어떤 것을 대변했다. 프로이센적 규율과 군사주의가 만연해 있었기 때문이다. 벤야민에게서 바이마르 시는 군사적 질문과 묶여 있다. 벤야민은 10대 때 그리고 1914년에, 즉 그의 세대가 죽음과 즉 제1차세계대전의 발발이라는 큰 사건과 마주치기 2개월 전 학생일 때 자유학생운동 대표로 연설하기 위해 다시 한 번 바이마르를 방문했었다. 전쟁은 그가 **청년운동의 호전적 지도자 비네켄**Gustav Wyneken, 동지들의 자살 그리고 연인 사이인 하인레와 젤리겐 Rika Seligen과 결별하는 계기가 되었다. 괴테 하우스에 대한 꿈은 유년기에 대한 꿈 또는 희망과 절망이 정신없이 휘돌아가던 청년기의 꿈이다. 그것은 그러한 순간의 가능성 그리고 전쟁이라는 역사적 현실의 악몽 사이의 경계선으로 돌아가는 것이다. 벤야민이 내방객 방명록에서 유년기의 서명을 찾는 것은 놀랄 만한 일이 아니다. 그는 보다 이전의 자아를 그곳에서 만나며, 추정컨대 깨어나면서 그것과 관련해 유해遺骸 같은 많은 것을 그리고 그가 어른으로 자라면서 존재하게 된 세계의 많은 것이 죽어 있는 것을 발견한다.

벤야민은 이 하우스의 내방객이다. 내방객은 간단한 것이 아니며, 만약 이 단어의 저 깊숙한 속을 응시한다면 온갖 종류의 단어가 다시 우리를 응시할 것이다. 내방객은 주인host, 손님*hospes*, 환대, 적대, 인질뿐만 아니라 유령과 관련되어 있다. 다른 곳에서도 마찬가지지만 여기서 언어의 반명제적 성격이 전면에 대두된다. 블로흐 제자인 바르Hans Dieter Bahr는 손님을 이론화하면서 이 단어의 역사적 작은 틈을 캐내 드러내고 있다. 그는 이렇게 지적하고 있다. "분명히 그것은 바로 모든 가능한 인류학의 핵심에 이를 것이다"([5], p. 74). 바르는 코수트Joseph Kosuth의 프랑크푸르트 전시회 '손님과 이방인들: 괴테의 이탈리아 기행Gäste und Fremde: Goethes italienische Reise'의 카탈로그에 기고한 글에서 정치적으로 중요한 언어적 연관성 또는 잘못된 연관성을 찾는 것부터 논의를 시작한다. '손님'을 의미하는 독일어 단어 *Gast*와 라틴어 단어 *Hospes*의 첫음절 '가'와 '호'는 고고古高독일어에서는 인간 존재를 가리키는 '고모*gomo*'라는 단어를, 그리고 라틴어에서는 '호모'를 가리켰다. 이어 이 카탈로그의 에세이에 이어지는 모든 논의는 이 단어에 대한 한층 더 상세한 조사를 통해 '손님'을 인간으로, 보다 구체적으로는 인간을 이루는 사람으로 환원시키는 것이 어떤 식으로 방해받고 있는지를 보여주는 데 할애되어 있다. 그가 빙빙 돌리고 이리저리 비틀며 보여주고 있듯이 손님이라는 말은 항상 그가 "불가피한 잔여"라고 부르는 것을 포함하고 있는데, 그것은 그저 인간임을 넘어선다. 바르가 보기에 손님은 "오래 된 단어로, 그것 덕분에 우리는 내포된 것과 외시적인 것, 내재성과 초월성, 구성과 방법 사이의 종합 불가능한 대립을 항상 에둘러 왔다. 즉 단지 집에, 자기 혼자만 있는 것도 또 길 위에, 자기를 넘어 있는 것도 아닌 손님이 그것이다. 그는 그러한 대립을 초월할 뿐만 아니라 그것들을 가로 지른다"([5], pp. 81~82). 이와 관련해 한 가지 형태의 손님밖에 존재하지 않는다. 바르는 이렇게 지적한다. 즉 그것은 모든 것을 포함한다. 어른이건 아이건, 친구건 낯선 사람이건, 주인이건 노예건, 기식자건 부양자건, 도와주는 존재건 성가시게 구는 존재건, 반가운 사람이건 그렇지 않은 사람이건, 적이건 보호자건 말이다. 그리고 손님은 남성 또는 여성과도 관련되어 있다. 여성적 형태의 손님은 존재하지 않는다. 여주인에 상응하는 여성 손님은 존재하지 않는 것이다. 또 부정적인 형태의 손님도 존재하지 않는다. 비-손님이나 반-손님은 존재하지 않는다. 환대와 냉대는 오직 주인이 해당 역할을 받아들이느냐 아니면 거부하느냐와만 관련될 뿐이다. 바르는 손님이 되는 것은 교환에 연루되는 것이라고 주장한다. 손님은 선물을 받거나 경비를 수락하며, 그에 대한 대가로 감사를 표하거나 어떤 것을 주거나 주지 않을 수 있다. 궁극적으로 교환되는 것은 자아이다. 손님은 또 다른 것에 속한다. 바르는 그것을 여성은 마찬가지로 *hospes* 즉 손님에서 유래한 spouse라는 단어에서 입증되듯이 대부분 타자에 속해왔던 사실로부터 언어학적으로 끌어낸다. 바르가 손님이라는 단어 그리고 이 단어의 치환에서 찾아낸 것은 이렇다. 즉 손님은 한 사람이 아니라 또 다른 사람, 심지어 자아 속의 또 다른 사람 — 우리는 그에게 열려 있다 — 으로 환원 가능하다는 것이다. 손님으로서의 벤야민은 본인 또는 본인만이 아니며 본인에게 타자 그리고 이미 유령 같은 존재이다.

벤야민이 『일방통행로』에서 독자를 안내하는 다음 방은 식당이다. 다시 한 번 그는 괴테에 관한 꿈을 나열한다.

식당. 괴테의 서재에 있는 꿈. 바이마르의 서재와는 전혀 달랐다. 무엇보다 아주 작았고 창문도 하나밖에 없었다. 창문 맞은편 벽에는 책상이 측면을 벽에 대고 놓여 있었다. 책상 앞에서는 고령의 시인이 앉아서 무언가를 쓰고 있었다. 내가 앞으로 다가서자 그는 일을 중단하고 고대의 자기로 보이는 작은 화병을 하나 선물로 주었다. 나는 그것을 양손으로 돌려보았다. 방 안은 엄청 더웠다. 괴테는 일어나더니 나를 데리고 옆방으로 들어갔는데,

거기에는 긴 식탁 위에 나의 친척들을 위한 탈이 준비되어 있었다. 그러나 친척들 수보다 훨씬 더 많은 양의 음식이 준비되어 있는 듯했다. 아마 선조들 몫도 준비한 것이리라. 오른쪽 끝에 나는 괴테와 나란히 앉았다. 아침을 마친 후 그는 힘겹게 자리에서 일어났고 나는 몸을 부축해주어도 되는지를 몸짓으로 물었다. 그의 팔꿈치를 만졌을 때 나는 너무 감동한 나머지 눈물을 흘리기 시작했다.

벤야민은 다시 꿈의 집 안에 있다. 그것은 분명히 바이마르에 있는 현실의 방을 분명히 그것을 닮지 않은 방으로 번역한 것이리라. 이 익숙하지 않은 방에서 괴테는 고령이다. 마치 벤야민 본인은 한창 젊은 나이라는 것을 강조하기라도 하듯 지긋한 나이가 이 집을 가득 채우고 있다. 한창 젊은 나이라는 것이 단지 꿈속에서만 되찾을 수 있는 것일지라도 말이다. 괴테는 벤야민에게 무엇인가를, 아마 기이한 고물을 건네고 있다. 자기瓷器였다. 아마 독일 문학의 전통과 관련된 어떤 것일 것이다. 연회는 기이했는데, 왜냐하면 괴테를 부르주아적인 산업 사회 ― 그는 이 사회의 문턱에 서 있었다 ― 가 아니라 고대의 무리 사이에 있는 사람으로 표시하고 있기 때문이다. 그것은 또 다른 유형의 세계를, 즉 벤야민이 1920년대 하반기에 청탁을 받고 『대소비에트백과사전』을 위해 쓴 논문 「주저하는 부르주아」[6]에서 말한 대로 괴테가 예술과 삶을 하나로 합침으로써 하나의 가능성으로 제시한 반사실적 세계를 암시하고 있다. 교환에 의해 발생하는 에너지는 엄청나다. 글쓰기로 연소되는 흩어지지 않은 꿈에 의해 발생하는 에너지이기 때문인 만큼 말이다. 글쓰기가 이루어지는 서재는 창조적으로 버리고 열정적으로 경험하는 마법의 공간이다. 독일계 유대인인 벤야민, 그의 친척들, 선조들이 호화스러운 잔치에 함께 초대받았다. 그것은 아마 독일 문화의 어떤 경향의 오래된 상호 동화적 욕구를, 10년 안에 폭력적으로 억압될 욕구를 반영하는 것일 수 있다. 벤야민은 너무 감동하며 노인을 감동시킨다. 노인을 부축하면서 벤야민은 비할 데 없이 감동한다. 바이마르 문학 그리고 그것이 대변한 인간적 이상들은 취약한 것이었다. 인간성*Humanität*은 오직 꿈, 꿈의 집, 박물관을 위해서만 구원된다. 인간성의 전통은 매장된다. 그것은 현재 속에는 전혀 존재하지 않으며, 역사적 유령이다.

1928년 6월에 벤야민은 괴테의 실제 집을 경험한 일에 대해 쓰고 있다. 이 신문 기사는 시작품이 시작되는 공간, 즉 서재를 다루고 있다. 그것은 원시적 방으로, 어떤 호사도 거부하고 있다.

> 여기서 노인은 광대한 밤을 염려, 죄책감, 절망감으로 맞이했다. 부르주아적 편안함의 가증할 여명이 창문으로 햇빛을 던지기 전까지는 말이다([7], p. 149).

괴테는 시간적으로 소박한 세계와 앞으로 도래할 데카당스한 세계 사이의 문턱에 서 있다. 소박한 세계에서 벤야민 말대로 하자면 독방의 경우 침실로부터 책상까지는, 즉 잠자는 것부터 글 쓰는 것까지는 단 몇 걸음밖에 떨어져 있지 않았다.

> 이 공간에서 자기 생각을 회상할 수 있을 만큼 운이 좋았던 사람은 누구나 괴테가 자고, 읽고, 구술하고 쓴, 사방이 벽으로 막힌 이 작은 방에서 그가 가장 내면에 있는 존재의 공명판을 쳤을 때 그에게 대답하라고 명령했던 힘들을 경험할 수 있으리라([7], p. 150).

방의 평온함과 단순함은 시인의 내면을 반영하며, 작은 영역 안에 들어 있던 힘들이 치면strike 그것들은 세계를 가로질러 낭랑하고 큰 소리로 울려 퍼질 것이다. 괴테는 대화를 요구한다. 이 관계가 이제 뒤집어진다고 벤야민은 지적한다. 우리 시대의 내면은 세계의 소음, 즉 일방통행로의 교통 표지판, 자동차의 덜커덕거리는 소리, 영화의 마구 지껄여대는 사운드트랙에 의해 삼켜져버렸다. 이제 우리의 내적 존재로부터 작은 반응이라도 끌어내려면 세계 전체가 자아에 투사되어야 한다. 작은 차임벨 소리는 거의 들리지 않는다. 일방통행로에서는 지속적으로 소통이 이루어지고 있지만 그렇게 말이 많게 되는 것은 사물, 신호, 포스터이다.

하지만 우리는 우리의 내적 존재의 미미한 울림이 울려 나오도록 하기 위해서 세계 전체가 울려 퍼지도록 만들어야 한다([7], p. 150).

우리는 단지 자아의 조각만이 요란하게 떠들고 있는 사물의 세계를 시끄럽게 두드리는 곳에서만 우리를 발견한다.

우리 집이 우리를 형성하고 우리가 우리 집을 형성한다. 우리 꿈, 우리의 과거의 유령, 사물은 우리와 우리 집 안에 저장되어 있다. 이 과정은 그저 개인적인 것이 아니라 집단적 행위이며, 역사적 압력에 종속되어 있다. 현재의 압력이 개인을 집어삼킨다. 언어를 뛰어 넘어 말놀이를 할 수 있을 것이다. 즉 독일어 빌둥*Bildung*은 형성, 교육을 의미한다. 그것은 자유주의적인 진보적 부르주아 계급에게 이데올로기로서 관심을 끌었다. 이 말의 발음은 영어의 '빌딩'처럼 들린다. 실제로 두 단어는 원-인도유럽어족 동사 '존재하다', '실존하다', '자라다' 속에 동일한 어근을 갖고 있다. 내면세계와 집은 뒤섞이지만 모더니티는 도시 환경은 이 관계를 가로지른다고 가르친다.『일방통행로』의 헌사가 이중적 개척[뚫는 것]을 언급하면서 암시하듯이 근대의 거리가 자아와 자아의 입을 가로지르고 있다. 하나는 벤야민의 볼셰비키 연인 라시스가 개척[뚫는 것]한 것이다. 그것은 감정적이고 형성적인 것으로 다른 것을, 근대 세계의 엔지니어들이 잘라낸 것을 환기시킨다.

이 거리 이름은 아샤 라시스 가, 이 길을 저자 안에서 엔지니어로서 개척한 사람 이름을 기리며.

만약 집이 자아를 형성해, 꿈과 꿈이 전달하는 것을 부드럽게 작품 속으로 잡아 준다면『일방통행로』출판 이후의 벤야민의 경험은 자아의 연속, 미완성의 중단된 프로젝트, 집에서 집을 연속적으로 떠도는 경험에 정말 딱 들어맞는 것이라고 할 수 있었다. 벤야민은 대체로 1927년의 이 시점에서 독일을 떠나 그때부터 프랑스, 이비사, 덴마크, 이탈리아, 모스크바, 그 밖의 다른 곳에 산다. 프리랜서 작가로서의 위태위태한 고용 양식 때문에 그는 항상 가장 싸게 머물 곳 — 먹고, 자고, 읽고 쓸 곳 — 을 찾고 있었다. 그는 1932년의 일기에서 한 푼도 남기지 않고 다 써 버렸기 때문에 카프리의 동굴에 사는 것을 진지하게 고려하고 있다고 적고 있다. 그는 베를린으로 돌아가야 하지 않게끔 어떤 궁핍도 견뎌내야 함을 알고 있었다([8], pp. 470~471). 벤야민은 역사의 힘들에 의해 쿠션이 있는 어린 시절의 부르주아의 안락함으로부터 편의시설 하나 없는 추방당한 사람의 동굴로 날려 보내진 것이다.

벤야민은 결핍이라는 사실을 모더니즘적 제스처로, 그러한 상황에서 가능한 만큼 최대한 기이하게 긍정적으로 바꾸어놓는다. 일기의 항목에서 그리고 1933년에 「경험과 가난」이라는 제목의 에세이 형태로 수정한 글에서 벤야민은 바우하우스의 날씬한 방들을 19세기말의 부르주아 계급의 어수선한 방들과 비교하고 있다. 그러한 방들은 값비싼 장식과 물건, 기념품, 작은 장식품, 취미로 수집하는 물건, 예술작품으로 헐떡이고 있었다. 벤야민은 이 모든 잡동사니는 아늑하고 매력적으로 보이기 위해 거기 있는 것이 아니라고 주장한다. 오히려 그것은 그곳을 차지하고 있다는 느낌을 물씬 풍긴다. 그곳에 들어오는 모든 사람에게 "넌 여기 볼일이 없잖아"([8], p. 472, 734)라고 소리 지르는 것이다. 유리와 강철을 가공해서 이루어지는 모더니즘의 꿈은 흔적을 방지하고 소유의 표시와 습관의 형성을 피하는 것이었다. 그는 어수선해진 부르주아 거실의 끔찍한 모습을 유리와 강철 한가운데서 사는 반짝반짝 빛나는 반투명의 잠재적 삶과 대비시키고 있다. 그는 이렇게 지적한다.

> 사물에 매달리는 것은 소수의 권세가의 독점이 되었는데, 그들은 많은 사람이 인간적이지 않은 것처럼 — 누가 알리 — 인간적이지 않다. 대부분 그들이 보다 야만적이지만 좋은 방법으로 그러한 것은 아니다. 다른 모든 사람은 적응해, 극소수의 자원을 갖고 새롭게 시작해야 한다([8], p. 735).

벤야민은 예술가와 사상가는 경험의 빈곤화를 무시하거나 애통해하면 안 되며 그것을 전달해야 한다고 주장한다. 그는 그렇게 하는 사람을 찬양한다. 그는 길을 닦은 건설자를 가리킨다. — 수학자의 예를 따르는 큐비즘 예술가, 소격 효과라는 사회정치적 연출론을 제시한 브레히트, 무장식주의 건물을 선보인 로스Adolf Loos, 유리 건물에 대한 유토피아적 판

타지 그리고 기술이 어떻게 사람을 변형시키며 새로운 집에 어울리게 해주는지를 생각하는 SF 이야기를 들려주는 셰르바르트Paul Scheerbart가 그들이다. 또한 파울 클레에게도 경의를 표하고 있는데, 그의 형상들은 자동차처럼 제도판 위에서 디자인된 것이라고 벤야민은 지적한다. 이 형상들은 내면성이 아니라 내부를 갖고 있는데, 자동차 또한 마찬가지이다. 그리고 뭔가 비인간적인 것을 갖고 있다. 벤야민은 그러한 형상들은 불필요한 것은 모두 뺀 새로운 집에 적합할 수 있으리라고 생각한다. 단지 텅 빈 임시 숙소, 비어 있는 방에 불과할 뿐인 그것은 종종 순식간에 변경 가능하다. 심지어 그러한 건물 중 그것보다 훨씬 더 축소된 버전이 한동안 벤야민의 주거였다. 다만 그것이 아무 색채나 장식도 없이 삭막했던 것은 설계에 따른 것이 아니었다. 그것은 모두가 잠든 한밤중에 갑자기 떠날 필요가 있을 수도 있는 사람을 위한 것이었다. 흔적 없이 사라져야 하는 사람, 시민권이나 심지어 주체성이라는 확실한 의미마저도 손에 넣기에는 사치인 사람을 위한 것이었다.

집은 임시 숙소가 된다. 안에 들어 있는 물건은 줄어든다. 많은 것이 그저 기억 속에만 존재하는 것이 되었다. 사물은 꿈속에서 돌아오지만 더 이상 과거와 닮은 것이 아니며, 옛날의 그것이 아닐 수 있다. 또는 일상적 존재의 쓰레기로, 그저 삶의 부재 또는 적어도 살아볼 만한 삶의 부재 속에 어떤 공간을 채우기 위해서나 그러모아지는 것으로 가득 차 있다. 벤야민이 언급하지 않은 예술가가 하나 있는데, 소재의 빈곤을 통해 우리 시대의 경험의 빈곤화를 빼어나게 전달한 슈비터스가 그이다. 망명과 구금으로 이어진 그의 운명은 기이할 정도로 벤야민과 비슷하다. 다만 그는 탈출했고 벤야민은 잡혔다는 점에서만 갈라진다.

2. 고물상

슈비터스는 1937년에 독일을 떠나 망명할 때까지는 하노버에서 살았다. 해가 갈수록 그는 점점 더 메르츠바우Merzbau라고 불리는 거주 가능한 조각품 내부에서 살았다. 8칸 정도 되는 그것의 방은 20년 이상 동안 공들여 만든 것으로, 이 시간 동안 슈비터스, 아내, 아들, 부모, 하숙인, 애완동물을 둘러싸고 있었다. 물론 정도는 다 달랐다. 1934년부터 슈비터스는 메르츠바우 안에서 잠을 잤는데, 그것은 원래 에로틱한 빈곤의 대성당으로 불렸다. 1919년에 다다이스트인 후엘젠벡Richard Huelsenbeck은 초기 단계인 메르츠바우를 이렇게 묘사하고 있다.

슈비터스는 우리에게 작업실을 보여주었는데, 안에는 탑이 들어 있었다. 이 탑 또는 나무에는 작은 구멍, 오목한 곳, 속이 빈 곳이 있었는데, 슈비터스 말로는 그곳에 선물, 사진, 출생 자료, 다른 점잖은 그리고 덜 점잖은 자료를 보관해둔다고 한다. 이 방에서는 끔찍할 정도의 엉망진창과 꼼꼼한 정확함이 뒤섞여 있었다. 막 시작된 콜라주, 나무 조각, 돌과 반죽으로 만든 그림을 볼 수 있을 것이다. 종종 우리 발걸음에 페이지들이 바스락거리는 책들이 되는대로 놓여 있었다. 온갖 종류의 소재, 즉 넝마, 석회암, 커프스단추, 온갖 크기의 로고, 신문지를 오려낸 것이 널려 있었다.
우리가 하나하나 설명해달라고 요청했지만 슈비터스는 어깨를 으쓱하며 이렇게 말했다. "모두 쓰레기입니다"([9], p. 66).

1925년에 리히터Hans Richter가 슈비터스의 집을 방문했을 때 기둥은 집이 위치한 2층의 거의 모든 방을 채울 수 있을 정도로 확대되었다. 리히터는 그것을 "슈비터스와 그의 친구들에 대한 살아 있는, 매일 변하는 도큐먼트"([10], p. 125)로 묘사하고 있다. 슈비터스의 작업실에는 물건, 조각, 잔뜩 쌓인 잡동사니가 있었지만 그것 중 아무것도 가치가 없었다. 모두 쓰레기로, 그것이 이 모든 것을 대등하게 만들며, 심지어 천장을 향해 치솟아 올라 있어도 마찬가지이다. 현대의 소비 사회가 토해낼 수 있는 모든 것이 그곳에서 자리를 찾을 수 있을 것이다. 어떤 것도 범주화되거나 분류되지 않는다. 그것은 그저 물건이나 물건의 자투리일 뿐이거나 심지어 물건의 유령처럼 된다. 즉 이 집의 영원한 손님이 되는데, 실제로는 너무나 영원해 그곳의 일련의 모든 방이 이 손님을 모시기 위해 지어져야 할 정도이다.

집은 저장소, 박물관, 반反박물관으로 재발명된다. 1931년에 슈비터스는 메르츠바우는 "지난 몇 년 동안 내게 중요한 그리고 중요하지 않은 느낌을 준 모든 것이 순수한 형태로 발전한 것을 아우르고 있다"([11], pp. 340~341)고 지적하고 있다. 이 폐품은 쓰레기가 아니다. 모든 것은 쓰레기장 같은 곳에서 구해온 것이다. 수집가의 시선을 끈 것이다. 각각의 것은 재전유 또는 재편성이라는 창조적 행위에서의 모종의 단계를 표시한다. 이 행위가 '순수한 형태'를 생산해왔다. 비록 분명히 형식적 목적을 위해 물질성과 형태를 부여하지만 이 행위는 그러한 형태를 분명히 갖고 있지 않지만 말이다. 그것은 기억, 개인적 연상으로 지어진 환경으로, 작은 동굴, 벽감, 작은 면, 동굴로 구멍이 숭숭 뚫려 있으며 유리로 된 벽에는 선물과 유물이 잔뜩 쑤셔 넣어져 있다. 그것은 기억으로, 또는 더 나쁜 것으로 사라질 조짐을 보이고 있는 경험의 세계를 꽉 붙잡으려는 시도였다. 슈비터스는 현대적 삶의 잔해를 대접하고 있다. 이 모든 것은 소비되고 망각되고 단조로운 일상 속에서 짓밟히는 모든 것의 우의상징이 된다. 그것은 현대적 삶의 파편 한가운데서 경험을 서류로 문서화하고, 기록하고, 변형하고 생성하기 위한 노력이다. 이 구원 행위는 어떤 것이, 어떤 사람이 아직 살아 있음을 입증하는 모든 것을 꽉 붙잡기 위한 시도이다. 그것은 유령처럼 되는 것 — 자아감이 사람을 소외시키는 경험의 흐름 속에서 형성되고 박살나는 도시에서는 언제든 그런 조짐이 차고 넘친다 — 에 맞선 쓸데없는 보호 수단이다. 슈비터스의 거주 가능한 조각품들 중에서는 그의 장남의 앳되어 보이는 데스마스크가 두드러진 자리를 차지하고 있었다. 죽음이 이 살아 있는 건물 한가운데 있었다. "이 단편들로 나는 내 폐허를 지탱해왔다These fragments I have shored against my ruins"는 엘리엇의 『황무지』(1922년)에 나오는 한 구절이다([12], p. 69). 1933년부터 나치가 이 건물과 그의 공적 삶을 폭력적으로 중단시키는 일에 착수하는 것과 함께 삶은 그저 한층 더 황량하게 되었으니 이 모든 노력이 얼마나 헛되단 말인가. 아무것도 몰락을 피할 수 없다.

3. 찌꺼기 같은 지식

지식은 찌꺼기 속에서 나온다. 적어도 찌꺼기가 구할 수 있는 모든 것인 사람에게는 말이다. 『일방통행로』의 소제목들은 거리의 교통 표지판과 광고판에서 구한 것으로, 슈토네Sasha Stone의 사진으로 만든 책의 표지는 도로 시설물, 차량, 군중, 광고가 한데 엉켜 정신없이 바쁜 거리의 활기찬 모습을 보여준다. 이 책을 여는 단장 「주유소」에서 벤야민은 이렇게 주장한다.

그렇게 하려면 괜히 젠 체하기만 하며 일반적인 제스처만 취하고 마는 저서보다 현재 활동 중인 공동체들에 영향을 미치기에 훨씬 더 적합한, 언뜻 싸구려처럼 보이는 형식들, 즉 전단지, 팸플릿, 신문 기사와 플래카드들을 만들어야 한다. 그처럼 기민한 언어만이 순간순간을 능동적으로 감당할 수 있다([10], p. 8).

벤야민은 전보, 엽서, 전단지 또는 생각을 경제적으로 표현할 수 있는 합성사진 등 급하게 이용할 수 있는 소통수단을 제안한다. 인용문이 그것의 핵심에 있다. 우리 주변의 언어는 의사소통 수단이지만 전쟁과 자본주의의 참담한 경험 후에 타락하지 않은 의미로 다시 가득 채워질 필요가 있었다. 우리는 타자들의 언어를 이용해 말을 한다. 하지만 벤야민은 어쨌든 그것들로부터 새로운 공명을 끌어낼 수 있기를 바랐다. 1935년 9월에 친구인 숄렘에게 보낸 편지에서 벤야민은 어떻게 자기가 구원적으로 인용하기 — 쓰레기를 구원하기 — 를 여전히 방법의 핵심에 놓고 있는지를 밝히고 있다. 아케이드 프로젝트에 대해 연구하던 중 그는 "역사의 이미지를 가장 매력 없는 고착물 속에서, 말하자면 존재의 쓰레기 속에서 붙잡으려는"([13], p. 685) 자기 노력에 대해 묘사하고 있다. 존재는 쓰레기가 된다. 자아는 잔여이다. 이 맥락에서 쓰레기를 가리키는 독일어 단어는 '*Abfall*'로, 떨어져 나간 것, 폐기물, 잘라내진 것, 찢어져 나간 것, 도시의 폐기물처럼 내다버린 것이다. 도시적 삶의 쓰레기는 꿈속에서와 마찬가지로 메르츠바우와 『아케이드 프로젝트』에서 피난처를 발견한다.

슈비터스도 급하게 이용할 수 있는 글쓰기, 말과 문자에 활력을 불어넣는 방법에 대한 실험에 나름의 방식으로 몰두하고 있다. 1925년에 슈비터스는 『허수아비: 동화*Die Scheuxhe: Märchen*』라는 제목의 동화책을 반 되스부르크Theo van Doesburg와 협업해 만든 바 있다([14], pp. 71~84). 활력이 넘치게 만든 활자체 그리고 터무니없지만 도발적인 줄거리를 이용해 아동도서에 혁신을 불러일으키는 것이 목표였다. 이 이야기 속의 등장인물들 ― 허수아비, 수탉, 일부 암탉과 병아리, 농부, 소년 ― 은 글자로 만들어졌으며, 이 글자들이 12페이지의 팸플릿에 걸쳐 역동적으로 펼쳐지는 이야기의 말들을 형성하고 있다. 모두가 레이스 스카프, 모자, 턱시도와의 다툼에 열중해 있다. 심지어 이처럼 생명이 없는 것들조차 투쟁에 연루되어 있다. 그것은 숄, 모자, 턱시도의 이전 소유자의 유령들이 물건을 돌려달라고 하고, 활자체의 요소들로 만들어진 소년이 농부가 허수아비에게서 훔친 지팡이를 훔쳐 달아나면서 끝난다. 과거가 낡은 것을 되찾고 있는 것이다. 그것을 재-전유하는 것이다. 이 동화는 이렇게 끝난다. 즉 소년이 농부를 도용하며, 그러자 날이 환하게 밝아온다. 미래는 아직 쓰여져야 하는 채로 남아 있는 것처럼 보인다. 물건, 그것의 장소, 용도, 재활용, 절도, 구조와 구원은 슈비터스와 되스부르크에 의해 아이들을 위한 실물 교육 속에서 접근되고 있다.

동화가 대상의 소유와 상실을 주제로 하고 있다면 메르츠바우, 실로 메르츠의 예술작품 프로젝트 전체는 사물을 꽉 붙잡아 낡은 용법을 버리기 위한 실천적 수단이었다. 또는 사물을 예술에 유용하게 또는 전혀 전례가 없는 다른 어떤 것으로 만들기 위한 방법 중의 하나였다. 대상은 자기에게 유령이다. 과거의 삶은 새로운 맥락에 의해 덧쓰여진 채 말이다. 유령-대상은 이 수집자가 어쩔 수 없이 독일을 떠나야 했을 때 이 열정적 수집가를 포기해야 했다.

벤야민이 본인을 위해 지은 동굴, 글쓰기와 아이디어의 동굴과 마찬가지로 메르츠바우를 떠나기는 힘들었을 것임에 틀림없다. 그는 자기 동굴을 파리에 지었다. 실제로 그것은 동굴 같은 내부, 즉 파리의 아케이드에 대한 연구였다. 아케이드는 건물을 몇 블록 이어 통행할 수 있도록 만든 통로로 가게와 다른 상점이 죽 열 지어 있었다. 철과 유리를 합성해 만든 이 건축물은 가게의 간판 그리고 상품의 쇼윈도 진열과 마네킹, 여러 가지 색깔로 된 장식용 전등, 반사 외부 판유리가 빡빡하게 나란히 늘어서 있을 수 있도록 보호소를 마련해주고 있었다. 『아케이드 프로젝트』를 위해 베껴 쓴 수천 페이지의 인용문과 노트를 벤야민은 *Konvolute*라고 불린 파일로 정리했다. 그는 상호 참조의 상징 체계를 개발했다. 이 파일은 상호 연관된 조각의 방대한 모음을 포함하고 있었는데, 벤야민은 1927년부터 파리의 동굴로부터 쫓겨날 때까지 그것에 다른 것을 더하고 그것을 탐구했다. 그의 친구 그레텔-아도르노Gretel Karplus-Adorno는 언젠가 벤야민은 "동굴 같은 『아케이드 프로젝트』의 깊은 곳에 살며"([3], p. 583) "당신이 지은 것을 떠나야 하는 것이 두려워" 그것을 완수하고 싶어 하지 않는다는 조크를 한 바 있다.

현대의 삶은 모든 것을 급속하게 망각 속에 집어넣는다. 그것은 모든 것을 유령으로 만든다. 전통과 대상을 똑같이 말이다. 슈비터스와 벤야민은 도시의 유령이 모이도록 만들 수 있는 방법을 발견했다. 메르츠바우와 『아케이드 프로젝트』 속에서 말이다. 두 사람은 과거와 현재의 쓰레기에 임시 숙소를, 사후 세계를 마련해주었다. 그들은 유령에게 목소리를 마련해주고, 도시적 삶의 통상적 혼란 속에서는 들리지 않는 대사를 말하는 것을 허용해주었다. 벤야민은 대상, 생각, 현상의 역사적·사회적 흔적을 말로 표현할 수 있는 것으로 만들었다. 슈비터스는 버려진 하찮은 것으로부터 미학적 힘, 새로운 미를 간파해냈다. 슈비터스도 또 벤야민도 그들이 구원한 대상이 박물관 안에 안락하게 자리 잡을 수 있도록 하려고 하지 않았다. 그곳은 그것의 본래의 집일 수가 없을 것이다. 새로운 임시 숙소, 새로운 보호 시설, 예술작품을 창조하고 학문을 하는 새로운 양식이 발견되어야 할 것이다. 낡은 예술과 문학 연구 방법은 다른 방식으로 완성되어 모두 변형될 것이다.

벤야민과 슈비터스의 경험은 사람 또한 어떻게 유령이 되는지를 명료하게 해주고 있다. 이전의 자아, 즉 새로운 기술과 배치에 의해 뿌리 뽑히고 타격을 받은 자아에 대해 말이다. 그들의 존재양식은 낙후된 것이 된다. 정치인과 세계의 권력 투쟁가들은 사람을 유령으로 만들기 위해 적극적이다. 남자, 여자, 아이는 새로운 삶을 시작하도록 지워지고, 운이 좋다면, 망명 보내진다.

슈비터스는 혼자 만든 메르츠바우의 환경 속에서 편안하게 느꼈다. 그것은 과거의 쓰레기에게 피난처를 제공했으며, 그것 모두를 위해 새로운 미래의 모델 역할을 해주었다. 벤야민은 파리에서 공들여 건축한 것 속에서 편안하게 느꼈다. 그는 이 도시와 이 도시의 물건의 모든 유령 같은 삶을 동원하기 위해 여러 해를 보냈다. 램프, 제식, 패션, 이데올로기, 꿈의 집, 여행안내 책자 등을 말이다. 왜 둘 모두 떠나야 했을까? 그래야만 했기 때문이다. 도시는 다시 공격받고 있었다. 찌꺼기는 다시 산산 조각날 것이다. 노르웨이에 망명객으로 도착한 슈비터스는 두 번째 메르츠바우, '바켄의 집Das Haus am Bakken', 집 없는 사람들을 위한 새로운 임시 거처를 짓는 일에 착수했다. 1938년에 그는 어떻게 그것을 해체 가능하고 운송 가능하게 만들려고 하는지에 대해 쓴 바 있다([15], p. 365). 즉 그것은 갑자기 아무데고 이사할 필요가 있는 사람을 위한 주거가 되어야 한다. 콜라주나 몽타주 속의 찌꺼기처럼 메르츠바우는 가용한 또는 가능한 장소 위에 놓여 있어야 한다. 폐허로 지어진 그것은 꿈처럼 하나의 전체를 형성한다. '바켄의 집'은 건축허가 등을 갖고 있지 않으며, 그것을 모호하게 하기 위해 건물을 위장막과 솔잎으로 덮었다. 불행히도 이 집은 편안히 지내기에는 경찰 — 리사커 경찰서가 보이는 곳에 있었다 — 의 주목을 너무 많이 끌게 되었다. 하지만 이 망명자들의 집은 편안함을 위해 지어진 것이 아니었다. 결코 적절한 보상을 마련해줄 것처럼 보이지 않았다. 슈비터스는 영국으로 이주해야 했고 또 그렇게 할 수 있었다. 스코틀랜드로 간 그는 아일 업 맨Isle of Man에 수용되어 있어야 했으며, 런던으로 갔다가 나중에는 호수 지역으로 갔다. 「빠른 무덤Der schnelle Graben」이라는 제목의 1946년의 한 단편소설에서 그는 1930~1940년대의 죽음의 정권 하에 독일에서 일어난 모든 일은 이제 다 지난 일이 되리라는 희망적인 신호를 보내고 있다. 역사는 다시 그리고 다르게 시작될 수 있을 것이다. 그것은 그의 고향 하노버에서 시작되었다. 그는 얼마동안 보지 못한 이 도시에서 수로의 방향이 뒤집히는 것을 "지난 번 전쟁 이후 모든 것이 달라지리라는 신호"([16], p. 271)로 상상한다. 그것의 뜻밖의, 하지만 행복한 부수효과는 그곳에 몸을 던져 죽으러간 모든 이를 물 밖으로 끌어내게 된 것이다. 그곳은 악명 높은 자살 장소이기 때문이다. 사람들은 다시 삶으로 튀어 오르고, 다시 행복하게 살기 시작했다. 재탄생하게 된 것이다. 수로가 마를 때까지 또 다른 기회가 있을 것이다. 뛰어 들어갔다가 뛰쳐나오는 것의 순환성으로 변하는 것은 너무 많은 혼란을 초래할 것이기 때문이다. 그는 이렇게 말하고 있다. "폭포가 정반대로 뒤집어지는 것은 기술의 승리이다." 게다가 그것은 자살의 자살이다([16], p. 330). 시간이 역전되어, 바퀴가 다른 쪽으로 돌아가고 있다. 헤겔이라면 부정이 부정된다고 말할 것이다. 하지만 오직 이야기 속에서만 그럴 뿐이다. 슈비터스는 1948년에 겨우 60세의 나이로 사망했다. 그는 죽어서 생전보다 훨씬 더 성공적인 예술가가 되었다. 1940년 9월에 벤야민은 브레히트가 쓰듯이 "지나갈 수 없는impassable 경계"([17, p. 184)에 이르렀다. 그는 그가 할 수 있는 유일한 방법으로, 자살을 통해 또는 유령이 되는 것을 통해 '지나갈 수 있는 경계'로 넘어갔다.

참고문헌

1. Benjamin, W., *Selected Writings*, volume 1; Harvard University Press: Cambridge, MA, USA, 2004[본서 전체에 걸쳐 벤야민의 한국어 번역본에서의 인용은 『아케이드 프로젝트』, 『일방통행로』, 『베를린의 어린 시절』은 역자의 졸역에서, 반성완의 『발터 벤야민의 문예이론』, 윤미애의 『1900년경 베를린의 유년시절/베를린 연대기』에서 가져왔다.]
2. Tomba, M., *Marx's Temporalities*; Brill: Leiden, The Netherlands, 2013.
3. Benjamin, W., *Selected Writings*, volume 1; Harvard University Press: Cambridge, MA, USA, 1999.
4. Scholem, G.; Adorno, T., *The Correspondence of Walter Benjamin: 1910~1940*; University of Chicago Press: Chicago, IL, USA, 1994.
5. Kosuth, J., *Gäste und Fremde: Goethes Italienische Reise*(in German); Stroemfeld/Roter Stern: Frankfurt/Main, Germany, 1999.
6. Benjamin, W., "Goethe: The Reluctant Bourgeois", *New Left Review*, May-June 2010, pp. 69~93.
7. Benjamin, W., *Selected Writings*, volume 2. 1; Harvard University Press: Cambridge, MA, USA, 2004.
8. Benjamin, W., *Selected Writings*, volume 2. 2; Harvard University Press: Cambridge, MA, USA, 1999.
9. Huelsenbeck, R., *Memoirs of a Dada Drummer*; University of California Press: Berkeley, CA, USA, 1991.
10. Richter, H., *Dada: Art and Anti-Art*; Thames and Hudson: London, UK, 1965.
11. Schwitters, K., "Ich und meine Ziele"(1930/1931), in *Das Literarische Werk*(in German); DuMont Buchverlag: Cologne, Germany, 1981; volume 5.
12. Eliot, T. S., *Collected Poems: 1909~1962*; Houghton Mifflin Harcourt: Boston, MA, USA, 1963.

13. Benjamin, W., *Briefe* 2(in German); Suhrkamp: Frankfurt/Main, Germany, 1978.
14. Schwitters, K., *Lucky Hans and Other Merz Fairy Tales*; Princeton University Press: Princeton, NJ, USA, 2009.
15. Schwitters, K., "Bogen 1 für mein neues Atelier", in *Das Literarische Werk*(in German); DuMont Buchverlag: Cologne, Germany, 1981; volume 5. *Societies* 2013, 3 426
16. Schwitters, K., "Der schnelle Graben", in *Das Literarische Werk*(in German); DuMont Buchverlag: Cologne, Germany, 1981; volume 5.
17. Wizisla, E., *Walter Benjamin and Bertolt Brecht: The Story of a Friendship*; Yale University Press: New Haven, CT, USA, 2009.

2장

메트로폴리스 경계 위의
고스트 이미지:
파리와 『오페라의 유령』

이창남

1. 만남과 조우로서의 이미지

대도시 파리는 많은 문학작품의 소재가 되어왔다. 그리고 많은 작품이 외적인 도시 경관의 이면에 도사리고 있는 현대 도시의 문화 현상을 소재로 많은 흥미로운 이야깃거리를 제공해왔다. 이 글에서 다루려는 르루Gaston Leroux(1868~1927년)의 『오페라의 유령』(1911년)도 그러한 도시소설에 해당된다. 일찍이 벤야민은 이 작품을 "19세기의 위대한 소설 중의 하나"라며, 작가 루르는 탐정소설 "장르를 신격화의 경지에 이르게 했다"(SI, 447)고 평한 바 있다. 그리고 「여행에서의 범죄소설Crime novel, on Travel」이라는 평문에서 이 소설을 독자에게 추천하고 있다. 하지만 그는 루르와 그의 소설에 대해 본격적 평문을 남기고 있지는 않다.

그리고 이 작품에 대한 평론가들의 해석도 도시소설 전통과는 다른 "그리스 로마 신화와 중세 신화"와 관련해 혹은 "미녀와 야수"[1]의 문학적 전통 속에서 이루어져왔다. 주요 캐릭터인 고스트 '에릭'과 여가수 '크리스틴' 사이의 '이루어지지 않는 사랑'을 플롯으로 하고 있는 이 소설이 그러한 맥락에서 이해되는 것은 우연이 아니다. 또한 정신분석학적 방향에서 의식과 무의식으로 분열된 자아 문제로 이 작품에 대한 접근을 시도하거나 페미니즘적 방향에서 이 작품에서 가부장적 무의식을 드러내려는 작업도 이루어져 왔다.

하지만 그러한 해석들은 주로 '자아의 내면'에 집중함으로써 소설 속에서 반추되고 있는 도시화 과정에서 나타나는 사회 문제는 충분히 고려하고 있지 못하다. 따라서 여기서는 이 소설이 19세기말에서 20세기 초 사이 대도시 파리를 특징지은 "인구증가, 사회 변화, 정치 불안정"[2]에 대한 파리 시민의 집합적 불안과 공포를 고스트 이미지를 통해 복합적으로 드러내고 있는 점에 주목한다. 그리고 이 소설에 나타나는 고스트 이미지를 사회의 집합심리적 차원에서 대도시 형상과 관련해 검토할 것이다.

그러한 심리를 나타내는 데서는 이미지가 주요한 역할을 한다. 주지하다시피 벤야민은 『아케이드 프로젝트』에서 19세기 파리 시민의 무의식에 접근하기 위해 예술, 패션, 건축, 광고, 영화 그리고 다른 대중 예술의 이미지에 주목했다. 정신분석학적 방향에서 볼 때 그러한 이미지의 이면에서는 어떤 무의식이 작동한다고 할 수 있다. 그러나 여기서는 19세기 도시의 대중의 집합적 꿈과 이미지 이면의 어떤 형이상학적이거나 정신분석학적인 '실체'를 상정하기보다는 "이미지는 일종의 만남이다"[3]는 전제에서 출발해보려고 한다. 그러한 의미에서 소위 '이미지'는 벤야민이

---

1 Flynn 2001, p. x.
2 Kalifa 2004, p.176
3 Patrovsky 2010, p. 97.

'인식 가능성의 현재das Jetzt der Erkennbarkeit'라고 말한 '소통 가능성'의 역사적 맥락에서 검토될 수 있다. 그에 따르면 "모든 현재는 어떤 특정한 인식 가능성의 현재이다."[4] 여기서 '인식 가능성' 혹은 '소통 가능성'이 그에게서는 특히 이미지로 사유되는 것이 특징적이다. 말하자면 그러한 이미지는 역사적 소통의 일정한 단계를 표현하고 있다.

그런 측면에서 볼 때 르루의 작품 속의 고스트 이미지는 사회적, 정치적, 문화적 경계 위에서 타자와 조우하는 역동적 지점이다. 낯선 것과 익숙한 것의 이미지 중첩이 고스트 이미지에 투영되어 나타나는 것이다. 그리고 그러한 만남과 조우를 조건 짓는 초국적인 사회문화적 환경이 메트로폴리스이다. 그러한 방향에서 이 글은 메트로폴리스의 경계 위의 고스트 이미지의 의미를 대도시 현상과 초국적 교섭의 맥락 속에서 구성해 볼 것이다.

〈그림 1〉 오페라하우스 전면

4 Benjamin, V. 1, p. 578.

2. 무덤 위의 장식

『오페라의 유령』은 1861~1875년 사이에 세워진 파리의 오페라하우스를 배경으로 한다. 이 시기는 나폴레옹 3세의 위임을 받아 오스만이 파리를 재개발해 거기에 거의 새로운 현대적 도시의 외관을 부여하던 때였다. 파리 재개발에 대한 역사적 평가가 양가적이듯, 당시 "도시의 중심이자 사회적 삶의 중심"[5]이라고 불리던 오페라하우스에 대한 평가도 엇갈렸다. 혹자는 "가장 모던"하다고 했다면, 다른 이는 "무덤의 장식"(르코르뷔지에)이라고 혹평하고 있다.

『오페라의 유령』의 미국판 초판 편집자는 오페라하우스를 이렇게 묘사한다. "거대한 계단과 장대한 홀, 커다란 프레스코화와 거울, 금과 대리석, 사틴과 벨벳이 구석구석 눈에 들어온다"(G 269~270).[6] 19세기 파리의 역사와 문화를 총체적으로 다룬 『아케이드 프로젝트』에서 벤야민이 인용한 뒤베슈-데스페젤Dubech-D'Espezel에 따르면 "오페라하우스"는 "제국 파리가 그 자체를 자족적으로 바라볼 수 있는 무대였다."[7]

르루는 이러한 화려한 외관의 오페라하우스와 대조적으로 안에서 샹들리에가 객석으로 떨어지는 사건, 여가수 납치 사건, 지하실에서 수로로 연결되는 지점에서 사체가 발견되는 사건 등 다소 엽기적인 사건을 중심으로 이야기를 전개하고 있다. 그러한 플롯들은 모두 고스트 이미지로 수렴되는데, 작가의 주장에 따르면 이 고스트의 해골이 오페라하우스의 지

---

5 Benjamin, *V.* 1, p. 517.
6 이하 르루의 『오페라의 유령』 판본은 Leroux, Gaston, *The Phantom of the Opera, With a New Introduction by Dr. John L. Flynn*, New York, 2001을 사용하고, 'G 페이지 숫자' 형식으로 축약해서 인용한다.
7 Benjamin, *V.* 1, 517.

하실에서 일꾼들이 땅을 파는 가운데 발견되었다. "오페라의 유령은 진짜로 존재했다"(G 1)는 것이다. 1880년대를 시간적 배경으로 하는 그의 소설의 시작 부분에서 작가는 그렇게 주장하고 있다. 또한 그는 죽기 직전까지도 유령의 존재를 확신했다고 한다.

〈그림 2〉 오페라하우스의 실내

오페라하우스는 크게 상층부와 하층부로 나뉘어져 있는데, 유령의 활동 무대가 되는 지하 5층이 있는 하층부는 당시 많은 문학작품에서 소재로 채택된 파리의 지하 세계의 전형적인 면모를 드러낸다. 당시 수로로 연결된 것으로 알려진 건물 하층부에 고스트 에릭의 처소가 있는 것으로 설정되고 있다. 이는 흥미롭게도 부르주아왕 루이 필립 스타일의 방으로 묘사된다. 그것은 일종의 쇠락해가는 문화의 전형을 드러낸다.

고스트는 이렇게 말한다. "내 가구들을 보시오? 이 모든 것은 내 불쌍하고 불행한 어머니가 남긴 것이지"(G 248). "이 나무 침대 모서리, 저 왁스로 윤을 낸 마호가니 의자들, 이 서랍장과 저 구리그릇, 안락의자 등

받이에 얹어놓은 뜨개질로 만든 앙증맞은 사각 레이스"는 작가 말대로 오페라 극장에 있는 것이라고 보기에는 "너무도 무난하고 너무도 평온"해 보인다. 하지만 "이 모든 가구 속에는 케케묵은 망상은 저리 가라할 정도로 보통 사람의 상상력을 당혹케 하는 무언가가 분명히 있었다"(G 248). 이는 『일방통행로』에서 루이 필립 풍의 방에 대해 "영혼 없는 가구들의 화려함은 단지 시체에게나 적합한 장소가 되는 것이다"(SI, p. 447)고 한 벤야민의 언급과 거의 일치한다.

루이 필립은 1830~1848년에 프랑스 국왕으로 재위했는데, 이 시기의 부르주아 문화는 낡은 과거의 것으로 간주되고 있다. 문화사적 관점에서 볼 때 유럽의 19세기 중, 후반기에 부르주아지의 고급문화가 붕괴되고 대중문화가 본격적으로 등장한다. 부르주아지의 고급문화가 시연되었던 오페라하우스는 이미 현대적 형식의 음악이 등장하는 대도시에서 어떤 문화적 갭을 드러내고 있었다. 소설의 플롯 속에서도 그러한 문화적 변화와 갭이 제시되고 있는데, 전통예술은 단지 이전 세대, 즉 크리스틴의 아버지 또는 죽음과 거의 동일한 의미를 지니는 고스트에게서만 최상의 발현을 찾아볼 수 있는 것으로 나타난다. 전통 예술은 주변화되거나 아니면 그것의 완전한 발현은 아이러니하게도 왜곡된 고스트의 형상이나 심지어 죽음의 의미론을 동반하고 있는 것이다.

〈그림 3〉 오페라하우스의 원형 복도

작품 속에서 유명한 오페라 가수로 등장하는 크리스틴도 예술의 세속화와 범속화를 시사하고 있다. "아버지의 죽음 이후 그녀는 예술을 포함해 삶 속의 모든 것에 대한 흥미를 잃었다. 그녀는 불쌍하고 영혼 없이 노래하는 기계처럼 음악학교에 다녔다"(G 89). 그리고 그녀는 복화술을 구사하는 고스트의 '목소리'의 지도하에 음악적 능력을 회복할 수 있다. 심지어 그의 지시를 기계처럼 따른다고 고백하기도 한다(G 119).

전통적인 순수예술, 특히 고스트인 에릭에 의해 행해지는 예술은 소위 세속화된 신성의 영역으로 이해될 수 있다. 19세기말에는 그러나 신성을 예술로 복구하고자 했던 희망이 산업화와 대중화에 직면해 더 이상 지속될 수 없음이 드러난다. 예술가(크리스틴의 아버지)의 죽음과 추악한 외모의 고스트는 전통 예술이 직면하기 시작한 그러한 딜레마를 드러낸다. 예술가적 천재는 오랫동안 예외적 인간으로 간주되어 왔다. 소설에서 고스트 에릭이 예술과 건축 기술의 천재로 설정되는 것은 부분적으로 그러한 전통적 시각의 영향이라고 할 수도 있을 것이다.

하지만 어떤 재능 있는 천재적 개인에게 이 소설의 주제적 비중이 놓이는 것은 아니다. 오히려 고스트가 동반하는 죽음의 의미론은 어떤 파괴되는 과정으로서, 신성의 세속화로서 예술을 재현하고 있다. 특히 오페라 하우스에서 전통 예술은 고스트에 의해 우스운 사건이 되고 만다. 가령 그는 독일 고전 『파우스트』의 마르게리타 역을 하던 카를로타의 목소리를 순간적으로 두꺼비 소리 '코악Co-ack'으로 변하게 한다. 작가는 이 사건을 "밀로의 비너스의 팔을 부러뜨린 파국"(G 78)이라고 묘사하고 있다.

세대와 계급 간의 경계가 흐려지고, 대중적 소비시대에 전통 예술 형식은 자체의 자율적 경계를 더 이상 유지하지 못한다. 오페라하우스는 그러한 의미에서 전통 예술을 위한 역설적 장소이다. 요컨대 현대 도시의 미로를 닮은 이 건물의 기능적 메커니즘과 익명적 구조는 그 자체로 전통적 예술과 부조화를 드러내고 있으며, 안에서 시연되는 전통 오페라 또한 희화화되어 나타나고 있는 것이다. 따라서 오페라하우스의 장대한 판타스마고리는 부르주아 중산층 계급과 그들의 문화의 몰락을 덮어 가리고 있는 키치에 다름 아니다. 메닝하우스는 벤야민의 『아케이드 프로젝트』의 한 대목을 인용하면서 이렇게 지적하고 있다.

심지어 오스만이 사용하는 장대한 관통 대로를 꾸며주는 미적 원근법조차 벤야민은 특히 모든 전통적인 순수예술의 형식과 구별되는 도시 계획 기술에 미적 장식을 키치적으로 응용한 것으로 본다. "오스만의 원근법에 대한, 길게 열린 풍경에 대한 애호는 예술 형식을 도시 계획 기술에 그대로 옮겨 놓으려는 시도로 나타난다. 이는 늘 키치로 귀결된다"(E2a, 7).[8]

3. 고스트의 위험과 매혹

기술은 메트로폴리스 파리에 새로운 외관을 부여했다. 원본에 대한 기억은 사라졌고 단지 벤야민이 "사물 위에 먼지로 된 잿빛 코팅"(S2, p. 3)이라고 불렀던 키치 이미지만 도시의 대중 가까이에 남아 있다. 실제로 "도시의 사교 생활의 중심으로 구상된 이 극장"(L2a, 5)은 화려한 외관과 달리 내부에서 보면 공장과 같은 기능적 건물이었다.

---

[8] Menninghaus 2009, p. 52. 아래 벤야민의 『아케이드 프로젝트』의 단편들은 Benjamin V. 1, V. 2권을 판본으로 사용하며, 해당 단편번호로 인용한다.

거기에는 2,531개의 문과 7,593개의 열쇠가 있다. 14개의 화덕과 450개의 벽난로로 난방을 한다. 가스파이프는 모두 연결한다면 16마일은 될 것이다. 9개의 저장고와 2개의 탱크가 22,222갤런의 물을 저장하고 …… 파이프를 통해 분배한다. 538명의 사람이 옷을 갈아입을 수 있는 장소가 있고, 로비에 음악가들의 악기를 보관하기 위한 100개의 함이 있다(G 269).

작품 속에서 이 건물은 수많은 비밀의 방과 숨겨진 통로를 가진 '미로'로 불린다. 그리고 고스트 '에릭'이 참여했다고 설정되는 술탄의 궁정과 도시의 건축과 비교된다. 여기서 고스트는 벤야민이 소위 추리소설에 나타나는 것으로 지적한 바 있는 "부르주아의 혼돈 *Bourgeois Pandemonium*"(*S1*, p. 447)의 무대에 직접 개입하고 있다. 오페라하우스와 관련해 그러한 혼돈을 보여주는 사고는 실제 이야기에 기초해 있다. 그것은 카를로타의 목소리가 두꺼비 목소리로 변한 것과 거의 동시에 발생한다. 2톤짜리 샹들리에가 갈라 퍼포먼스가 있던 날 밤 객석으로 떨어져 오페라하우스의 관리인 하나를 죽이는 것이다. 이 관리인은 고스트가 원한 5번방을 차지

〈그림 4〉 오페라하우스의 계단

한 사람이었다. 그 사건이 이야기되는 장의 말미에 다음과 같은 신문의 헤드라인 기사가 인용된다.

관리인 머리 위에 2백 킬로그램(G 80).

현대의 장대한 대도시 건축물의 비가시적 위험은 이 사건을 통해 충격적으로 묘사되고, 그러한 일은 고스트의 행위로 간주된다. 당시 일단의 지식인은 대도시의 변화를 환영하지만 다른 한편에서는 옛 파리로 되돌아가고자 하는 강한 향수가 있었고, 새로운 도시의 변화는 '악마적인 것'으로 간주되기도 했다. 그러한 인식이 작품 속의 고스트 이미지에 투영되고 있다고 할 수 있다.

『오페라의 유령』의 또 다른 에피소드 역시 대도시에 대한 그러한 불신과 의혹에 근거하고 있다. 그것은 고스트가 '마법 봉투'를 갖고 돈을 훔치는 사건이다. 고스트는 지배인들에게 2만 프랑을 요구한다. 돈을 전달하기로 한 두 지배인 리샤르와 몽샤르맹은 돈이 전달되는 과정을 일일이 확인하지만 결국 봉투에 든 돈이 가짜 지폐로 바꿔치기 된 것을 확인하게 된다. 봉투가 전달되고 안전핀으로 고정까지 되어 있었지만 돈은 바로 두 지배인 '눈 앞'에서 사라지는 것이다.

칼리파에 따르면 당시 대도시 파리에서 도둑과 소매치기가 "기차역, 뱅센느와 볼로뉴의 공원 같은 오스만의 기능적 공간들에 출몰했다. 전철과 지하도도 마찬가지였는데, 그러한 공간들은 급속히 새로운 폭력의 장소가 되었다."[9] 오페라하우스도 수많은 방문객으로 북적거린 장소였고,

9 Kalifa 2004, p. 182.

소매치기 같은 범죄로부터 자유롭지 못했을 것이다. 그러나 '도둑맞은 돈' 에피소드에서 무엇보다도 핵심이 되는 것은 현대 대도시에서 특징적으로 나타나는 '감각의 기만'이다. 요컨대 돈은 바로 지배인들 '눈앞'에서 사라지는 것이다. 그러한 양상은 이어지는 크리스틴의 납치 사건에서도 반복된다.

고스트는 그녀가 청중 바로 앞 무대 위에서 사라지도록 한다. 현장을 목격하고 있던 크리스틴의 연인 라울은 이렇게 말한다.

나는 그녀가 거울 옆이 아니라 거울 안으로 사라지는 것을 보았다. ⋯⋯ 나는 그것이 내 감각의 착란이었다고 생각한다. 그것은 어떤 광적인 꿈이었다"(G 184).

이는 작품에서 설명되고 있듯이 "거울로 만든 벽이 회전하도록 만든 고스트의 트릭으로 생긴 환영이다"(G 206).

사라진 크리스틴을 찾아 나선 라울과 페르시아인 역시 "환영의 궁전"(G 228)이라고 불리는 고문실에 갇힌다. 당시 외국인이 많이 찾던 파리의 대로大路 '불르바르'에서 "동방인은 페르시아인이라고 불렀던"[10] 사실을 고려하면, 오페라의 유령에 탐정으로 등장하는 페르시아인은 대도시 불르바르의 이국적 문화를 반영한다고 할 수 있다. 그리고 그가 라울과 함께 갇힌 방은 "완전히 거울로 잇대어져 있다." 그리고 시각적 기술을 사용해 낯선 사막과 숲의 이미지를 보여준다. 온갖 환영이 번갈아 나타나는 이 고문실에는 강철 단두대가 나무 모양으로 서 있기도 하다.

10 Kracauer 1994, p. 84.

역사적 사건과 인물을 모사한 밀랍인형으로 유명한 '그래뱅 박물관'과 비교되기도 하는 이 고문실은 페르시아인이 설명하듯 여러 기술적 장치로 작동하고 있다.

회전하는 실린더는 3등분으로 나뉘어져 각각이 서로 각을 이루며 만나는 3개의 거울 면을 규합하게 되어 있으며, 그렇게 해서 차례대로 나타나는 장식 모티프의 영상이 각 거울 면에서 유지되는 것이다(G 228~229).

이 방의 장면들은 에릭이 거주하는 루이 필립 풍의 방에서 창문을 통해 커튼을 치고 불을 끄면 볼 수 있도록 설계되어 있다. 이는 일종의 영화관을 상기시킨다. 1895년에 뤼미에르 형제의 활동사진이 등장하고, 이후 편집을 통해 서로 다른 이미지를 중첩시키는 트릭 영화가 등장했다. 그러한 일련의 초기 영화의 착시 모티프들이 작품 속에 반영되고 있는 것이다. 고문실에는 동물들과 함께 콩고의 사막과 숲의 이미지들이 나타나기도 한다. 이 이미지들은 이방의 지역들을 전형화하는 키치다. 마치 전체 오페라하우스가 동양의 술탄의 궁전에 비유되듯이, 그러한 키치 이미지들은 영화관과 거리에서 도시의 대중에게 낯선 이방의 지역에 대한 동경과 공포를 동시에 유발한다.

파리의 실내 영화관이나 박물관뿐만 아니라 실외의 기차역, 관통 대로, 아케이드 등은 그러한 꿈과 같은 이미지로 가득 차 있었다. '도시 경관'이 '꿈의 경관'이 되는 것이다. 그러한 이미지들로 채워진 19세기말의 '파리는' 벤야민에 따르면

거울의 도시이다. 파리의 자동차도로의 거울같이 매끈매끈한 아스팔트, 어

느 술집이나 앞에는 유리로 된 칸막이가 있다. 카페 안쪽을 좀 더 밝게 비춰주고, 작은 칸막이로 공간을 분리시키고 있는 파리의 음식점 내부에 편안한 느낌의 넓이를 부여하기 위해 창유리와 거울이 넘쳐나고 있다. …… 통행인의 눈초차 베일에 싸인 거울이며, 사창가의 지저분한 침대 위에 수정 거울이 걸려 있는 것처럼 파리 위에, 센 강의 널찍한 하상 위에 하늘이 드넓게 펼쳐져 있다(*R1*, 3)

대도시 파리는 꿈꾸는 집합적 대중의 욕망과 두려움이 반사되는 거대한 거울이라고 해도 과언이 아니다. 『오페라의 유령』에서 "라울의 분산된 시선 앞에 놀라운 스펙터클"을 제공하는 고문실의 거울들도 이러한 거울 도시 파리의 단면을 드러낸다.

현대 도시의 면모를 상징적으로 나타내는 '거울'의 의미론과 관련해 르루의 입장은 양가적인 것처럼 보인다. 거울에 의해 야기되는 '감각의 기만'은 이 소설에서 한편 고스트의 범죄적 행각과 관련된다. 하지만 그것에 대한 묘사에서 작가 역시 분명히 거울 현상에 매료되고 있다. 마찬가지로 대도시 파리를 소재로 한 초현실주의자 아라공의 작품 『파리의 농부』(1926년)에서도 오페라하우스가 다루어지는데, 아라공은 거기서 메트로폴리스에서 나타나는 감각의 기만을 불가피하고 긍정적인 것으로 주장하고 있다.

나는 더 이상 내 손가락의 오류, 내 눈의 오류로부터 벗어나기를 원치 않는다. 그러한 오류들은 부피트랩이 아니라 그것들이 내게 드러날 수 있는 목적지를 향한 기묘한 길인 것이다. …… 우리가 걷는 발걸음들 아래에 새로운 신화가 튀어 오른다.[11]

메트로폴리스의 새로운 감각과 신화에 대한 젊은 세대의 요청은 구세대에게 의문시되었고, 심지어 위험한 것으로 간주되기도 했다. 그러한 세대 차이와 긴장도 르루의 소설『오페라의 유령』의 골격을 이루는 주요 플롯에 속한다. 전통적인 부르주아 문화의 위기감이 바로 '부르주아의 아들'이며 '기술 엔지니어'이자 '트릭스터'인 고스트의 이미지 속에 투사되고 있는 것이다.

도시화에 대한 세대 간의 입장 차이가 만들어내는 긴장 속에서 배태된 고스트 이미지는 메트로폴리스의 극적인 변화에 대한 상이한 반응이 갈등하는 장에 다름 아니다. 그는 현대의 부정적 주체성을 상징하면서 동시에 부르주아의 상징적 질서에 따라 편성된 경계들을 기술과 트릭으로 혼란스럽게 하면서 대도시 삶에 활기를 불어넣는다. 요컨대 환영을 창출하는 그의 기술 매개적 범죄들은 소설 속에 혼란과 두려움을 불러일으킨다. 동시에 그것은 대도시의 대중 독자에게 변화된 도시의 부정성을 유희로 전환시키는 흥미진진한 통속소설의 내러티브가 되고 있다.

4. 고스트와 공동체

고스트와 도시 대중 사이의 관계를 파악하는 데 에릭의 외모는 또한 주요한 단서가 된다. 그는 가면아래 숨겨진 추악한 모습 때문에 비사회적이며, 커다란 플록코트에 감싸인 채 전체 얼굴을 가면으로 덮어 가리고

---

11 Aragon 1994, p. 10.

있는(G 119) 것으로 묘사된다. 그가 소설 속에서 도시 대중 앞에 나타나는 일은 드물다. 하지만 예외적으로 '가면무도회'에서 대중 사이에 나타난다. 이 가면무도회의 대중은 19세기말의 도시 대중의 변형된 모습을 보여준다. 에릭은 가면을 쓰고 이 "광적인 대중"(G 92) 사이를 활보한다.

〈그림 5〉 오페라하우스 천정

도시의 대중 속의 고스트는 넝마주이, 매춘부, 훌리건 등이 자유롭게 돌아다니던 파리의 거리와 거기서 나타나는 "익명성에 대한 부르주아의 두려움"[12]을 상징한다고 할 수 있다. 고스트 에릭은 소설의 시작부터 일종의 "사기꾼"(G 100)으로 간주된다. 그리고 가면이 제거될 때 그는 매번 위험에 빠지거나 타인을 위협하게 된다. 가령 그는 크리스틴에게 이렇게 경고한다. "내 가면을 건드리지 않는 한, 당신은 위험하지 않다"(G 122). 요컨대 그는 "살아있는 시체"(G 261)로, 가면 없이는 사회와 연계될 수

---

12 Salzani 2007, p. 172.

없지만 역설적으로 가면과 더불어 그의 진정성은 영원히 은폐된다.

〈그림 6〉 오페라하우스 실내 계단

가면의 그러한 아이러니는 이미지와 관련된 이 글의 논의에서는 키치 이미지의 일반적 속성과 잘 부합하며, 그것의 사회성을 추적하는 단서가 된다고 하겠다. 키치는 진정성을 대체하는 것이며, 원본에 대한 기억의 망각과 연계된다. 이 이미지에 익숙해지면 그 뒤에 무엇이 있었는지에 대해 잊는다. 그러한 망각 과정은 현대에 가속화된다고 가정할 수 있다. 이와 같은 가면의 의미론은 패션의 의미론과 상통한다.

도시적 삶은 누가 누구인지에 관해 탈정향적 혼동을 만들어내면서 계급간의 엄격한 구분을 파괴했다. 도시는 일종의 스펙터클이었다. 적합한 의상을 입으면 여자는 ― 혹은 남자는 ― 새로운 정체성으로 도피할 수 있었다. …… 어느 정도까지 개인들이 실제로 그들의 출신으로부터 벗어날 수 있는지는 분명하지 않다. 하지만 많은 개혁가들은 익명성이 그것을 가능하게 할

뿐만 아니라 법과 질서에 대한 심대한 도전으로 나타난다고 생각했다.[13]

가면무도회장에서 고스트는 자기 의상을 "붉은 죽음red death"(G 91)이라고 칭한다. 매춘부를 지칭하는 '붉은 매춘부red whore'와 마찬가지로 '붉은'이라는 형용사는 당시 인디언이 '붉은 피부'로 정형화된 것과 같이 기존의 사회질서에 낯설고 도전적 함의를 지닌 존재를 시사했다. 윌슨에 따르면 매춘부는 당시 "도시적 삶의 가장 두려운 유령 중 하나"[14]였다.

르루의 고스트 이미지에는 이와 같은 사회적 염려와 의혹이 투사되고 있다. 특히 합리화와 익명화가 진행되던 대도시 속에서는 공동체적 관계의 문제들이 발생한다. 그러한 현대 사회의 공동체 문제를 벤야민이 인용하는 대도시 런던 사람들에 대한 엥겔스의 관찰은 잘 보여준다.

이들은 뭐 하나 공통된 것 없는 것처럼, 서로 뭐 하나 관련도 없는 것처럼 각자의 길을 재촉하며 지나쳐 간다. 이들 사이에 이루어진 유일한 합의는 보도의 우측으로 걸어가야 하며, 그렇게 함으로써 바삐 지나가는 양쪽 군중의 흐름을 멈추게 하지 말아야 한다는 암묵적인 것뿐이다. 누구하나 다른 사람에게 눈길을 주는 일이 없다. 잔인할 정도의 무관심, 각자는 개인적인 관심 속에 무정하게 고립되어 있다는 느낌은 이들 개개인이 좁은 공간에 몰리면 몰릴수록 점점 더 불쾌하고 치욕적인 것이 된다(M 5a, 1).

고스트 에릭의 사회적 고립은 물론 주로 그의 추악한 외모에 기인하는 것으로 묘사되고 있지만 합리화된 사회적 경계들 문제 역시 오페라하

---

13 Wilson 2002, pp. 421~422.
14 앞의 책, p. 420.

우스의 밀폐된 방, 벽, 문을 통해 표현되고 있다. 오페라하우스의 상부에서 하부로 이어지는 통로 중 고스트가 사용하는 비밀 통로는 파리 코뮌 당시 공산주의자들이 사용했던 길과 동일시된다.

여기서 고스트는 "벽, 문, 트랩도어"에게 명령하는 존재다. 기술을 이용해 문과 벽을 조작하면서 마치 건물의 기능적·사회적 경계의 지배자 같은 모습을 보인다. 다른 한편 그 역시 크리스틴과의 결혼을 통해 일상적 삶으로 돌아가기를 희망하는 한 그러한 사회적 경계들 사이에 붙들려 있기도 하다. 심지어 부모로부터도 버림받는 이유가 된 그의 왜곡된 몸과 얼굴은 부르주아의 일상으로 돌아가는 것을 근원적으로 차단한다. 고스트의 외관은 어떤 개인의 특성의 재현으로 이해되기보다는 왜곡된 사회적 몸이자 사회적 경계들을 넘는 것에 대한 금지를 표한다.

이는 앞서 언급한바 있는 세대 간의 갈등의 한 단면이다. 고스트의 이미지에 경계들이 혼종화되는 대도시 문화의 등장에 대한 유럽 부르주아 중산층의 두려움이 투사되고 있는 것이다. 따라서 그것은 어떤 비정상성의 표지에 다름 아니다. 그리고 상층부와 하층부로 나뉘어진 오페라하우스의 경계 속에서도 그러한 세대 간, 계층 간의 사회심리적 경계 현상을 확인할 수 있다. 그러한 경계를 사이에 두고 크리스틴과 고스트 에릭 사이의 문은 단지 그녀가 고스트의 신성한 노래에 매료될 때만 열린다.

> 그것[그가 '위풍당당한 동주앙'이라는 곡을 노래하는 것]은 나를 완전히 도취하게 했어요. 그리고는 에릭과 나를 가르고 있던 문이 내 손 앞에서 힘없이 열리고 말았어요(G 129).

예술은 여기서 세대와 계층 간의 사회 통합의 계기로 나타난다. 하지만 그것은 일시적 꿈이거나 도취에 다름 아니다. 이 꿈을 깰 때 크리스틴은 역설적으로 '현실'로 돌아가는 것이 아니라 다시금 '악몽'으로 회귀한다. 꿈 위의 꿈, 이미지 위의 이미지가 사회적 경계들의 심연에서 생산되고 중첩되는 것이다. 이때 이미지는 정상과 비정상(혹은 예외), 일상적인 것과 특별한 것 사이의 경계의 긴장을 완화시키는 한시적인 가상의 다리가 되거나 아니면 서로 다른 사회 집단 간의 적대적 감정을 강화해 차이의 심연을 도리어 깊게 하기도 한다.

『오페라의 유령』에 나타나는 르루의 사회적·정치적 입장은 그럼에도 불구하고 모호하게 남아 있다. 작품 속의 고스트 에릭은 어떤 반사회적 집단이나 지하 국가를 만들지는 않는다. 하지만 다른 소설, 가령 『테오프라스트 롱게의 이중생활La Double Vie de Theophraste Longuet』(1904년)에서 그는 파리의 지하도와 하수구 등에 밤에만 출몰하던 실제 갱과 부랑자를 모델로 "탈파스talpas, 자피스트japistes, 그루이예르grouilleurs"15 같은 낯선 범죄적 부족을 창조해냈다. 이들은 고스트 에릭과 마찬가지로 파리의 삶의 어두운 이면을 드러낸다.

물론 이들에 부가되는 부정적 이미지에는 갑자기 '모여 있게 된' 대도시에서 타자들에 대한 부르주아 대중의 불안과 두려움이 반영되고 있다. 더 나아가 점차 글로벌화되어 가던 시기에 파리는 인종적, 계층적으로 혼종화되어 갔고, 파리 내부의 이들 부족의 이미지는 이방의 낯선 인종과 지역의 이미지와 중첩되기도 했다.

---

15 Kalifa 2004, p. 186.

5. 초국적 소통 가능성과 변증법적 이미지

파리는 '19세기 유럽의 수도'라는 별칭만큼이나 문명 세계의 중심이었고, 이 문명의 가장 앞선 불르바르의 도시 문화는 내외부의 변방과 경계를 이루는 접점이었다.

뮈세의 지적에 따르면 불르바르들을 경계로 '동인도제도'가 시작될 것이다 (M 11a, 3).[16]

벤야민이 크라카우어(1889~1966년)의 『자크 오펜바하와 그의 시대의 파리*Jacques Offenbach und das Paris seiner Zeit*』(1937년)라는 책에서 따온 이 인용문은 '불르바르가 곧 문명 세계의 중심이자 전부'라는 불르바르 산책자들의 의식에 대한 뮈세의 야유적 비판을 담고 있다. 하지만 여기서 간접적으로 불르바르의 도시 문화가 외부 세계와 심상적 경계를 이루고 있었음을 확인할 수 있다. 그곳의 문화를 중심으로 파리의 대중이 갖고 있던 중심과 변경에 대한 확고한 의식이 나타나고 있는 것이다. 동시에 그러한 변경은 혼종화되어 가던 대도시 파리의 '내부'로 스며들어 '내부의 외부'를 형성하기도 했다.

『아케이드 프로젝트』의 많은 노트가 예시하듯 당시 메트로폴리스 파리에서의 삶은 많은 이방의 부족이 사는 신세계의 삶과 비교되었다. 이는 쿠퍼(1789~1851년)의 소설 『마지막 모히칸 족』의 영향에서 기인하는 것으로 볼 수도 있는데, 이 이야기는 개척자와 인디언의 삶을 묘사하고 있

---

16 Kracauer 1994, p. 81.

다. 이 모티프는 뒤마(1802~1870년)의 『파리의 모히칸』에 채택되었고, 많은 아류 소설에 영향을 주었다. 여기서 이방의 부족은 메트로폴리스의 국외자에 비교된다.

> 파리 한가운데에 쿠퍼의 원시인! 대도시는 신세계의 숲들처럼 신비하지 않는가?(M 13, 4).

"진흙 호수의 휴런족, 빈민굴의 이로쿠이족"(M 13, 4) 같이 대중소설 속에서 신대륙의 원시인과 메트로폴리스의 국외자의 이미지는 중첩된다.
『오페라의 유령』에서 아시아 전제국가의 이미지들이 고스트 이미지에 투사되는 것도 그러한 현상으로 생각할 수 있다. 이 내러티브에 따르면 파리의 중산층 가정에서 태어나 추악한 외모 때문에 부모로부터 버림받은 고스트 에릭은 집시들에 의해 예술가/기술 엔지니어로 성장하게 되고, 그의 명성은 아시아로 가는 교역 상인들을 통해 외부에 알려지게 된다. 이는 그가 페르시아에서 정치적 에이전트로 경력을 쌓는 계기가 된다.

> 그는 조용히 여러 정치적 암살에 관여했고, 페르시아 제국과 전쟁 중이던 아프가니스탄의 왕에 대항해 악마적이고 창의적인 발명품을 만들었다. 페르시아 왕은 그를 총애했다(*G* 262).

벤야민 역시 주목한 바 있는 당시 추리소설 속의 아시아 이미지를 고려하면17 이는 루르만의 독특한 서사가 아니라 통속적 차원에서 공유되

---

17 "추리소설에서 동양의 온갖 풍경보다 훨씬 더 흥미로운 것은 아주 호화로운 동양풍 실내이다. 즉 페르시아산 카펫과 터키식의 침대 의자, 현등과 진짜 카프카스산 진검. 묵직한, 읽어

고 있던 키치적 모티프라고 할 수 있다. 작품 속에서 이야기되는 아시아에서의 에릭의 경력에 대한 이야기는 르루의 『오페라의 유령』을 현대적으로 연극과 뮤지컬로 리메이크하는 과정에서 대체로 삭제되었다. 하지만 이 모티프들은 '익숙한 것'과 '낯선 것'이 교차하고, 경계들이 혼종화되기 시작한 당대 메트로폴리스의 부르주아가 타자에 대해 갖고 있던 (무)의식의 단면을 잘 드러낸다.

〈그림 7〉 판토마 시리즈 포스터 1

〈그림 8〉 판토마 시리즈 포스터 2

이 무렵 현대적 교통과 통신 시스템의 발달로 파리의 공간은 또한 대도시로서 여타 도시와 비교할 수 없던 "실체와 우위"18를 상실하기 시작

맨 페르시아산 태피스트리 뒤에서는 가장이 유가증권을 갖고 흥청거리며 마치 동방의 호상이나 한가하게 마법에 걸려 있는 듯한 상태의 대상들의 숙소에 있는 게으름뱅이 고관이라도 된 듯한 기분에 빠질 수 있다. 그러다가 결국 침대 의자 위의 은으로 된 칼집 속에 꽂혀 있던 단검이 시에스타를 즐기고 있던 그의 어느 멋진 오후와 본인의 목숨을 끝장내게 될 때까지 말이다"(*SI*, p. 447).
18 Kalifa 2004, p. 187

했다. 칼리파는 그러한 변화를 『오페라의 유령』과 거의 동시대에 쓰여진 일련의 유령 판토마 시리즈(1911~1913년)를 통해 논증하고 있다.

전체 판토마 시리즈는 단일한 중심의 세계에서 탈중심화된 세계로의 전환을 드러낸다. 전보, 전화, 라디오 방송, 대양 여객선 그리고 대륙간 기차는 유령 판토마들을 스코틀랜드, 러시아, 멕시코, 콜롬비아 등과 같은 장소를 방문하는 여행자가 되게 한다. 파리는 더 이상 꿈의 절대적 중심점이 아닌 것이다.19

『오페라의 유령』에서도 크리스틴의 연인 라울은 북극원정대의 일원으로 소개된다. 또 그와 크리스틴은 소설 말미에 스칸디나비아로 떠나는 것으로 그려지고 있다. 국외로 떠나는 작품의 주인공들이 보여주듯 대도시 파리의 일상은 이미 초국적 경계들의 혼종화 과정에 깊이 개입되어 있다. 교통과 통신의 발달로 이방의 지역이 근접적으로 다가옴에 따라 19세기 유럽의 수도로 불리던 파리는 탈중심화되기 시작한다. 고스트 에릭의 다양한 경력에 대한 묘사에서 그에게 각인된 사회적·국가적 경계들은 유럽 내부와 외부의 국외자 이미지와 중첩되는 것도 그러한 양상으로 볼 수 있다.

고스트 이미지에는 앞서 보았듯이 예술적 맥락에서는 더 이상 존재하지 않는 과거의 신성한 것, 사회적 맥락에서는 왜곡되고 배제된 것, 그리고 지리정치적 맥락에서는 낯선 국외자 이미지가 중첩되고 있다. 이는 대도시에서 급속히 이루어진 전통 부르주아 문화의 붕괴와 타자들과의 접

19 같은 책.

측면의 확대로 인해 나타나는 19세기말의 유럽 부르주아의 공포와 욕망이 투영된 결과로 볼 수 있다.

탐정소설이나 범죄소설 같은 통속 문학은 그러한 타자성에 대한 키치 이미지를 창출함으로써 두려움을 향유하게 하고, 경계를 넘고자 하는 욕망을 재생산하는 데 일조해왔다. 벤야민은 '근대성의 교회당'인 기차역에서 기차를 타고 여행할 때 허구적 흥분을 주는 탐정소설을 사서 읽으라고 권하면서 이렇게 적고 있다.

한 공포를 다른 공포로 무력화하는 것이 여행자에게 구원이다.[20]

이 언급은 문화적·지리정치적 경계에서 낯선 것과 조우하면서 발생하는 불안과 공포를 극복하는 방법을 시사한다. 물론 사회적·인종적 경계의 혼종화와 탈중심화에서 비롯되는 부르주아의 혼란을 제어하고 향유하던 대중소설의 키치 이미지가 가진 정치적 양가성 또한 간과할 수 없다.

주지하다시피 부르주아 중산층의 공포와 욕망을 부추기며 제국주의와 파시즘은 타자들에 대한 적대적 이미지들을 생산해 정치적으로 오용했다. 여기서 관건이 되는 것은 그러한 이미지들에 어떻게 대응하는가 하는 것이다. 당대에 일부 예술가와 비평가가 그랬듯이 이 문제는 고급예술과 대중예술을 엄격히 분리하고, 순수예술의 성역 속에 안주하는 방식으로는 더 이상 해결될 수 없었다.

오히려 문화적, 사회적, 정치적 영역의 경계의 심연에서 나타나는 공포와 욕망은 이미지 정치적으로 낡은 이미지 위에 새로운 이미지를 중첩

---

20 Benjamin, *IV.* 1, p. 381.

적으로 덧대는 방식으로 극복될 수 있었다. 이는 "키치를 변증법적으로 사용하는 것을 목표로 하는 벤야민의 전략"으로, 이미지를 통한 "정치적 개입을 위한 의미 있는 과제"21를 드러낸다.

〈그림 9〉 파리의 거리

"진정한 예외상태를 불러일으켜 파시즘에 대항할 입지를 개선하자"는 벤야민의 「역사철학 테제」(1940년)에서의 요청도 문화적 교섭을 통해 나타나는 혼돈 상황에서 이와 같은 '변증법적 이미지'를 활용해 단선적이고, 적대적인 키치를 극복하자는 것으로도 이해될 수 있다. 또한 그가 에세이 「초현실주의」(1929년)에서 시사하듯이 "친근성이 새로운 낯섦의 감각을 창출하고, 낯섦이 새로운 친근성을 창출하는" 방식으로 "세속적 계몽"에 이를 수 있다는 것은 사회문화적 경계들이 중첩되고 뒤섞이기 시작하는 시대에 타자성을 수용하면서 제3의 문화를 만들어가자는 요청으로 새삼 다시 음미할만하다. 요컨대 그의 제안들은 '낯선 것'과 '익숙한 것'

21 Menninghaus 2009, p. 57

의 변증법적 전치와 순환을 통해 타자에 대한 공포와 두려움을 순치하고, 초국적 소통 가능성을 열기 위한 이미지 정치에의 요청인 것이다.

급격한 도시화와 더불어 "예외가 규칙이 되는" "부르주아지의 혼돈"의 시대에 대한 벤야민의 요청은 낯설고 이질적인 것을 포섭할 수 있는 방향성을 시사하고 있다. 그것은 단순히 법정치적 맥락22과만 관계되는 것이 아니라 대중소설, 신문 등에서 낯선 외부를 접하는 집단의 사회적 (무)의식을 반영하는 일상의 이미지와 관련한 문화정치적 과제를 포함하고 있다.

그러한 의미에서 '이미지는 만남과 조우'이며, 타자에 대한 역사적 '인식 가능성'이자 '소통 가능성'을 대표하는 범주로 자리매김 될 수 있다. 초국적 소통의 초기 국면에 타자들과 경계의 첨단의 접면을 이루고 있던 파리의 불르바르에서 배태된 고스트 이미지는 그런 점에서 과거의 소통 가능성의 한 역사적 국면을 표시한다. 그것은 혼종화되어 가던 파리의 내부와 외부의 경계 위에 자리하고 있다. 정신분석학적으로 "그림자와의 만남"23으로 해석되기도 하는 르루의 고스트 이미지는 이처럼 지리정치적 측면에서 이해될 수 있다.

벤야민이 시사하는 바, '외부를 수용*Aus-Nahme*'24하고 부정적 키치 이미지를 이미지의 변증법적 중첩을 통해 극복함으로써 적대적 욕망과 공포를 순치하고, 사회내적, 인종적, 국가적 경계들을 넘을 수 있는 초국적 소통 가능성의 역능을 증대시킬 수 있다. 이는 "해외로 활보하는stalk-

---

22 '예외상태'와 관련된 아감벤의 작업은 주로 법정치적 맥락과 관계된다. 그에 대한 비판은 졸고(2012), 「아감벤의 유머와 메타픽션적 통찰」(『사이間SAI』, 13권), pp. 33~64 참조.
23 Wildgen 2001, p. 155
24 '예외'의 독일어 표현 '*Ausnahme*'를 분리해 '*Aus-Nahme*'라고 하면 '외부-수용'이라는 의미가 된다.

ing abroad"(G 91) 고스트가 파리인들, 즉 초국적 얽힘의 과정에 깊이 들어서기 시작한 19세기말의 메트로폴리스 시민에게 두려운 만큼 매력적이기도 했던 이유일 것이다.

참고문헌

이창남(2010), 「오스만과 근대도시 파리의 경관 — 발터 벤야민의 '파사주 작품'을 중심으로」, 『문화와 사회』 8권, pp. 7~38.
— (2012), 「아감벤의 유머와 메타픽션적 통찰」, 『사이間SAI』 13권, pp. 33~64.

Agamben, Giorgio(1995), *Homo Sacer — Sovereign Power and Bare Life*, Translated by Daniel Heller-Roazen, Stanford University Press: Stanford, California.
Aragon, Louis(1994), *Paris Peasant*, Translated and With an Introduction by Simon Watson Taylor, Exact Changne: Boston.
Benjamin, Andrew & Rice, Charles(2009), *Walter Benjamin and the Architecture of Moernity*, Melbourne.
Walter Benjamin, *Selected Writings*, volume 1(1913~1926), Marcus Bullock, Michael W. Jennings(eds.), Harvard University Press: Cambridge, Massachusetts, USA., 2004.(축약: *S1*).
— Volume 2(1927~1934), Michael W. Jennings(eds.), Harvard University Press: Cambridge, Massachusetts, USA., 2001(축약: *S2*).
— Volume 4(1938~1940), Howard Eiland, Michael W. Jennings(eds.), Harvard University Press: Cambridge, Massachusetts, USA., 2006(축약: *S4*).
— *Gesammelte Schriften IV.* 1, Herausgegeben von Tillman Rexroth, Frankfurt am Main: Germany 1981(축약: *IV.* 1).
— *Gesammelte Schriften V.* 1, Herausgegeben von Rolf Tiedemann, Surkamp: Frankfurt am Main 1989(축약: *V.* 1).
Cadava, Eduardo(1997), *Words of Light — Theses on the Photography of History*, Princeton, USA.
Gilloch, Graeme(2002), *Walter Benjamin — Critical Constellations*, Cambridge, UK.
Goulet, Andrea(2005), "The Yellow Spot: Ocular Pathology and Empirical Method in Gaston Leroux's *Le Mystere de la chambre jaune*", *SubStance*, vol. 34. no. 2, pp.

27~46.
— (2007), "Legacies of the Rue Morgue: Street Names and Private-Public Violence in Modern French Crime Fiction", *Modern Language Quarterly* 2007, p. 68.
Hansen, Miriam(2002), "Benjamin and Cinema: Not a One-Way Street", in: *Benjamin's Ghost*, Edited by Gerhard Richter, Standford University Press: California, USA., pp. 41~73.
Kalifa, Dominique(2004), "Crime Scenes: Criminal Topography and Social Imaginary in Nineteenth-Century Paris", Translated by Martine Andreoli, *French Historical Studies*, vol. 27, no. 1, pp. 175~194.
Kracauer, Siegfried(1994), *Jacques Offenbach und das Paris seiner Zeit*, Frankfurt am Main.
— (1977), *Das Ornament der Masse*, Frankfurt am Main.
Lamarre, Thomas(2010), "The biopolitics of companion species: wartime animation and multi-ethnic nationalism", in: *The Politics of Culture — Around the Work of Naoki Sakai*, Edited by Richard F. Calichman and John Namjun Kim, Routledge: USA., Canada.
Leroux, Gaston(2001), *The Phantom of the Opera*, With a New Introduction by Dr. John L. Flynn, New York(축약 G).
— *Les Heros de Chemulpo*, Paris, France, 1904.
Menninghaus, Winfried(2009), "On the 'Vital Significance' of Kitsch", in: Andrew Benjamin and Charles Rice(eds.), *Walter Benjamin and the Architecture of modernity*, Melbourne, Australia, pp. 39~57.
Petrovsky, Helen(2010), "Translating the image", in: *The Politics of Culture*, Richard F. Calichman and John Namjun Kim(eds.), London and New York, USA., pp. 91~101.
Reeh, Henrik(2004), *Ornaments of the Metropolis — Siegfried Kracauer and Modern Urban Culture*, Translated by John Irons, Cambridge, London: UK.
Salzani, Carlo(2007), "The City as Crime Scene: Walter Benjamin and the Traces of the Detective", *New German Critique* 100, vol. 34, no.1, pp. 165~187.
Wildgen, Kathryn E.(2001), "Making the Shadow conscious: The Enduring Legacy of Gaston Leroux", in: *Symposium* fall 2001, pp. 155~167.
Wilson, Elizabeth(2002), "The Sphinx in the City", in: *City Reader*, Gary Bridge and Sophie Watson(eds.), Blackwell: Oxford, UK, pp. 419~429.
Broadbent, Philop, "Phenomenology of Absence", in: *Journal of Modern Literature*, vol. 32, no. 3, pp. 99~120.

Drakakis-Smith(2007), "Nomadism a Moving Myth?", in: *Mobilities* vol 2, no. 3, pp. 463~487.

Huyssen, Andreas(1997), "The Voids of Berlin", *Critical Inquiry* 24, pp. 57~81.

사진: 1~6, 9(필자), 7(https://en.wikipedia.org/wiki/Fant%C3%B4mas#/media/File: Fanto mas_early_film_poster.jpg), 8(https://en.wikipedia.org/wiki/Fant%C 3% B4 mas#/medi a/File:Fantomas-mortquitue.jpg).

3장

유스턴의 에우리디케:
벤야민과 오제, 지하로 내려가다

그레이엄 길로크

1. 서론: 지도 그리기

벤야민은 1932년의 회고록 「베를린 연대기」에서 "내 삶에 대한 통찰이 번개처럼 일종의 영감과도 같은 힘으로 나를 엄습했던" 파리에서의 어느 특수한 오후 이야기를 들려주고 있다. 그는 생제르맹데프레에 있는 최신식 카페 되 마고에 편안하게 앉아 "누구를 기다리고 있는지도 잊어버렸지만" 누군가를 기다리던 당시를 이렇게 상기하고 있다.

그때 갑자기 주체할 수 없는 힘으로 다음과 같은 생각이 내게 다가왔다. 그것은 내 삶의 지도를 도식으로 나타내보자는 생각이었다. 나는 그 순간 이미 어떻게 그러한 일을 해야 할지도 정확히 알고 있었다. 내 과거를 캐묻는 단순한 질문이 던져졌고 거기에 대한 대답들이 저절로 종이 위에 그려졌다. 그런데 1~2년 후인가 그 종이를 그만 잃어버리게 되어 이만저만 낙담이 아니었다. 당시 내 앞에 떠올랐던 그것은 일련의 가계도와 비슷했는데, 다시는 그것을 똑같이 재현할 수 없었다. 지금 윤곽을 재현을 못하지만 상상 속에서 다시 그려보고 싶다. 나는 이를 미로라고 부르고 싶다. 이 미로의 수수께끼 같은 중심에 자리 잡고 있는 것이 나 자신인지 아니면 운명인지는 나의 관심사가 아니다. 그러나 내부로 들어가는 많은 입구는 나와 상관이 있다. 나는 그러한 입구들을 근원적 친분관계라고 부른다. 각각의 입구는 다른 사람들을 통해서가 아니라 이웃관계, 친족관계, 동창관계, 혼동, 여행 조합을 ― 이런 상황들이 그리 많은 것은 아니지만 ― 통해 만나게 된 사람과의 친분을 나타내는 그래픽 상징이다. …… 그러한 관계 중 대부분에서는 …… 다시 새로운 친분관계, 새로운 사람들과의 관계가 열리기 때문에 한참 지난 뒤 그 길로부터 옆길이 파생된다. …… 그러한 체계 중 어느 한 쪽에서 다른 쪽으로 연결되는 길이 생길지의 여부는 우리 삶의 행로가 어떻게 읽히는가에 달려 있다. …… 이 말이 대체로 맞든 안 맞든 따져보면 언제나 우리에게 동일한 역할을 하는 사람들에게 우리를 이끌어주는 길이 있기는 한 것 같다. 다양한 나이에 우리를 그러한 친구, 배신자, 연인, 선생님에게 이끌어주는 길 말이다. 파리의 어느 날 오후 내 앞에 떠올랐던 내 삶의 스케치는 그렇게 그려졌다([1], p. 615).

벤야민이 후일 '변증법적 이미지'[1]라고 부르게 되는 것의 자발적 구조와 함께 드러나는 상기의 순간에 대한 이러한 기억(이것은 그가 기다리

---

[1] 이것은 비자발적 기억이라는 프루스트의 개념에 크게 빚지고 있는데, 벤야민은 변증법적 이미지라는 이 개념을 1940년의 유명한 테제 「역사 개념에 대하여」에서 과거와 현재의 단명하고 마는 결합(또는 상호 조명의 순간)으로 발전시키고 있다. 특히 테제 5와 7이 그렇다([2], pp. 390~910). 이 테제들은 쓰여지지 않은 '아케이드 프로젝트'의 역사학적·인식론적 토대를 스케치하기 위한 시도였다.[3]

고 있는 동행과 소중한 종이의 나중의 행방에 대한 이중적 망각에 의해 액자처럼 끼워 넣어져 있다)은 전에 텍스트에서 표현된 바 있는 지속적인 바람을 충족시켜주는 것으로 생각될 수도 있을 것이다.

오랫동안, 다시 말해 수년 전부터 나는 내 삶과 생명의 그래픽 공간을 지도 위에 그려보겠다는 생각을 해왔다. 일종의 파루스 지도가 떠오른 적도 있다. 도시 내부를 보여주는 참모본부의 지도가 있다면 그것을 택하겠지만 미래의 전장을 오인하는 바람에 그러한 참모본부의 지도는 주어질 것 같지 않다. 나는 일종의 기호 체계를 고안해냈다. 만약 내 친구들의 집, 청년운동 시절의 '토론실'에서 공산주의 청년회 모임 장소에 이르기까지 여러 종류의 단체가 모이던 장소들, 하룻밤을 지냈던 호텔 방, 창녀의 방, 티어가르텐의 중요한 벤치들, 통학로, 우리들이 하관을 지켜보았던 무덤들, 이제 이름은 알 길 없지만 당시 우리 입에 매일 오르내렸던 카페들의 휘황찬란하게 늘어선 장소들, 지금은 텅 빈 임대 아파트들이 서 있는 테니스 장. ……([1], p. 596~597).

하지만 이것들은 도표와 지도 등 그와는 다른 유형의 형상이며, 아마 다소 상이한 종류의 의문에 의해 촉진되었을 것이다. 첫 번째 것은 지나간 시간을 틈과 교차로로, 친구와 지인, 동료와 연인이 얽히고설킨 망으로, 관계의 격자세공으로 제시하려는 ― 비록 벤야민 본인은 기억 속의 사람들이 중요하다는 것을 부인하고 있지만 말이다(그는 "그것들에서 사람들은 미미한 역할만 한다"고 주장한다) ― 관심으로 보아 '계보학적인 것'처럼 보인다. 다채로운 기호가 기입되어 있는 두 번째 것은 젊었을 때의 만남과 모임의 장소와 위치에, 한때는 사람이 빈번히 드나들었지만 지금은 쓸쓸한 장소에, 1914년에 전쟁이 발발하기 전까지 "베를린의 경험"([1], p. 597)의 틀을 형성한 공간과 건축에 초점을 맞추고 있다.

아마 이것들이 동일한 미로를 제시할 수 있는 대안적 방법일 것이다.2 어쨌든 나는 궁금해 하지 않을 수 없다. 즉 전자를 후자 위에 겹쳐놓을 경우 과거와 관련해 어떤 종류의 기억의 매트릭스나 유형이 그 결과로 나타날까? 내가 보기에 그에 대한 한 가지 가능한 대답이 우리 시대의 프랑스의 사회인류학자 오제에 의해 제시되고 있는데, 그의 글은 점점 더 본인이 경험한 과거의 파리에 대한 여러 가지의 일시적 기억에 형태를 부여하는 과제에 골몰하고 있다.3 그것 중 아마 가장 흥미로울 것에서 오제는 독자에게 연관, 결합, 연계의 도표 그리고 위치, 목적지, 만남의 장소가 마구 뒤섞인 지도, 선과 점의 연결망, 또한 독자에게 기억을 떠올리도록 하기 위한 도구로 사용될 도형, 즉 파리의 지하철 지도 모두를 바치고 있다.

2. '기억의 기계'

벤야민이 1932년부터 계속 베를린에 관한 본인의 '자전적' 글의 '자전적' 지위를 애써 강조해 부인하듯이4 1986년의 오제의 연구서 『지하철

---

2 또는 아마 이 두 가지 재현 방법 — 추정컨대 하나는 번지수를 잘못 찾은 것 같고 다른 하나는 그저 상상 속에서나 존재할 뿐이다 — 은 그처럼 기억에 의한 모든 지도 제작의 불가능성 자체를 그려볼 수 있는 방법이다.
3 또한 예를 들어 오제(2004)[4]가 기억의 작업 자체를 그리고 영화를 보러가는 것과 할리우드의 고전적 로망스인 〈카사블랑카〉에 의해 촉발된 일련의 추억(오제, 2009)[5]을 어떻게 개념화하는지도 함께 보라.
4 벤야민은 이렇게 쓰고 있다. "회상의 폭이 넓어진다고 해도 그러한 회상에서 언제나 자서전이 써지는 것은 아니다. 내가 쓰고 있는 이 기록도 분명 자서전은 아니다. 비록 이 책에서 유일

안의 인류학자*Un ethnologue dans le métro*』(2002년에 간단하게 『지하철 안에서*In the Métro*』로 번역되었다)[6] 또한 분명히 지하철 체계 자체의 민족지가 **아니라**5 오히려 말하자면 파리의 지하철 체계에 의해 지하철 안에 놓인 기억에 대한 매우 특이한 성찰과 시적 숙고 그리고 타자성이라는 3인조로 이루어진 몽타주를 포괄하고 있다. 이 체계의 형태와 재현, 묘사, 명명법, 일상의 경험 말이다.6

그는 이렇게 쓰고 있다. "지하철 지도를 어떤 것을 상기시켜 주는 것으로, 기억의 기계로 또는 과거의 종달새들이 종종 비치는, 그리고 눈 깜짝할 사이에 사라지는 주머니 거울로 이용할 수 있는 것은 분명히 파리의 특권이다"([6], p. 4).

하게 베를린 시절에 대해 이야기하고 있지만 그 시절에 대한 이야기 역시 자서전은 아니다. 자서전이란 시간, 진행, 그리고 삶의 부단한 흐름을 형성하는 내용과 관계된 것이기 때문이다. 반면 여기서 언급되는 것은 하나의 공간, 순간들, 그리고 불연속적인 것이다"([1], p. 612).
5 오제는 이 점을 『지하철 재론*Le Métro revisité*』(2008)[7]에서 되풀이하는데, 이 책은 1986년에 나온 원저의 출간 20주년을 기념하기 위해 쓴 회고적 성격의 글이다. 이 책에서 그는 이렇게 주장한다. "분명히 나는 지하철**의** 인류학을 쓸 작정은 아니었다. 나는 인류학자로서 나, 즉 아프리카에서 돌아온 인류학자인 나를 관찰하고 있었다. 나는 이 인류학자를 지하철에서 관찰하면서 그에게 몇 가지 질문을 하고 있었다. 그는 자기가 참조할 수 있는 여러 가지 것과 말을 이용해 할 수 있는 한 최대한 대답하고 있었다. 간단히 말해 나는 어떤 토박이를 완전히 이해해보려고 시도하고 있었는데, 약간 기이한 이 토박이는 나였다"([7], pp. 13~14).
6 『지하철 안에서』에서 "나는 중간에 멈추고 자가-분석 또는 이렇게 말할 수 있다면 자기-픽션으로 만족했다"([7], p. 26). 보다 최근에 오제는 『SDF의 일기*Journal d'un SDF*』(2011)에서 저자의 자아가 프리즘 같은 역할을 하는 '자기-픽션'이라는 이 개념을 보다 상상적인 정식화로, 즉 ethnofiction라는 개념으로 재구성했다. "에스노픽션이란 무엇인가? 특정한 개인의 주체성을 통해 사회적 사실을 환기시키는 설명이 그것이다. 하지만 그것은 자서전도 또 고백도 아니기 때문에 그러한 픽션적 개인을 '총체적'으로 창조하는 것이 필요하다. 즉 현재의 삶 속에서 관찰할 수 있는 무수한 세부사항으로부터 출발해서 말이다." 이어 그는 이렇게 덧붙인다. "나는 개별적 상황과 특정한 주체성을 묘사하고, 그것을 자체에 고유한 방식으로 표현하는 사회적 총체성을 상상하는 것은 독자에게 맡긴다"([8], p. 46).

실제로 '기억들'이라는 제목을 갖고 있는 앞의 책의 1장은 1940년경의 오제 본인의 어린 시절부터 그를 사로잡아온 단 하나의 형상과 함께 시작된다. 즉 5살 무렵 그는 모베르-뮈튀알리테 지하철역 통로에서 회색빛 군복을 입고 경비를 서고 있는 독일 군인들을 보았던 것이다. 하지만 그의 저서의 초점은 어떤 특정한 기억의 이미지보다는 훨씬 더 기억의 작업 자체를 상상하는 데 초점이 맞추어져 있다. 오제는 기억과 기억의 관습의 형태학이나 지형학을 일종의 형태를 갖춘 기억하기로 추적하는 데 골몰해 있는데, 그렇다고 단골 지하철 승객의 일상적인 아비투스를 잊는 것은 아니다. 게다가 비록 그의 기억은 내용이라는 측면에서 독특하지만 형태는 지하철 체계를 자주 이용하는 현대의 대도시 거주자 모두에 의해 잠재적으로 공유되고 있는 것이다.

종종 여정(이름, 느낌)이 우연히 나타나는 것만으로도 산만한 여행객으로 하여금 지하철 내부의 지질학과 이 수도의 지하의 지리학이 다양한 지점 — 이곳에서는 우연의 일치가 눈앞이 아찔할 정도로 발견되며, 그것이 관광객의 기억의 퇴적층 속에서 작고 내밀한 떨림을 떠올리도록 촉진한다 — 에서 만난다는 것을 돌연 발견하도록 하기에 충분하다([6], p. 4).

아마 벤야민이 분명히 칭찬했을 미메시스적으로 읽는 행위 속에서 오제는 지하철의 지도의 선들을 '인생의 선', 특히 손의 선[손금]에 비교한다. 사람들이 타고 자주 이용하는 이 선들은 손금보기에 의해 해독되는, 다시 말해 점쟁이나 이야기꾼이 실천하는 것과 같은 관상학적 독법에 의해 해독되는 유형들로 읽어낼 수 있다. 게다가 새로운 일자리, 새로운 가정, 새로운 친구, 새로운 연인 등 온갖 삶의 부침이 그를 익숙하지 않은 선로를 따라 많은 방향에서 미지의 이웃7, 즉 일종의 '이력서'([6], p. 5)를 구성하는 이처럼 다양한 정거장 이름으로 이끌어온 것이 분명히 사실인 반면 오제는 한 가지 특수한 여정의 중요성과 지속성을 상기시킨다. 그는 이렇게 지적한다.

> 어린 시절에 모베르부터 바노까지 습관적으로 오고간 것이 나의 영역을 구획하게 되었으며, 삶을 살다보니 우연치 않게도 도를레앙 역-오스테를리츠-오퇴유 선(지금은 불로뉴까지 연장되었다)이 모종의 방식으로 항상 내 삶에서 핵심적인 역할을 하게 되어버렸다([6], p. 4~5).

따라서 오제는 몇 번이고 계속해서 동일하게 연속되는 역을 통과하는데, 그는 이들 정거장 이름을 여전히 주문처럼, "기도문 또는 묵주처럼"([6], p. 6) 암송할 수 있다.

3. 기억의 정거장

이런 식으로 오제는 지도 제작법과 독법, 장소와 이름, 물리적 환경으로서 경험하는 도시 그리고 『아케이드 프로젝트』에서 벤야민이 사용하는 용어를 하나 빌리자면 '언어적 우주'로 파악되고 구성되는 대도시 사이를 이음매 하나 없이 움직인다.8 실제로 벤야민이 P항목의 '파리의 거리들'

---

7 여기서 벤야민의 『일방통행로』의 '응급 처치'에 나오는 아래 촌평이 떠오를 것이다. "극히 번잡한 한 구역, 몇 년 동안 피해왔던 가로망이 어느 날 사랑하는 사람이 그곳으로 이사 온 순간 단숨에 훤히 보이게 되었다. 마치 그의 집 창문에 서치라이트가 설치되어 있어 빛의 다발들로 주변 일대를 해부하는 것 같았다."

의 어딘가에서 분명히 하고 있듯이 이름이 특수한 반향과 의미작용을 갖는 것은 지하에서이다.

그렇다고 하더라도 도시에서 이름이 얼마나 큰 위력을 갖는지는 그러한 이름이 지하철 구내의 미궁에 등장할 때 비로소 분명해진다. 헐거인들의 왕국의 영지. 그곳에서는 솔페리노, 이탈리아, 로마, 콩코르드, 그리고 나시옹이라는 이름이 등장한다. 그러한 이름 모두가 저 위 지상에서는 [거리의 이름이 되어] 서로 교차하며, 밝은 하늘 아래 한 덩어리가 된다는 것을 사람들은 믿으려고 하지 않을 것이다([3], p. 519).

외견상으로 거리와 이웃은 서로 흐려지는 반면 이곳 땅 밑에서 정거장 이름은 변별성을, 단독성을, 원시 시대의 순수성과 엄밀성을 간직하고 있다. 따라서 아마 그것들은 특히 이런저런 생각을 환기시키게 될 것이다. 오제는 이렇게 쓰고 있다.

> 분명히 지하철역은 내 삶의 정확한 순간과 너무나 긴밀히 연관되어 있어 …… 어떤 이름에 대해 생각하거나 마주치게 되면 나는 즉각 마치 사진앨범인양 기억을 넘겨본다. …… 이제 잠깐 생각을 멈추고 전쟁 동안 바노와 세브르-바빌론에서 거의 같은 거리에 있는 곳에 사시던 할아버지와 할머니를 생각하지 않고는 두 역을 지나가는 일은 거의 없게 되었다([6], p. 4).

---

8 언어유희와 말놀이에 대한 초현실주의자들의 사랑은 벤야민의 아케이드와 오제의 지하철 연구 모두에 대해 강조되어야 한다. 아라공Louis Aragon의 1926년의 소설 『파리의 농부』([10])가 전자를 위한 영감을 제공했다면 크노Raymond Queneau의 1959년의 소설 『지하철 안의 자지』([11])가 후자의 정신을 주제하고 있다.

지하철 체계는 지상의 도시 경관의 지명을 재생하고 실제로 거울처럼 비치며, 지하의 메아리를 형성하고 있거나 또는 오제와 벤야민을 따르자면 실제로는 그와 반대이다. 우리는 오직 심층에서의 격동과 미진이 표면으로 드러나는 것만 마주칠까? 게다가 그것을 통해 또는 오히려 그것 아래로 우리가 매일 지나가는 많은 장소에 대해 실제로 우리가 아는 것이라곤 그것이 전부이다. 고유한 색깔을 가진 선 위의 한 점이 그것이다. 벽 위에 선명하게 새겨진 이름이 그것이다. 기호, 모자이크이다.9 아마 이것이 우리가 결코 볼 수 없을 미지의 이웃에 대해 우리가 가질 수 있는 유일한 흔적이다. 오제는 어떤 역은 여러 해 동안 "어떤 실제적 내용도 없이 이름만"([6], p. 5) 남아 있었다고 지적한다. 오직 이름만? 그처럼 익숙한, 하지만 미지의 이름은 상상의 나래를 펼치는 것을 허용해준다. 오제는 이렇게 회상한다. 아이였을 때 한 방향에서는 "미지의 것이 뒤록에서 시작된"([6], p. 5) 반면 다른 방향에서는 특정인의 이름을 딴 카르디날 르무앙[르무앙 추기경]역은 결코 대답되지 않는 질문을, 즉 '이 추기경은 대체 누구였을까?'([6], p. 6)라는 질문을 떠올리게 만든다.

오제에게서는 벤야민에게서와 마찬가지로 장소의 이름, 정거장 이름은 정기적으로 통과하는 공간이나 만남의 장소, 즉 개별적 의미로 가득 찬 장소-이름으로서 뿐만 아니라 역사를 환기시키는 곳으로서도 중요해

---

9 20년 후에 오제는 지하의 도시 경관의 이러한 우선성을 강조하게 된다. "이 이름들은 지하철이 운행되는 거리, 교차로, 광장의 이름들이었지만 내 마음 속에서는 정반대였다. 지하철 지도들이 입증하듯이 이 수도의 가장 작은 구석과 깊숙한 곳에 이름을 지어준 것은 지하의 역으로 이루어진 다채로운 화환이었다. 그때부터 이름의 기원은 내게 거의 의미가 없었다. 그것은 알려지거나 알려지지 않은 장소를 가리켰는데, 이름은 즉각 나의 기억에 그것을 돌려주거나 나의 상상에 전달해주었다. 지하철의 시는 먼저 그리고 무엇보다 먼저 이름들의 시였다"([7], p. 73).

진다. 물론 특히 '영광'으로서 강력하고 승승장구했던 프랑스의 과거의 이름의 시조로서 말이다.10 따라서 과거에 군사적 승리를 거둔 전장이 여기서 소집된다. 즉 솔페리노, 세바스토폴, 발라클라바, 바그람, 아우스테를리츠(오제는 오직 런던만이 워털루라는 이름을 가질 수 있을 것이라고 지적한다)가 그것들이다. 그리하여 아무것도 의심하지 않는 오스트리아와 러시아 방문객들이 본의 아니게 본인들의 제국이 패배한 곳 여러 곳을 잠깐씩 둘러보는 여행객 취급을 받게 된다.11 오제는 이렇게 지적한다. 즉 게다가 또한 보다 최근의 얼마나 많은 정치적 인물이 몇몇 정거장 이름에 본인 이름을 추가해왔는가. 에투알 역은 이전에는 샤를 드골역이었는데, 그것은 "모든 사람의 상상력과 많은 사람의 기억에 불을 붙이기에 완전히 적합한 중층결정을 모델"로 한 것이었다([6], p. 21).12

따라서 오제는 지하철 탑승에 의해 환기되는 것은 개별적 기억뿐만 아니라 집단적 기억, 보다 구체적으로는 세대의 기억이라고 주장한다(그리고 벤야민의 기억). 오제는 인류학자로서 이렇게 지적한다.

알아보고, 간직하고 있고, 자꾸 확대되는 너무나 많은 정거장, 너무나 많은 상황 또는 너무나 많은 사람. 기차는 우리 역사를 통해 가속화된 속도로 자

---

10 오제는 이렇게 묻고 있다. "어떻게 우리가 세계의 중심에 살고 있다고 믿지 않을 수 있었단 말인가? 해방을 위해 전 세계가 동원되었으며, 바스티유부터 에투알까지, 바그람부터 아우스테를리츠까지 또는 루브르부터 레퓌블릭까지 매일 결코 쉼 없이 공화국의 영광을 축하는 지하철들이 동맥, 심장, 정맥을 형성하는 이 중심에서 말이다"([7], pp. 34~35).
11 여기서 『아메리카』에서 보드리야르가 엘 알라모의 멕시코 관광안내인들에 대해 한 언급이 떠오를 것이다. 그들은 관광객들에게 자기들이 굴욕당한 것을 기리는 기념물을 둘러보도록 안내한다([12], pp. 1~2).
12 이 모든 것은 오제가 나중에 "수도의 박물관화"([7], p. 49)로 묘사하고 비난하는 것에 적잖이 기여하게 된다.

기 길을 누벼나가고 있다. 그것은 가차 없이 엄청난 숫자의 사람 사이에서, 중대한 시기에 틀림없이 그리고 양 방향으로 왕복하며, 강베타부터 루이 미셸까지, 바스티유부터 에투알까지 또는 스탈린그라드부터 캉포-포르미오까지 그리고 다시 그와 반대쪽으로 연착 없이 지나간다. 따라서 지하철을 탄다는 것은 어떤 의미에서는 조상 숭배 의식儀式을 기린다는 것을 의미한다. 하지만 분명히 이 의식은, 만약 실제로 존재한다면, 무의식적인 것이다. 많은 역명은 그것을 읽거나 듣는 사람에게 아무것도 말하지 않으며, 역명이 무엇인가를 말할 것이 있는 사람이 역명을 입 밖에 낼 때 반드시 그것을 생각하는 것은 아니다([6], p. 18).

우리 시대의 도시의 이 인류학자에게 기억의 장소, 정치적 의식, 국가적 기념식, 경쟁이 벌어지고 영원히 경쟁이 벌어질 역사의 장소로서의 지하철은, 잊지 못한 오래된 노래의 주제와 반쯤은 잊어버린 흑백영화의 배경으로서의 지하철은 결코 '비장소non-lieu'가, 즉 사회적 소외의 분명히 단조롭고 따분한 환경 중의 하나가 아니다.13 오제에 따르면 소비 자본주의의 도시 경관에서는 이 '비장소'가 점점 더 우위를 차지하고 '초근대성'의 시대를 특징짓고 있다(오제 1995, [13]을 보라).

---

13 오제는 이렇게 쓰고 있다. "그것은 비장소가 아니다. 어쨌든 내게는 아니다. 정기적으로 동일한 노선을 이용하는 사람들에게는 아니다. 그들은 기억, 습관을 갖고 있고 거기서 얼굴을 알아보고, 몇몇 역의 공간과 일종의 육체적 친밀성을 유지하고 있는데, 그것은 그들이 계단참을 내려가는 리듬, 자동 차단기의 구멍에 표를 넣는 동작의 꼼꼼함 또는 승강장에 지하철이 도착하고 있다는 것을 귀로 들었을 때 속도를 내 얼마나 빨리 달려갈 수 있느냐에 의해 측정할 수 있다. 나처럼 그것을 계속 파리 시내[벽 안의]*intra muros*의, 전후시기에 그리고 1950년대의 노래와 영화와 텍스트에서 찬양된 지하철과 분리 불가능한 파리의 핵심적 요소로 간주하는 사람에게 그것은 비장소가 아니다"([7], pp. 33~34).

4. 습관과 전술

벤야민은 지하철 승객으로서 사람들은 곧 지상에서의 삶을 망각한다고 지적한다. 그는 수사학적으로 이렇게 묻고 있다.

지하철에서 바깥으로 나와 지상의 부서지는 찬란한 햇빛 속으로 발을 내딛으면서 한 번이라도 놀라지 않은 사람이 있을까? 하지만 불과 몇 분 전 지하로 내려갈 때도 태양은 여전히 그처럼 밝게 빛나고 있었다. 그렇게 빨리 지상 세계의 날씨를 잊어버리는 것이다. 지상 세계 자체도 마찬가지로 그렇게 빨리 그를 잊어버릴 것이다. 누가 과연 이 사람의 삶에 대해 그가 두세 사람의 삶 속을 날씨처럼 부드럽게, 날씨처럼 가깝게 통과했다는 것보다 더 많이 이야기해줄 수 있겠는가?([9], 484)

아마 너무 열심히 실존적인 점을 지적하려다보니 벤야민은 지하로 내려가는 것과 관련된 습관과 아비투스의 변화를 과소평가하고 있는 것 같다. 오제가 지적하는 대로 이 영역은 자체의 고등 마술^{馬術}과 규율을 갖고 있다. 실제로 지시와 표시가 너무 많기 때문에 우리는 만약 지상의 도시 경관 대신 지하철 체계의 다양한 표시와 안내판을, 재배치하고 제목도 바꾼 '일방통행로'의 구조를 짜기 위한 목록으로 선택했다면 벤야민이 그처럼 풍부한 [금지] 명령과 경고로 무엇을 할 수 있을지 궁금할 것이다. 아마 '지도를 조심하라'가 되었을 것이다. 승객은 끊임없이 나타나는 공식적인 지시 — 이곳으로 들어가시오, 이곳으로 나가시오, 여기서 방향을 바꾸시오, 이것을 하지 마시오, 이것을 하시오 — 에 종속될 뿐만 아니라 지하철 체계 자체의 불문의 에티켓을 지켜야 한다. 예를 들어 얼마나 가까이 서 있는 것이 허용되는가? 시선은 어디 두어야 하는가? 동료 승객들에게 그들이 기대하는 대로 예의바르게 무심한 채로 있다는 것을 보장하기 위해 말이다. 도대체 침묵을 깨는 것은 허용되는가?([6], p. 29).

오제는 지하철은 익숙해지는 것을 통해 획득하게 되는 일군의 특수한 실천, 지식, 기술을 포함하고 있다고 주장한다. 승강장에서 다음 환승역 또는 오른쪽 출구 가장 가까운 곳에 서 있는 것, 승강장에서 지하철 문이 어디서 열리는지를 정확히 판단하는 것, 이미 만원인 차량 안으로 솜씨를 발휘해 몸을 비비고 들어가는 법 등이 그것이다. 이런 식으로 정기 통근자는 승강장의 특정한 지점으로 끌리고, 다른 것들보다 특정한 출구와 특정한 엘리베이터를 선호하고 성공적으로 "마지막 접이식 좌석"을 붙잡는다. "신중함과 신속함이 뒤섞인 태도로 말이다. 그것이 또한 역전歷戰의 지하철 승객을 표시해준다"([6], p. 29). 오제가 보기에 그/그녀는 시간, 공간, 몸의 정확한 미시적 조작의 숙련된 달인이다. 반복과 기억에 의해 지탱되는 예술적 기교로 멍한 상태에서 숙달되는 습관인 것이다. 오제는 이렇게 지적한다.

> 매일 개인들은 그대로 따를 수밖에 없는 여정 — 이 여정은 습관에서 태어나며 종종 그것을 전복하기도 하는 기억에 의해 제약된다 — 을 빌려와 다른 여정의 역사는 알지 못한 채, 하지만 종종 눈치를 챈 채 서로 스치고 지나가며, 이제는 하찮은 것이 된 집단적 기억으로 구획된 길을 따라가는데, 그것의 유효성은 오직 이따금씩 그리고 멀리서만 지각된다([6], p. 25).

예를 들어 도시에 갓 온 관광객은 그와는 다소 다른 경험을 할 것이다. 벤야민은 이와 다른 맥락에서 그리고 이와는 다른 양식의 대중교통 체계와 관련해 그와 같은 것에 익숙하지 않은 것이 어떤 것인지를 기록하고 있다. 대도시의 대중교통의 개별적 실천과 집단 의례에 초보인 사람들이 그렇다. 벤야민은 모스크바를 방문했던 일을 뒤돌아보면서 전차를 타려면 얼마나 엄청나게 밀치고 또 밀쳐대야 하는지, 그리고 내리고 싶을 때는 군중을 뚫고 출구를 향해 나가기 위해 얼마나 힘을 능수능란하게 사용해야 하는지를 지적하고 있다. 그는 전차를 타는 것은 무엇보다 먼저 '전술적 경험'([1], p. 32)으로, 그것을 위해서는 전략 참모의 도시 지도가 아니라 경험 많은 몸이 간신히 억지로 비집고 들어갈 수 있는 방법을 마련해준다는 것을 깨달았다.

5. 환승과 마주침

오제와 벤야민은 명명의 언어적 우주로서의 지하철과 도시 경관에 대한 관심을 공유하고 있다. 두 사람은 당연히 보들레르 그리고 (『악의 꽃』의 네 번째 시 제목인) '[만물]조응correspondence'[환승][14]이라는 수수께끼 같은 개념에서 마주치게 된다. 이 시에서 우리는 음모가의 슬로건과 암호로 가득 한 벤야민의 도시 경관의 맞짝으로 귓속말로 속삭이는 암구호와 메아리([9], p. 462), 마찬가지로 마법에 걸린 '상징의 숲'을 발견할 수 있다.

오제는 영어권 독자에게 '조응correspondence'이라는 용어는 파리의 지하철 체계에서 노선들이 만나는, 즉 다른 선으로 갈아탈 수 있는 '환승역'을 가리키기 위해 사용되고 있음을 지적한다. "여러 호선을 묶고 있는 복잡한 매듭, 개인이 사방으로 뚫고 지나가면서 어디로 가고 있는지를 알고 있다는 인상을 주는"([6], p. 54) 통로와 계단의 매듭이 그것이다. 오제는 그에 대해 자기는 다른 이탈리어 용어를 더 애호한다는 입장을 표명하고 있다. 즉 더 이상 환승correspondences이 아니라 우연의 일치co-incidences가 그것이다. '우연의 일치'는 우연한 마주침과 숙명적 마주침이라는 유혹적 가능성을 매우 적절하게 포착해, 각각의 순간을 잠재적으로 엄청난 일어남occurrence의 감질 나는 문턱으로 만든다. 오제는 선취라는 이 의미를 강조한다.

우리로 하여금 지하철 노선이 바뀌는 터널을 지각할 수 있도록 도와주는 것이 바로 보통 시민이 한 체계에서 다른 체계로 이동하는 순간 — 이것은 촉지할 수 없으며 분명하게 확신할 수 없다 — 으로, 이 짧은 이동의 시간은 모든 체계 밖에 놓여 있다. 하지만 그것은 보통 사람의 가장 따뜻한 기억, 가장 신선한 선취 사이에서 공유되고 있을 것이며, 아마 그들이 이제 막 떠나온 것 또는 발견하게 될 것에 의해 선취되었던 것일 것이다, 그들은 장소를 바꾸듯이 언어를 바꿀 준비가 되어 있으며, 그들을 기다리고 있는 것을 맞이할 준비가 되어 있고, 대비되어 있으며, 미리 마음먹고 있기 때문이다([6], p. 58).

선취와 회상을 결합하고 있는 야누스의 두 얼굴을 가진 순간으로서의 '우연의 일치'라는 한계 개념은 보들레르의 시 「만물조응」보다는 오히려 벤야민에 의해 '첫눈' 그리고 동시에 '마지막 눈'([2], p. 25)에 현대의 도시적 사랑을 환기시키는 것으로 서술된 것으로 유명한 「지나가는 여인에게」에 상응한다. 실제로 지하철 체계는 마치 『일방통행로』의 도시 경관이 벤야민에게 그렇듯이 오제에게 잠재성과 약속의, 지나가는 사람과의 낭만적이고 유혹적인 마주침의, 대도시의 덧없는 에로티시즘의 장소이다.14 오제는 보들레르가 아니라 카마르그Armand Camargue를 인용하고 있다.

> 그녀는 항상 세브르-바빌론에서 내린다.
> 그리고 내가 찬양하는 나른하고 흉악한 우아함은
> 골똘히 생각에 잠긴 그녀가 잠깐
> 환승역 통로의 모퉁이 쪽으로 나아갈 때의 것.
> 우연히 내가 공상하는 도착적 쾌락을 향해
> 춤추는 발걸음으로 걸음을 옮기기 전에([6], p. 58).

기억술적 도구로서 여기서 지하철을 미로로 생각하고 싶은 유혹을 느낀다. 게다가 결국 그렇게 하는 것이 잘못은 아닐 텐데, 벤야민과 오제 모두 종종 그러한 견해로 이끌리기 때문이다.15 또 우리를 이끌어줄 정신이 결여되어 있는 것도 아니다. 지하의 우리의 테세우스와 아리아드네를 위해 우리는 오르페우스와 에우리피데스 이외에는 찾아볼 필요가 없다. 저 바로 구원의 현상인 오르페우스는 사랑을 위해 감추어진 심연의 바닥으로 위험을 무릅쓰고 내려가며, 그리하여 사랑하는 사람을 햇빛 속으로 다시 데려왔으나 그만 참지 못하고 어쩔 수 없이 뒤를 돌아봄으로써 그녀를 영원히 잃고 만다. 기억의 감질 나는 성격, 실로 자발적 기억*mémoire volontaire*의 불가능성을 위해 이보다 더 적합한 비유가 있을 수 있을까? 하

---

14 여기서 벤야민의 관심사는 파리라기보다는 연인인 아샤의 고향 리가이다. 「응급 처치」라는 단편을 보라([9], p. 416).
15 예를 들어 [6], p. 59를 보라.

지만 벤야민에게는 그와 같은 신화론적 재-상상하기를 위한 시간이 거의 없었다. 그는 신랄하게 풍자적인 기분으로 철도 승강장은 "예비 단계"([3], p. 406)가 되었다고 지적하고 있다. 그와 같은 형상은 오랫동안 기다려온 퇴장을 해야 할 것이다. 하지만 이 주제, 즉 지하의 에로티시즘, '마지막 눈의 사랑'이라는 주제는 아마 다른 노선을 타고 돌아가게 될 주제일 것이다.

6. 재방문Revisitations과 자아의 유령

환승 지점에 도달하는 사람은 계속 같은 선을 타고 가거나 아니면 선을 바꿔 타거나의 선택을 할 수 있다. 첫 번째 선택을 검토해보자. 그리고 이어 마지막으로 두 번째를 선택하도록 하자.

물론 그대로 유지하는 것은 오제 본인의 『지하철 재론*Le Métro revisité*』으로 우리를 데려다 줄 것이다. 이 책의 제목은 이 책이 기념하고 있는 앞선 책과 마찬가지로 정확하며, 쉽게 오해될 수 있다. '재론'은 암시적 용어로, 실로 그것은 말 그대로 재-방문이다. 거기에는 정말로 유령과 귀신이 존재하기 때문이다. 그것은 분명히 파리의 지하철 체계 자체를 '재방문'하거나 돌아가는 간단한 문제가 아니다. 오제가 종종 맨 처음부터 강조하듯이 무수히 많은 다른 파리 사람과 꼭 마찬가지로 그도 매일 여전히 그렇게 하고 있기 때문이다(비록 지금은 다른 선, 즉 12번을 타지만 말이다). 지하철은 이 사회인류학자가 20년의 부재 후 모든 것을 잠식하는 지구화가 20여 년 동안 진행되면서 초래된 변화에 대해 한탄하기 위해 희망에 들뜬 기분으로 돌아온 어떤 멀리 떨어진 공동체가 아니다. 그것은 그의 일상적 존재의, 실로 본인의 정체성의, 그의 본질 자체의 핵심적인 일부이다. "나는 지하철을 타는 것을 멈추어본 적이 없으며, 파리 사람인 것을 멈추어본 적이 없다"([7], p. 7).16

아니다, 오제가 돌아가는 것은 지하철 체계가 아니라 지하철에 의해 촉발된 이전의 기억에게로이다. 본인의 텍스트 『지하철 속의 인류학자』 속에 붙잡혀서 보존되어 있는 기억 말이다. 그것은 완전히 다른 것으로 자체에 고유한 리듬과 궤적 그리고 주름을 갖고 있다.

리듬: 오제는 그의 재방문을 정지17로, 그의 작업oeuvre 속의 정류장으로 이해한다. 그것 자체가 이제 그에게 하나의 노선으로, 선과 연결선의 연속으로, 일종의 작품과 프로젝트의 계보학으로 보이는데, 그것은 사전 계획 없이 지어졌으며 그리고 아직도 아주 많은 부분이 여전히 건축 중인 어떤 체계의 지하철 지도만큼이나 얼기설기 얽혀 있다. 실제로 그에게 환승과 우연의 일치로 이루어진 이 네트워크 속의 무수한 역처럼 보이는 것은 본인의 글뿐만이 아니다. 본인의 사유에 가장 심오한 영향을 미쳐온 다른 사람들의 글도 마찬가지이다. 따라서 또 다른 지도가, 첫 번째 형상을 뒤덮는다기보다는 섞여 짜여지는 두 번째 형상이 존재하는 셈이다. 그리고 여기서 사람들은 분명히 클로드 레비-스트로스 선을 발견할 텐데, 이 선을 따라 마르셀 모스 선(그리고 "라캉 선, 카스토리아디스 선, 베

---

16 나중에 마치 이 문제에 대해 혹시라도 의구심이 있기라도 한 듯 오제는 이렇게 덧붙인다. "나는 파리 사람이었고, 파리 사람으로 남을 것이다"([7], p. 12).
17 오제는 이렇게 쓰고 있다. "20년 후, 엄밀히 말해 여기서 문제가 되는 것은 지하철 속으로 **돌아가는** 것이 아니라 오히려 정지, 멈추는 것으로, 우리 위치를 확인하려는 시도 속에서 회고적으로 돌아오는 것이다. 우리 모두 종종 하고 있듯이 말이다. 어쩔 수 없이 지나치게 관습적인 용어로, 지나간 속도에 경탄하고 일어나는 것이 당연했던 것에 대해 숙고하기 위해서 말이다([7], pp. 7~8).

르낭 선 또는 알튀세르 선"[7], p. 30)] 같은 이것의 다양한 지선)으로 갈아탈 수 있는 연결선이 위치해 있다. 그리하여 오제는 1986년의 본인의 텍스트와는 다른 형상을 추적한다. 예를 들어 "지하철은 내게 삶의 메타포처럼 보였다. 오늘날 나는 또한 그것을 작업의 메타포로도 보고 있다([7], p. 28). 이 메타포는 지도 제작법을 그리고 민족지학자의 작업을 넘어 지하철의 아비투스와 글쓰기의 리듬적 행위, 고통스러운 문학 생산 과정 자체18를 정거장과 재시동, 중단, 반송, 점증하는 정교화와 변형19으로 구성하는 의식 자체로까지 연장된다. 글쓰기는 자체에 고유한 지하철적인 스타카토 주법을 갖고 있다.

궤적: 이 재방문의 행선지는 무엇인가? 작품/글쓰기와 파리의 지하철 사이의 유사성을 전경화하는 가운데 오제는 다음과 같은 질문에 부딪힌다. 즉 20년 전에 쓰여진 것을 갱신하는 것, 그것을 '지금'과 보조를 맞추도록 하고, 지하철 체계 자체의 변형에 상응하는 방식으로 그것을 연장하고 '현대화'하는 것이 과제일까? 그는 그러한 도전을 회피하지 않는다. 그의 재방문에는 오제가 새로운 것에 주의를 기울이고 있음을 보여주는 증거가 차고 넘친다. 운전자가 필요 없는 기차, 호화로운 새로운 객차, 승강장의 전자 안내판, 자동화된 입찰구와 매표기, 어디에나 존재하는 감시카메라를 가져온 기술 변화에 대해서 말이다. 지금은 이름이 아니라 숫자로 표시되는 신규 노선, 새로운 연결선과 환승선, 파리 교외*banlieue* 그리고

---

18 오제는 이렇게 관찰하고 있다. "이러한 관점에서 파리의 지하철은 문학작품, 민족지학적 작품 그리고 다른 작품을 위한 좋은 메타포이다"([7], p. 17).
19 오제는 심사가 뒤틀려 이렇게 쓰고 있다. "우리 시대의 저자의 경우 반복, 진화, 모순, 유사화, 결렬 사이의 구분을 조작하는 것이 더 미묘하다. 작품은 정교하게 다듬어지는 과정 속에 있으며 마지막 말은 이 말에 선행했던 말들에 여전히 영향을 미칠 수 있다"([7], p. 20).

그 너머까지의 연장 운행을 포함한 지하철과 도시의 지형학적 변형. 그것들이 이전의 도심을 대신하고 있는데, 이전의 도심은 지금은 그저 여행과 명품 소비 장소일 뿐이다. 그리고 그것들은 지금 막 등장 중인 노동과 거주의 별난 장소들(라데팡스, 공항)을 연결하고 있다. 지하철로 쏟아져 들어오는 점점 더 다양해지는 인구 집단은 오늘날의 프랑스가 얼마나 다문화 사회인지를 알려주는데, 오제는 그것에 대해서도 주의를 기울이고 있음을 알 수 있다.[20] 그리고 신문과 책이 새로운 세대의 승객이 그저 별 생각 없이 심심풀이로 즐길 선택거리로 모바일폰, 헤드폰, MP3, 노트북, 태블릿에게 자리를 내주면서 지하철의 아비투스 구조 자체가 변경된 것에 대해 말이다. 객차를 어질러놓고 있는 '무가지' 그리고 신빈민the new poor과 SDF*sans domicile fixe*['주거 부정자들']가 파는 잡지의 급증에 대해 말이다. 이 잡지에는 모두 호화로운 식당의 광고와 휴가를 보내는 사람들을 위한 체중 감량 프로그램이 실려 있는데, 오제도 놓치고 있지 않는 이것이야말로 아이러니 중의 아이러니라고 아니할 수 없다.

갓 칠한 페인트와 새롭게 디자인된 역무원 제복 사이에서 오제는 신자유주의가 지하철에 미친 영향을 간과하지 않는데, 그것은 인간의 결핍과 소외의 악화와 강화로 이해될 수 있다. 그것은 일련의 형태를 취한다. 경제적으로는 "극단적 빈곤의 확대"([7], p. 41)가 그것이다. 보다 부유한 승객은 그것이 가까이 있거나 눈에 띄는 것을 여전히 불편해할 것이다. "땅 밑에서, 목소리가 들리도록 하려면 목청을 높여야 하는 객차의 좁은 범위 안에서 사회적 삶의 잔혹성이 당신 얼굴을 빤히 들여다보며, 당신은 어색하게, 성난 채, 약간 수줍어하며 눈길을 돌린다"([7], p. 48). 사회적

---

20 오제는 이렇게 지적한다. "'다문화적 프랑스' — 오늘날 이 표현은 비유럽 출신의 프랑스인을 가리키기 위해 사용되고 있다 — 는 지하철에서 과잉-대표되고 있다"([7], p. 43).

으로는 몰개성화depersonalization되고 있다는 느낌이 점증하고 있다. 한편으로는 사람들이 간단히 만나 이런저런 말을 주고받는 것이 자동화된 체계, 미리 프로그램화된 발음, 기계화된 통제21에 의해 빼앗기고 있는 반면 다른 한편으로 젊은이들에게는 너무나 필수불가결한 새로운 모바일 기기의 정보와 의사소통 그리고 오락 기술이 지루함과 다른 사람을 피하기 위한 사적인 전자적 거품들을 만들어 내면서 말이다.22 그리고 정치적으로는 공적 공간 자체로 통하는 것이 종말을 고하고 있다. 우리 행동과 움직임이 안보[안전]라는 이름하에 점점 더 철저해지고 있는 검사에 종속되면서 말이다.23 지하철을 재방문하는 것은 우리 시대의 주체를 괴롭히고 있는 위기를 인식하는 것이다. 즉 그러한 개인에게 옷, 피어싱, 문신, 머리 염색 등 '소심한' 이단은 어떤 진짜 실체까지는 아니더라도 적어도 개성 비슷한 것을 제공해준다([7], p. 91~92를 보라).

주름: 그렇다, 지하철은 지난 몇 년 동안 겪은 심오한 변형을 간직하고 있으며 우리의 오래 된 동료 승객, 즉 오제 본인에 대해서도 그것은

---

21 오제는 인간적 접촉과 의사소통의 붕괴를 향수에 젖어 애통해한다. "해가 지나면서 지하철 승객은 운전사, 매표원, 차장, 역장 또는 역의 경비원과 몇 마디 나눌 수 있는 모든 기회를 잃어버렸다. 지금은 스크린이 정보를 제공해준다"([7], p. 68).
22 오제는 이렇게 쓰고 있다. "TV, 컴퓨터, 헤드폰, 개인의 스테레오 폰이나 모바일 폰이 우리 시대의 개[체]성을 특징짓는 자아를 이런 식으로 내밀하게 배제하는 도구로, 그것은 점점 더 정교해지고 있다"([7], p. 69).
23 이러한 안보화[보안화]에 맞서 오제는 공적 공간이자 타자성 및 차이와의 일상적 마주침의 장소로서의 지하철의 지속적 중요성을 강조한다. "왜냐하면 오늘날 대중교통은 공적 공간이라는 개념이 여전히 일정한 의미를 간직하고 있는 특별한 장소이기 때문이다. 공적 공간이 아마 모순적인 방식으로 자기 존재를 긍정하는 것은 움직이는 기차 안이나 사람들이 선을 갈아타거나 운송 수단을 바꾸는 역에서이다. 공적 공간은 만약 우리가 이 말로 모든 사람이 다른 모든 사람과 엇갈리는 구체적 공간뿐만 아니라 여론이 형성되는 추상적 공간을 가리킨다면 대부분 대중교통의 공간과 동일시된다"([7], pp. 61~62).

마찬가지이다. 그는 이를 이렇게 간결하게 표현한다. "최종 발언: 세계는 변하고 있으며 나는 나이 들어가고 있다. 이 두 움직임은 분명히 공약수가 없지만 이 둘을 병치시키면 우리가 동시대성이라고 부르는 것의 의미와 현실에 대해 자문하는 것이 가능해진다"([7], p. 9). 그럼에도 불구하고 비록 오늘날의 파리의 도시 경관에 대한 이러한 사회적, 정치적, 경제적 비판이 오제의 재방문의 중앙-장식품을 형성하지만 그것이 가장 중요한 것이 아님은 분명하다. 비록 날카롭지만 그러한 통찰들에 초점을 맞추다가는 기억의 중요성과 복잡화를 망각하게 될 것이다. 오제는 이렇게 주장한다. "글을 쓰는 것은 실제로 시간에 대한 양가적 경험을 하는 것이다"([7], p. 21). 실제로 이렇게 보다 이전의 저서로 돌아가는 것은 복잡한 텍스트적 모호성과 개인적 복제품을 생산한다. 만약 1986년에 오제가 상상력이 풍부한 이중화 행위를 통해 인류학적 정보원으로 자기를 구성해 자가-픽션으로서의 탐구의 주체/대상이 되었다면 이 저서를 재방문하는 것 속에는 한층 더 심화된, 이번에는 시간적인 분리가 존재하게 되었을 것이다. 단지 연구자와 연구 대상이라는 이원성이 아니라 이 두 상보적인 입장이, '이중적 눈' 속에서 결합된 그때와 지금이 시간이라는 렌즈를 통해 이제 회고적으로 지각된다. 저자는 단지 자기의 과거만이 아니라 과거의 특정한 시점에 그에게 나타났던 과거, 이전의 과거, 말하자면 과거의 과거를 재방문하고 있다. 간단히 말해 그는 자기를 재방문하고 있다. 여기서 '재방문하다'는 말의 의미가 명백해지는데, 일종의 유령성[24], 일종의 출몰이 아니라면 이 이상한 이중화란 무엇이란 말인가? 이 출몰은 양쪽으로 작용한다. 즉 1986년에 존재한 것은 외견상 불가피하게 보이는

---

[24] 이 용어는 방문이라는 의미와 비전이라는 의미를 모두 포착하고 있다.

것 속에서 지금을 예견하고 있다. 우리 시대 사람들은 그때를 기억하며, 벤야민이 「사진의 작은 역사」에서 표현한 바에 따르자면 "우연성의 작은 불꽃"([1], p. 510)을 찾는데, 이 불꽃 속에서 전자(그때와 거기)는 시간을 가로질러 후자(이곳과 지금)에게 웅변적으로 말한다. 오제는 본인의 흔적을 찾으며, 본인의 유령이 된다. 그렇게 하는 가운데 그의 실현, 그의 '최후 발언'은 깊이 감동적이다. 역설적으로 『지하철 속의 인류학자』를 재방문하는 가운데, 이 '이중적 눈'을 창조하는 가운데 오제는 이제 20년 동안 지하에 발을 들여놓지 않은 이방인처럼 지하철이라는 일상적 공간을 마주치게 된다.

요컨대 그는 재빨리 자기 지하철을 재발견할 것이다. 우리가 오랫동안 보지 못한 친구의 달라진 모습 속에서 어쨌든 한때 우리가 알았던 녀석의 미소를 재발견하게 되듯이 말이다([7], p. 19).

이 미소 짓는 아이는 이름을 갖고 있다. 마르크 오제가 그것이다.

7. 에필로그: 성좌

한때 아도르노가 말했듯이 만약 "모든 물화가 망각"이라면 기억이라는 작업 그리고 그것이 오제에게 가진 의미를 잊지 말도록 하자. 따라서 선을 바꾸고, 방향을 상실한 미로 — 이곳은 시와 연인의 그림자로 가득 차 있다 — 의 형상이 아니라 지도 제작이라는 외견상 보다 산문적인 개념으로 돌아가자. 결론을 대신해, 내 자신의 '기억-기계'의 도움으로 환기시켜보고 싶은 또 다른 벤야민적 형상이 존재한다. 런던 지하철 지도가 그것이다. 런던 거주자로서 나는 이 유명한 도표 속에서 나의 어린 시절과 청년기의 많은 장소, 정기적으로 오고가고 있는 많은 장소를 볼 수 있는 특권을 갖고 있다. 나는 오제를 따라 주문을 외듯이 그것들을 아직도 열거할 수 있다. 월섬스토 센트럴, 블랙호스 로드, 토튼햄 헤일, 세븐 시스터즈, 펀스베리 파크, 하이베리와 아이슬링턴, 킹스 크로스, 유스턴, 워렌 스트리트, 옥스퍼드 스트리트, 그린 파크, 빅토리아. 나에게 미지의 것은 핌리코에서 시작될 것이다. 하지만 핌리코는 없었다. 당시에는 말이다. 원래의 빅토리아 선이 나의 묵주구슬이다. 나는 또한 나중에 노선이 바뀐 것을 본다(레이턴, 스트랫포드, 마일 엔드). 나는 단지 내게는 이름에 불과한 많은 역을, 하지만 또한 과거의 마주침, 마주침, 밀회, 회합, 언쟁, 헤어짐, 재결합, 첫눈과 마지막 눈의 기억으로 가득 차 있는 소수의 갈아타는 선과 환승역도 본다. 오늘날 지도를 보고, 27년 전에 『지하철 안의 인류학자』가 파리에서 막 발간되었을 때 떠난 런던을 재방문하면 모든 것이 원기가 없고 기이해 보인다. 독랜즈 라이트 레일웨이라는 이름으로 통하는 신규 지역 전체를 위한 공간을 내기 위한 변경이 있었기 때문이다. 주빌리 선은 강을 가로질러 다시 지금은 '인터내셔널'이라는 명칭과 함께 격이 한층 더 높아진 스트랫포드까지 구불구불 이어지고 있다. 하지만 이 모든 변화에도 불구하고 몇몇 역명은 과거의 순간, 경험, 얼굴을 떠올린다. 나는 지금 이 지점들을 마치 그것들이 지도 위에서 불이 켜진 것처럼 볼 수 있다. 벤야민이 겨울에 모스크바에 머물 때 만지작거렸던([1], p. 32) 기계 위의 버튼을 건드리자 환히 빛났던 레닌의 혁명적 여정의 다양한 중간역처럼 말이다. 런던 지하철에도 또한 그와 비슷한 것이 있던 적이 있다. '당신의 현재 위치'와 당신의 행선지를 보여주는 버튼이 말이다.

나는 지하철 지도를 본다. 그러면 그러한 장소들이 눈에 띈다. 우리는 그것들을 볼 수 있지 않은가? 바로 당신 눈앞에 있는가? 이력서가 아니라 오히려 또 다른 자전적 형상을 형성하는 무수히 많은 작은 빛의 점들. 미메시스적 독해를 위한 나의 과거의 공간적·시간적 유형이 그것이다. 그것이 성좌이다. 벤야민이 상기시키듯이 지하로 내려갈 때 우리는 위의 하늘을 얼마나 빨리 잊어버리는가!

참고문헌

1. Benjamin, W., *Selected Writings*, volume 2(1927~1934), The Belknap Press of Harvard University: Cambridge, MA, USA, 1999.
2. Benjamin, W., *Selected Writings*, volume 4(1938~1940), The Belknap Press of Harvard University: Cambridge, MA, USA, 2003.
3. Benjamin, W., *The Arcades Project*, The Belknap Press of Harvard University: Cambridge, MA, USA, 1999.
4. Augé, M., *Oblivion*, University of Minnesota Press: Minneapolis, MN, USA, 2004; *Les Forms de L'Oubli*(in French); de Jager, M.(trans); Editions Payot & Rivages: Paris, France, 1998.
5. Augé, M., *Casablanca: Movies and Memory*, University of Minnesota Press: Minneapolis, MN, USA, 2009; *Casablanca*(in French); Conley, T.(trans); Editions du Seuil: Paris, France, 2007.
6. Augé, M., *In the Metro*, University of Minnesota Press: Minneapolis: MN, USA, 2002; *Un Ethnologue Dans Le Métro*(in French); Conley, T.(trans); Hachette: Paris, France, 1986.
7. Augé, M., *Le Métro Revisité*(in French); Editions du Seuil: Paris, France, 2008.
8. Augé, M., *Journal d'un SDF: Ethnofiction*(in French); Editions du Seuil: Paris, France, 2011. Societies 2014, 4 29
9. Benjamin, W., *Selected Writings*, volume 1(1913~1926), The Belknap Press of Harvard University: Cambridge, MA, USA, 1996.
10. Aragon, L. *Paris Peasant*, Picador Books: London, UK, 1980; *Le Paysan de Paris*(in

French); Watson-Taylor, S.(trans); Gallimard: Paris, France, 1926.
11. Queneau, R., *Zazie in the Metro*, Penguin Classics: Harmondsworth, London, UK, 2001; *Zazie dans le Métro*(in French); Wright, B.(trans); Gallimard: Paris, 1959.
12. Baudrillard, J., *America*, Verso: London, UK, 1988.
13. Augé, M., *Non-Places. Introduction to an Anthropology of Supermodernity*, Verso: London, UK, 1995; *Non-Lieux, Introduction à une Anthropologie de la Surmodernité*(in French); Howe, J.(trans); Editions du Seuil: Paris, France, 1992.
14. Baudelaire, C., *Selected Poems*, Penguin Classics: London, UK, 1975.

4장

화가 로리의 출몰:
샐포드의 '더 로리' 미술관의 계급,
대중적 관람과 이미지

조에 톰슨

나는 맨체스터 노동자의 화가로 불려왔다. 하지만 나의 인물들은 정확히 그런 것이 아니다. 그들은 유령 같은 인물들로, 그들이 이 뜰과 좁은 길을 점유하고 있다. 그들이 내게는 너무 아름다워 보인다.
― 로리Laurence Stephen Lowry(1975년)

이 유령은 단지 망자나 실종자가 아니라 사회적 인물로, 그것을 탐구하는 것은 역사와 주체성이 사회적 삶을 만드는 밀집된 곳으로 이어질 수 있다. 유령 또는 귀신은 잘 훈련되었다고 하는 우리 시선에는 어떤 것이 사라지거나 거의 보이지 않거나 또는 겉보기로는 거기 있지 않은 것처럼 보이도록 해주는 형태 중의 하나로, 물론 자체에 고유한 방식으로 자기를 알려주거나 겉으로 드러나도록 만든다. 유령의 방식은 출몰하는 것이며, 출몰은 일어났거나 일어나고 있는 것을 아는 아주 특수한 방식이다. 어떤 것에 사로잡히는 것은 정서적으로

> 종종 우리 의지에 반해 그리고 항상 마술적으로 우리를 우리가 경험하게 되는 현실에 대한 느낌의 구조 속으로 끌어당긴다. 차가운 지식이 아니라 변형적 인식으로서 말이다. ─ 고든Avery Gordon(1997년)

> 맨체스터는 로리의 고독의 현장이었다. 그것은 그의 눈앞을 지나가는 혼령에게 지역성이라는 외피를 부여한다. 그것은 페나인 산맥 저쪽에서 불어오는 특수한 멜랑콜리로 그를 가득 채운다.
> ─ 제이콥슨Howard Jacobson(2007년)

1. 서론: 도시와 환영

1926년 겨울에 독일계 유대인 문화 평론가이자 문학비평가 벤야민은 모스크바를 방문했는데, 화랑과 박물관에 가득 찬 아이들과 노동자들에게서 비슷한 장소에 있는 독일의 프롤레타리아에게서는 너무 친숙하게 찾아볼 수 있는 도둑이라는 죄의식에 가득 찬 표정 대신 새로 찾은 확신을 보고 크게 고무되었다.[1] 아래 논의에서 핵심적인 것은 공간은 어떻게 [그곳을] 찾아가느냐에 따라 변형의 잠재력을 갖게 된다는 벤야민의 이러한 고찰이다.

상품 세계로부터 뿜어져 나오는 유령 같은 희미한 빛으로 가득 찬 환등상으로서의 현대 도시는 아케이드, 철도역, 윈터가든 등 19세기의 자본주의의 '꿈의 집'에 대한 탐구에서 벤야민이 마르크스에게서 차용해온 개념이다.[2][1] 벤야민은 이렇게 쓰고 있다. "스스로의 환등상에 지배되는

---

[1] 문화 재생과 관련해 우리 시대의 다른 꿈의 집에 대해 탐구로는 [3]을 보라.

세계, 바로 그것이 현대(성)이다"([2], p. 26). 헤더링톤이 상기시키듯이 유령은 합리적 담론의 경로를 벗어나는 형상의 드러남이다. 그것은 말이 아니라 이미지로 말한다([4], p. 65). 벤야민의 작업에서 볼 수 있는 것과 같은 그러한 이해는 또한 일상의 내부에 있는 작은 것에 또는 오히려 경험적 사실을 넘어 예상치 못한 구조 변경을 촉발할 수 있는 일상의 능력에 특권을 부여해준다. 즉 우리가 이미 알고 있다고 생각했던 것을 다르게 보는 것을 허용해주도록 시선을 재조정하도록 촉진하는 것을 말이다.

눈앞에 있는 것을 복잡하게 만드는 시각의 재조정이 로리의 예술에서 핵심적이다. 그의 유명한 도시 경관은 20세기 중반에 집세 수금원으로서의 일상적 순회 중에 마주친 사람, 구조, 이야기, 북서부 잉글랜드의 합성화로 가득 차 있다. 이 '꿈의 경관'은 눈앞에서 쇠퇴해가고 있는 삶을 캔버스 위에서 포착하기 위한 시도였다. 현대 도시의 산업노동계급의 삶과 문화가 그것이었다. 계급적 위치, 독신자 신세 그리고 낮에 하는 일 때문에 외부인이던 로리는 이 장면의 여백에서 그러한 장면의 가장 유명한 화가가 되었다. 하지만 그의 명성은 만년에, 아마 가장 중요하게는 1976년의 사후에 왔다.

사후 37년 후에 로리는 다시 한 번 언론의 집중 조명을 받았다. 최근에 쏟아져 나온 논문들은 2013년에 테이트 브리튼Tate Britain[5~7]에서 열린 그의 회고전 그리고 그의 이름을 딴 문화적 장소, 즉 샐포드의 '더 로리' 미술관(〈그림 1〉)에서 개최되어 '최초 공개된' 로리 회화전에 맞추어 그의 유산을 재평가하는 것을 주제로 하고 있다. 그는 문턱, 즉 집세 수금원에게 익숙한 장소 위에서 균형을 유지하고 있다. 위태위태하게 균형을 맞춘 채 다시 한 번 미술계의 문을 두드리면서 말이다. 하지만 만약 '더 로리'에서 그를 정전화하기 위해 이루어진 이전의 시도를 탐구해본다면 로리가 그렇게 쉽게 맞아들여지고 있는 것은 아님을 발견할 것이다. 그는 오히려 매체medium로서 그곳 건물에 거주하고 있다. 이 말의 두 가지 의미 모두에서 말이다. 즉 먼저 공식 인물로. 그를 통해 이 센터의 이야기 그리고 문화적 갱생을 위한 야망이 전달되고 있다. 두 번째로 혼령과 이야기를 나누는 공식 인물로, 즉 유령, 좀비, 괴물ghoul의 친구로 말이다. 따라서 로리는 성가시고 파괴적인 존재, 과거가 말하는 것을 허용하는 사람이다.

〈그림 1〉 '더 로리', 샐포드(CC-BY-NC-SA by mrrobertwade)

2. 멜랑콜리: 현대적 정조

제이콥슨은 제2차 로리 연례 강좌에서 로리를 "페나인 산맥 저쪽에서 불어오는 특수한 멜랑콜리"[8]에 흡수된 외로운 인물로 묘사하고 있다. 맨체스터와 그곳 인근이 저 정조의 원천이다. 하지만 그것은 다른 장소, 다른 도시에 낯선 정조가 아니다. 실제로 벤야민은 보들레르에게서 도시적 모더니티의 **정조**로 상정된 멜랑콜리(우울)를 발견하고 있다.[9] 온갖 두려움과 중독 속에서 이루어지는 광범위한 대도시 경험에 동반되는 특히 쓸쓸한 동경으로서의 그것은 19세기의 파리만큼이나 20세기의 맨체스터에도 영향을 미쳤다. 벤야민에게서 그것은 항상 똑같다는 것은 장막으로 가리고 새롭고 혁신적이라는 것을 항상 과시하는 자본주의의 노예가 된 유럽의 다른 도시에도 달라붙어 있는 정조이다. 하지만 우리가 "메시아적 시간의 단편"[10]을 위치시킬 수 있는 것은 그러한 커다란 소용돌이, 일상생활의 사회적·문화적 형성물 내부에서이다. 메시아적 시간이란 상이한, 다른, 여전히 실현될 수 있는 미래로 이어질 수 있는 문턱 같은 순간을 말한다. 벤야민에게 멜랑콜리는 그와 같은 문턱 같은 상태, 그것의 영향 하에 있는 사람을 변형적 마주침으로 몰고 갈 수 있는 문턱의 상태를 말한다. 매춘부, 칼라 단추, 유리에 장식을 넣고 투명한 액체를 넣어 흔들면 눈이 내리는 것처럼 보이게 만든 물건, 찰리 채플린 영화, 미키 마우스 만화, 다른 '영웅' 그리고 일상적 도시의 다른 일회용품을 통해서 말이다. 순식간에 사라지는 단편적 경험, 그냥 쓰고 버리는 일회용의 작은 장식품. 그것들은 부서지기 쉽고 필연적으로 지나가버릴 것이기 때문에 그만큼 더 귀중히 여겨진다. 프랑스의 사회학자이자 교수 '카산드라' 보드리야르에게 멜랑콜리는 막다른 길이다. 그에게 모더니티는 "하품과 함께 끝난다." 새로움은 헤진다. 소비가 사회적 삶의, '초현실적인 것'[11]의 해석학적으로 봉인된 관 속에서 철저하게 미학화되는 삶의 조직 원리가 된다. 문화적 관람이 공간을 통한 신체의 디즈니랜드 식 가공이 된다. 팝 문화는 유치하며 유아화하고, 우리는 안전띠에 갇혀 있다. 앤디 워홀이 처음으로 스텐실을 통해 그림을 찍어냈을 때 식품과 유명인사와 스크린 인쇄물은 전후 서구의 소비 자본주의에 대한 비판적 논평으로 기능했다. 워홀이 30년 후 같은 그림을 다시 찍어낸다면 같은 농담의 반복은 어떤 비판적 잠재력도 단락시킬 것이다. 끝이 없는 고리 위에서 나쁜 복제본의 나쁜 복제본이 계속 이어지는 것이다. 예술의 음모가 완성되는 것이다.[12] 대중문화는 어떤 변형적 계기도 제공하지 않는다. 내부로부터 멈추거나 중단시킬 수 없는 것이다. 보드리야르에게 일상의 메시아적 잠재력에 대한 벤야민의 가냘픈 믿음은 흐지부지되며, 이 일상은 후기 자본주의의 이미지 기술에 의해 재촉될 것이다. 따라서 보드리야르가 보기에 우리에게는 **다른 상태**로 나갈 촉매제가 아니라 아이러니한 매혹으로서의 멜랑콜리가 대신 남게 된다. 현재를 지향하는 그것은 1980년대의 그의 여행기『아메리카』[13] 속에 가장 잘 포착되어 있는데, 그것이 할 수 있는 유일한 것이라곤 빤히 쳐다보며 조롱하는 것뿐이다. 의도라고 해야 상징적 "해제 반응abreaction"[14], 체계를 한계로 밀고 나갈 사건을 바라며 포스트모던의 소비문화의 겉만 번지르르한 텅 빈 표면을 건드리려는 것뿐이다. 세계의 질서를 알아볼 수 없을 정도로 뒤바꾸어놓는 선례가 없는 사건은 의지하거나 기다리거나 바란다고 해서 일어나지는 않지만 그럼에도 불구하고 불가피하다. 9·11 같은 사건이 딱 그렇다.[15]

아래 논의에서 나는 '더 로리' 같은 문화적 장소가 도시의 변화를 위한 촉매제로서 잠재적으로 변형적인 만남을 촉진하는지 또는 제약하는지를 검토해볼 것이다. 그것은 대도시의 정경과 관련해 벤야민을 너무나 매료시킨 바 있으며, 우리 시대의 문화적 관람과 관련해 보드리야르를 너무나 우울하게 만든 바 있다. 물론 멜랑콜리는 또한 홀림의 정조이기도 하다. 결코 돌아올 수 없는 과거와 결코 오지 않은 미래에 대한 동경, 그리고 지금에 대한 불타는 듯한 실망이다. 그리고 유령은 물론 또한 해제 반응, 망각된 진리를 볼썽 사납게 드러주는 자이다. 부서지기 쉬운 방해와 강탈의 형상이다. 따라서 루이 그리고 그의 유령들과 함께 로리에 대한 탐구에 나서보자.

3. 경기 보러 가기, 로리 보러 가기

날은 흐리고 다소 음울하다. 비가 멀지 않은 것이 확실하다. 사람들이 널따란 공간을 화살처럼 가로질러 마치 바람의 차가운 손가락들을 떨쳐버리기라도 하듯 몸을 거의 반으로 웅크린 채 지하를 향해 서둘러가는 것을 보니 한파가 제법인 것 같다. 다양한 유형의 모자를 쓰고 있다. 납작한 모자, 중산모, 챙이 좁은 중절모가 사람들의 머리를 덮고 있으며, 스카프와 장갑이 몸을 한층 더 보호해주면서 화사한 색을 발하고 있다. 멀리서는 공장 굴뚝들이 연기 기둥을 내뿜고 있으며, 교회는 붉은색 벽돌집이 연이어 다닥다닥 붙어 있는 단지 위로 높이 솟아 있다. 오른쪽에는 몰려든 사람들 위에 서기 위해 발밑에 연단을 놓고 위로 올라간 사람이 있었다. 그가 노동조합원이었는지, 선교사였는지 또는 그저 프로그램 판매원이었는지는 말하기 어렵다. 여성이 많지 않을 것을 알 수 있다. 몇몇이 여기저기 점점이 흩어져 있지만 심지어 그들보다 개들의 숫자가 더 많다. 개들은 젓가락 같은 몸매였는데, 호리호리한 몸매 때문에 바람을 향해 몸을 구부리고 있는 주인의 걸음걸이를 그대로 따르고 있다. 개들 숫자가 심지어 아이들보다 많다. 바로 위로는 축구경기장이 어렴풋이 보인다. 그것의 장사방형 실루엣이 장면을 지배하고 있으며 스탠드들은 이미 관중들로 가득 차 있는 것처럼 보인다. 오른쪽 스탠드의 맨 위쪽에서는 작은, 새 같은 형상들이 줄지어 있는 것을 알아볼 수 있었는데, 잠시 후 또 다른 관중의 줄인 것이 드러났다. 아마 용감하다고 생각하며 스탠드의 가장 높은 끝의 맨 위에서 발을 흔들며 앉아 경기를 가장 잘 보려는 것이 아니라 분명히 주변 지역을 조망하려고 하는 것이리라. 그리고 이 주변 지역은 20세기 중반의 라이트모티브들로, 즉 노동계급, 도시 생활로 형성되어 있다. 그것이 이 지역의 가장 탁월한 화가 로리에 의해 화폭에 포착되고 있다. 그림에서 물러나던 나는 왼쪽 벽에 붙여놓은 카드를 발견했다. 〈경기 보러 가기〉(1953년)(〈그림 2〉). 이 카드는 더 나아가 옆에 걸린 그림이 볼튼의 번든 파크에서 열리는 경기를 보러가는 축구 관중을 그린 것임을 알려주고 있다. 나는 그림 속의 관중과 덩달아 몸을 떤다. 공격적인 에어컨디셔닝 때문에 뼛속까지 춥기 때문이다. 아마 예술작품을 보존하고 미래의 관람객, 심지어 미래 세대가 이곳의 과거를 묘사한 그림을 향수에 젖어, 편안하게, 아늑한 기분에 취해 즐길 수 있도록 그림이 훼손되는 것을 막기 위해서인 모양이다. 하지만 이 그림은, 실제로는 로리의 예술의 어떤 것도 결코 여기 있지 않았을 수 있다.

〈그림 2〉 〈경기 보러 가기〉(1953년) (저자 소유)

로리의 예술이 포함된 것은 실제로는 거의 나중에 추가된 것으로, 분명히 이 장소를 위한 스털링과 윌포드의 원래의 스케치의 일부가 아니었다. 시각 예술의 전시가 검토된 것은 단지 이 공간을 화랑으로 사용하는 것 그리고 관람객의 집객과 관련해 타당성 조사가 이루어지고 난 후였을 뿐이다. 샐포드 미술관은 이미 로리 컬렉션을 소장하고 있었으며, 따라서 안성맞춤인 컬렉션이 쉽게 손닿는 곳에 있었다. 마이어슨이 『더 로리 만들기』에서 지적하는 대로

> 로드 컬처럴 리소시즈Lord Cultural Resources는 이 프로젝트의 시각 예술적 차원을 재검토할 필요가 있다는 결론에 도달했다. 로리 컬렉션의 대부분의 소규모 작품은 주문 제작한 화랑들의 긴밀한 배열을 요구할 뿐만 아니라 이 컬렉션에 대한 연구 센터를 필요로 한다. 게다가 유럽 전체에서 15세 이하 아동이 최고로 집중되어 있는 영국 북서부의 인구통계를 연구한 후 로드 컬처럴 리소시즈는 두 번째의 화랑 명소를 제안했다. 아이들과 부모들이 상호작용하며 공연 예술과 시각 예술의 본질을 탐구하는 화랑이 그것이다 ([16], p. 26).

사방이 조용한 가운데 무엇인가를 숭배하는 듯한 통상적인 화랑의 환경과는 멀리 떨어진 공간을 마련하려는 바람이 올바른 것임이 입증되고 있다. 인구통계 연구가 건물의 실제 설계에서 그처럼 큰 역할을 했다는 사실은 이 계획의 성공이 개발업자와 이 프로젝트의 자금 제공자에게 핵심적이었으며, 운에 맡길 여지가 거의 없었음을 암시한다. 이 프로젝트는 가능하면 지역 공동체의 최대한 넓은 횡단면에 호소해야 했다. 실제로 이처럼 아이들에게 관심을 보인 것은 광범위한 스펙트럼의 계급 집단에 관

심을 보이려는 것에만 필적할 수 있을 것이다. 그것은 모두를 위한 '꿈의 집'이 될 것이다. 지역 자문가인 힌즈Bill Hinds는 이렇게 지적하고 있다.

> 이 나라에서 예술은 항상 계급 문제였다. 나는 항상 일반 노동계급 사람들, 특히 아이들은 예술에 참여하려는 격려를 결코 실제로 받아본 적이 없다고 느꼈다"([16], p. 26).

비록 초기의 그러한 낙관주의는 방문객의 문화적 삶에 미칠 수 있는 효과와 관련된 리얼리즘에 의해 완화되어 왔지만 '더 로리' 같은 센터는 기대할만 할 것이다. 나중에 힌즈는 이렇게 말하고 있다.

> 나는 모든 사람이 갑자기 오페라 애호가나 발레 애호가 또는 회화 전문가가 되리라고는 기대하지 않지만 모두가 정신을 개발하고 그것이 나와 같은 모든 사람을 위한 것이 아니라 사회계층 저 위에 있는 누군가를 위한 것이라고 느끼지 않을 기회를 가져야한다고는 믿는다"([16], p. 29).

따라서 모든 사람이 자기와 연결시킬 수 있을 정도로 산문적이고, 지방적이며, 교양이 중간 정도인 사람을 위한 것이며, 구상적인 자연을 그린 로리보다 예술가로서 매우 다양한 계급 집단을 더 잘 끌어들일 수 있는 사람이 있을까?

    로리의 화랑의 공간들은 주제적으로뿐만 아니라 연대기적으로 로리의 비전속으로 들어갈 것을 권한다. 그리하여 유명한 도시 경관은 종종 함께 묶여 그것들의 효과를 강화해 로리 회화의 주제와 공간적 배치에 대해 눈을 예리하게 해주는 데 쓰일 수 있다. 그의 그림이 군중을 주제로

하고 있는 것은 명백하지만 특히 로리를 매료시킨 것은 군중의 **건축**이었던 것처럼 보인다. 태엽 같은 그들의 정확함, 전략적인 오고감, 왁자한 무리 속의 질서, 일상의 균형. 〈경기 보러 가기〉는 도시 군중과 이 군중이 형성하는 것들을 로리가 얼마나 능수능란하게 다룰 수 있는지를 입증해 준다. 『맨체스터 가디언』의 뉴턴은 당시 이렇게 지적한 바 있다.

> 나는 움직이는 군중을 그린 그림 중 1953년의 〈경기 보러 가기〉에서보다 더 군중이 명료하게 진술되어 있는 어떤 그림도 기억하지 못한다. 이 그림에서는 두 흐름의 관중이 안무의 장인에 의해 훈련받기라도 한 듯이 수직적으로 엇갈리고 있다([17], p. 85).

레비의 지적대로 예술가의 눈을 사로잡은 것은 개인이 아니라

> 사람들 무리 …… 거리와 건물, 발전소, 공장을 배경으로 그들이 만드는 리듬들이다([18], p. 17).

하지만 로리의 도시 경관은 단지 사실주의적 장면이 아니며 오히려 현실의 것과 상상한 것을 혼합해 그린 것이다. 레비가 지적하는 대로 〈경기 보러 가기〉는 "특정한 축구경기 그림이 아니라 '모든 축구 경기에 대한 비전'이다"([18], p. 79).

로리가 세계를 상상하는 방식, 실제의 도시 군중뿐만 아니라 상상의 도시 군중을 바라보는 방식은 국외자로서의 그의 경험과 관련되어 있다. 그는 이렇게 언급하고 있다. "내가 외롭지 않았다면 내가 본 것을 보지 못했을 것이 틀림없다"([17], p. 3). 따라서 로리가 세상을 바라보는 방식

― 이것은 군중 속에 있는 동시에 군중의 것이다 ― 은 벤야민의 핵심적인 형상 중의 하나, 즉 산책자와 유사하다. 산책자는 도시 군중의 일부지만 특수한 방식으로 그것을 가로지르거나 국외자, 망명객 또는 이방인 관점에서 다르게 보는 것에 의해 그것에 맞서 움직인다. 군중은 불안감을 주는 동시에 들뜨게 한다. 벤야민이 기술하고 있듯이 보들레르에게서 그것은 전기적 에너지가 축적된 곳으로, 우리는 그것에 잠겨 근대의 도시적 삶의 정신적 쇼크를 받을 수 있다. 벤야민은 이렇게 쓰고 있다.

> 대도시의 교통 속에서 움직인다는 것은 개개인으로 하여금 일련의 충격과 충돌을 체험하도록 하는 것을 의미한다. 위험한 교차로에서는 신경의 자극들이 마치 건전지에서 나오는 에너지처럼 잇달아 그의 몸속을 관통한다. 보들레르는 전기적 에너지가 축적된 곳으로 뛰어들 듯 군중 속으로 뛰어드는 한 남자에 대해 이야기하고 있다([9], p. 328).

벤야민이 보기에 현대적 체험*Erlebnis*의 이처럼 충격 같은 형태가 일관된 경험*Erfahrung*이 더 이상 지속되지 않는 현대적 도시를 구성하는 특징이다. 보드리야르가 보기에 뉴욕의 도시 군중 또한 에너지의 원천이다. 충격과 동요가 아니라 오히려 휘황찬란한 영화적 표면이 무기력해지는 것이다. 그것은 "이 나라 자체처럼 소란스럽고 생동적이고 영화적이다"([13], p. 18). 보드리야르에 따르면 미국의 도시를 경험하는 최고의 방법은 결코 도보가 아니라 또 다른 스크린을 통해 빠르게 지나갈 때 그것을 경험하는 것이다. 즉 차의 바람막이 창을 통해서 말이다.

여러 해 동안 로리의 도시 장면의 제한된 팔레트는 아이-친화적이고 원색 중심인 '더 로리' 센터 자체의 실내와 극적인 대조를 이루고 있었다.

로리의 작품이 결코 이 센터의 존재 이유가 아니었음은 『오늘의 건축 Architecture Today』에 실린 글레런드의 미술평에서 분명하게 알 수 있는데, 그는 디자인이라는 관점에서 이 미술관 공간의 성공 여부에 대한 질문을 제기하고 있다. 어떤 의미에서 그가 보기에 로리의 예술을 소장하고 있는 미술관들은 '덧붙여진 것'처럼 보인다. 이 센터가 계획하고 있는 밝은 낙관주의에 그림자를 드리우는 거의 더러운 비밀처럼 말이다. 그는 이렇게 지적하고 있다.

> 로리의 작품은 이 복합 건물의 중심축이 아니다. 실제로 그의 그림들을 전시하기 위한 화랑은 아마 건축적으로 성취 면에서는 전혀 납득이 가지 않을 것이다. 벽들은 잘난 체 하는 지붕 아래 따분해 보인다. …… 로리의 샐포드는 오래 전에 사라졌으며, 기계적으로 행동하는 그의 인물들은 보다 불길하지만 오늘날 우리가 거주하는 보다 자유스러운 세계에 자리 잡고 있다([19], p. 50).

러시아에서 혁명 이후의 초기 몇 년은 적어도 벤야민에게 문화 관람에 대해 보다 고무적인 전망을 제공해주었다. 그는 이렇게 지적하고 있다. "모스크바의 미술관을 관람할 때 혼자 또는 무리를 지어, 종종 여기 저기 가이드가 서 있는 가운데 아이들과 노동자들이 이 방들을 통해 얼마나 쉽게 움직이는지를 보는 것보다 더 기분 좋게 놀라운 일도 없다"([1], p. 183). 실제로 그에게 매력이 커진 미술관이나 화랑은 축하받을 만한 것이었다. 전시물의 종류 그리고 소장 전시품의 종류가 그러한 공간의 편안함과 포용성에 있어 기본적이었다. 벤야민은 "프롤레타리아가 그림의 테마 속에서 바로 자기 이야기를 발견하고 있는" 트레티코프 화랑뿐만 아니라

"수많은 실험 장치, 기구, 문헌 모델을 전시하고 있는"([1], p. 183) 공예 박물관을 특히 성공적인 사례로 적시하고 있다. 계급에 묶인 삶의 제약으로부터 풀려나온 노동자나 아이는 자기를 교육시킬 수 있으며, 예술 감상으로 자기를 함양할 수 있다. 심지어 반-정전을 새로 만들 수 있을 것이다. 부르주아적 규범에 얽매이지 않고 또 더 이상 기존의 '명작' 자체를 고려하지 않고 말이다. 동지는 "매우 상이한 작품들을, 자신과 자기의 노동, 자기의 계급과 관련된 작품들을 당연히 알아볼 것이다"([1], p. 184).

노동계급의 일상생활에 초점을 맞추고 있는 로리의 회화는 노동계급이 쉴 때와 놀 때 예술을 벤야민이 상상한 대로 보통 사람에게 의미 있는 것으로 이처럼 재전유하는 것으로 기능할 것이다. 로리가 인기 있다는 것은 그의 특권인 동시에 몰락의 원인이다. 예술 평론가 시웰Brain Sewell은 한 번 이렇게 지적한 바 있다. 만약 일반 대중이 마음대로 한다면 모든 화랑은 오직 로리 작품만 소장할 것이다([20]). 그것은 찬사가 아니었다. 만약 런던 미술계가 너무 지방적이고 회화적이라며 로리에게 거들먹거렸다면 그는 또한 좌파 미술 평론가들에 의해 충분히 정치적이지 않다는 이유로 낮은 지위로 밀쳐졌을 것이다. 실망스럽게도 그의 회화는 **노동하는 노동자를 보여주지 않는다는 것이다.**[2] 대신 우리는 그들의 깡마른 윤곽이 공장을 도망치는 모습을 보며, 공장과 학교를 본다. 유원지와 축구 시합에서 그들이 잠깐 레저를 즐기는 순간을 잡아채는 모습을 말이다.[3] 그의

---

[2] 마르크스주의 비평가 버거John Berger는 로리가 각각 1952, 1953, 1956년에 런던의 화이트 채플 화랑에서 열린 '룩킹 포워드' 전시회를 위해 작품을 골랐을 때 그에 대해 처음에는 큰 희망을 품었다. 로리는 영국의 구상 리얼리스트들, '키친 싱크' 리얼리스트들 그리고 스페어Ruskin Spear와 시커트Walter Sicker적 도시 경관과 실랑이를 벌였다. 하지만 스펠딩이 주장하듯이 "로리에 대한 버거의 처음의 호평은 그의 정치적 입장이 강경해짐에 따라 비판적으로 되어갔다"([21], p. 95).

비전은 사회학적이고 심지어 큐레이션되어 있지만 정치적이지는 않다. 로리는 자기가 "사회 개혁가들이 한 것처럼 군중을 조심해서 다룬 것이 아니라 나를 사로잡은 사적 아름다움의 일부로 다루었음"[17]을 인정하고 있다. 그는 유령들을 그렸고 유령들에 의해 그리도록 움직여졌다. 그리고 그 자체로서 그의 회화들은 기억을 촉진하는 힘을 갖고 있다. 따라서 로리가 어떻게 살았는지와 그가 무엇을 보았는지 사이에는 거리가 있다. 그가 본 것과 우리가 보았을 수도 있는 것 사이에는 말이다. 그는 현존하는 동시에 탈구되어 있으며, 시간 안에 있고 시간에 속해 있다. 여기와 지금으로서의 시간 말이다. 여기와 지금으로서의 시간 — 현재의 시간과 과거의 시간의 합성물로서의 그의 회화 — 그리고 리듬으로서의 시간. 도시 경관이 그것에 따라 노래를 흥얼거리는 산업적 비트. 그리고 그의 회화가 우리가 첫눈에 볼 수 있는 북부에 대한 아늑하고 배타적이며 향수어린 묘사가 아닌 것은 이 때문이다.4 축하하는 것이 아니라 애통해하는

---

3 미술 평론가 바이제이Marina Vaizey는 이 예술가가 사망한 직후 런던의 르페브르 화랑에서 열린 로리 기념 전시회 카탈로그에서 이렇게 지적하고 있다. "그의 작품을 매력적이며 순진무구하고 진기한 것으로 깎아 내리는 주를 통해 그를 일축하는 것은 안이한 방법이지만 유혹적이다(그리고 너무 많은 사람이 그렇게 유혹받아왔다). 일부에게 그것은 그것이 한층 더 받아들여 질만한 것임을 의미할 것이다. 하지만 만약 우리가 그의 지적이고 상상력이 풍부하며 지속적으로 놀라움을 불러일으키는 구성을, 그의 그림들의 거친 은색의 광채를, 색채를 그리고 질감을 다루는 강력한 방식을 주의 깊게 살펴본다면 우리는 단지 볼 수 있는 눈만 가졌다면 그의 비전이 그림 같은 것으로부터 얼마나 멀리 떨어져 있는지를 볼 수 있을 것이다. 그는 강인한 정신의, 단호한 시각을 보여준다"([22], p. 3).
4 제이콥슨은 이렇게 지적하고 있다. "우리는 우리 눈앞에 있는 것을 보지 않음으로써 로리의 성냥개비 사람들과 성냥개비 고양이들과 성냥개비 개들을 …… 맨체스터와 샐포드의 와글글거리는 거리의 삶을 따뜻한 다음으로 고마워하며 향수어린 마음으로 환기시키는 것으로 간주해왔다. 그리고 아마 모든 지금과 그때의 유혹이 그를 사로잡아 그는 그러한 종류의 감상성에 굴복했을지 모른다. …… 하지만 대부분 이 성냥개비 형상들은 서둘러 캔버스를 떠나는데, 그들의 신체들이 앞으로 기울어진 것은 단지 낙담 또는 악천후가 아니라 본인들의 의지와는 동떨어진 일종의 추진력을 암시하고 있다."[8].

것이다. 오래 전에 사라졌지만 한때는 우리가 살았던 삶 그리고 심지어 그보다 이전의 삶에 대해서 말이다. 그의 장면들을 가득 채우고 있는 막대기 같은 형상들의 패션이 이 점을 입증하고 있다. 즉 납작한 모자, 중산모, 스카프, 부츠는 20세기 중반 회화에서나 눈에 띄기 때문이다. 그와 같은 스타일이 시들해지고 난 한참 후에 말이다. 이에 대해 앤드류스는 이렇게 지적하고 있다.

그는 한때 그의 그림 속의 군중 장면 속의 모든 사람이 왜 심지어는 1950년대에도 구식 옷, 즉 숄과 모자 그리고 큰 장화를, 지나간 시대의 것을 걸치고 있느냐는 질문을 받은 적이 있다. 그는 이렇게 대답했다. '나의 실재 시대가 1920~1930년대의 대공황기였기 때문입니다. 사람들에 대한 나의 관심은 거기에 뿌리 내리고 있습니다. 나는 모자 형상을 좋아합니다. 나는 노동계급의 중산모, 큰 부츠, 숄을 좋아합니다.'

하지만 로리는 단지 질문한 사람의 비위를 맞추고 있을 뿐 질문에는 대답하고 있지 않다. 노동계급의 중산모는 정말 특별한 경우가 아니라면 1920년대가 되면 사라지기 때문이다. 로리의 진짜 시대는 제1차세계대전 전이었다. 1912년의 그의 〈공장 노동자〉의 시대로, 사람들은 숄과 나막신을 신고 있다. 〈힌들 웨이크스〉의 시대였다([17], p. 75). 이런 식으로 로리의 '꿈의 경관들'은 과거의 패션, 비슷한 장면, 익숙한 것의 반복에 초점을 맞추는 것에 의해 보존, 심지어 줄어들어도 과거를 살려두는 과정이 된다. 유령들이 계속 존재하는 틈이 마련되는 것이다.

4. 이미지: 아우라에서 시뮬레이션으로

하지만 벤야민에게서 만약 현대의 도시적 삶이 경험을 이해 가능한 것, 지속되는 것, 일관된 것으로 산산조각 내는 것에 관한 것이라면 문화적 수용이라는 관점에서 그에 수반되어 일어나는 변형은 다른 가능성을 생산할 수 있어야 한다. 일상의 경험을 드러낼 수 있는 초현실주의의 잠재력을 논한 최초의 글인 「꿈의 키치」(1927년)라는 단편에서 벤야민은 우리가 전통적으로 '예술'로 이해하고 있는 것의 공간적 특징을 지적하는데, 그것은 "몸으로부터 2미터의 거리에서 시작된다"([23], p. 4). 따라서 이 거리는 단독성, 독창성 그리고 예술적 천재라는 개념과 더불어 예술작품의 아우라의, 전통적인 화랑 공간에서의 예술작품의 수용의 중요한 측면이다. 이런 식으로 의례와 전통(예술작품의 '컬트적 가치')을 통해 아우라적 예술은 부르주아적 권력관계 및 문화적 가치와 공모하게 된다. 하지만 아우라는 또한 상호성, 보는 사람과 예술작품, 보는 것과 보여지는 것 사이의 상호성에 의해서도 표시된다. 벤야민은 이렇게 쓰고 있다.

> 그러니까 아우라의 경험이란 인간 사회에서 흔히 볼 수 있는 반응 형식을, 무생물 내지 자연 현상과 인간 사이에 존재하는 관계에 옮겨놓는 데 있는 것이다. 우리가 시선을 주고 있는 자나 시선을 받고 있다고 느끼는 자는 우리에게 시선을 되돌려준다. 우리가 어떤 현상의 아우라를 경험한다는 것은 시선을 되돌려 줄 수 있는 능력을 그러한 현상에 돌려준다는 것을 의미한다 ([9], p. 338).

로리의 회화를 보면서 우리는 현대적 삶의 덧없음 중의 하나로서의 아우라적 시선에 휘말려들게 된다. 심지어 그의 예술을 벤야민이라면 접근 가능성, 불경, 대중적 관람에 몰두하고 있는 중심에서의 탈아우라적 만남이라고 부를 것 속에서 경험하면서도 말이다. 그것은 다루기 까다로운, 모호한 아우라 개념 자체와도 관련이 있는데, 그것은 길로크가 지적하는 대로 긍정적인 계기와 부정적인 계기를 결합하고 있다. "한편으로 그것은 모호함과 불가사의함의 형태"이며 다른 한편으로는 "멜랑콜리와 비교 불가능한 아름다움, 상호 인정의 계기의 형식이다"([24], p. 177).

물론 벤야민은 새로운 '탈아우라적' 예술, 즉 영화와 사진이 선도할 '파괴적 잠재력'을 추구했다. 컬트적이고 문화적인 관계를 미학적인 것에 전달하는 대신 영화는 관객이 차분하게 모험의 여행에 나설 수 있도록 해주는 공간과 시간을 열어주는 "아주 짧은 순간의 다이너마이트 속에서"([6], p. 265) 일상을 폭파한다. 따라서 일상은 영화로 빛과 열에 의해 폭발될 비밀 화물을 싣고 있는 셈이다. 민주적 잠재력은 영화의 광범위한 보급 속에서 실현되는데, 그것은 영화의 재생산, 수취인과 그의 환경 속에서 "타협하기"([6], p. 265)의 용이함을 통해 가능해진다. 벤야민은 '숭배 가치'로부터 '전시 가치'로의 이행에 대해 지적하는데, 그것은 집단으로서 보는 행위에 의해 형성된다. 이제 미술이 우리에게 다가올 수 있다. 그는 이렇게 지적한다. "회화는 건축이 항상 해올 수 있었고, 서사시가 한때 할 수 있었고 영화가 오늘날 할 수 있듯이 본성상 집단에 의한 동시적 수용 대상을 제공할 수 없다"([6], p. 264). 만약 아우라적 예술이 우리가 아무리 가깝더라도 바로 표현할 수 없는 거리라면 탈아우라적 예술은 시간과 공간에 대해 기술적으로 질문하는 것을 통한 근접이다. 하지만 이것은 위험이 없지 않다. 아우라는 심지어 영화 속에서도, 보정과 영화 스타에 대한 컬트적 숭배를 통해 소생될 수 있다.[5] 벤야민에게서 탈아우라적 이미지는 항상 정치적 변형과 변화의 절연 사이의 칼날 위에 서 있다. 새로운 미학적 형태의 우연적 성격이 이해되어야 하는 것은 이러한 맥락 속에서이다. 보드리야르가 보기에 그러한 딜레마는 존재하지 않는다. 보드리야르가 벤야민에게서 차용해 시뮬레이션이라는 본인의 개념에서 효율적으로 사용하며, 그리하여 희망에 가득 차 있는 벤야민의 입장이 얼마나 허약한지를 입증하고 있는 것이, 변형적 잠재력이 이처럼 지속적으로 뜯겨내지는 것이다. 그리고 이미지의 복제와 순환과 전시가 우위를 차지하는 조건이 갖추어지면 그렇게 된다. 보드리야르가 보기에 그와 같은 미학은 벤야민이 상상한 방식으로는 계시적일 수 없다. 그것은 거리의 비판적 깊이가 아니라 오히려 몰입, 표면의 심연을 생산하게 되기 때문이다.

'더 로리'의 화랑 공간의 출구에는 '로리 씨를 만나자'라고 불리는 고정 시설이 있다. 이 전기 영화는 관람객을 위해 루프[영상과 음향이 계속 반복되는 필름이나 테이프]로 방영되는데, 관람객은 오픈 플랜 식으로 된 벤치의 공간 속에 자리 잡는다. 그것은 정보 전달의 우연적이고 비교육적이며 비아우라적 성격을 강조하는 데 도움이 되며, 이 센터의 극장의 보다 형식적인 좌석 배치와는 대조를 이루고 있다. 로리가 매우 솔직하게, 전혀 자아를 성찰하지 않은 방식으로 본인의 회화와 영감에 대해 논하는 장면이 나온다. 그는 이렇게 말한다. "그냥 제가 본 것을 그립니다." 일말의 예술가적 허식도 없다. 실제로 그는 그러한 자만에 적극적으로 저항했다. 그것은 물론 그 자체로서는 특정한 '이미지'로 구성된 것이다. 로리는

---

5 레슬리는 이렇게 지적하고 있다. "자본주의의 오락산업에 의해 팬클럽과 스펙터클을 통해 촉진되는 스타 숭배는 인위적으로 조장되는 상품화된 스타에 대한 개인숭배의 마력과 부패한 희미한 빛을 보존하고 있다. 그것을 보완하는 것, 즉 대중의 숭배, 대중, 'Volk'라는 타락한 계급이 계급을 대체하려고 하고 있다."[25, p. 136].

인터뷰하는 사람, 언론 심지어 그의 전기작가를 오도하는 것으로 유명하다. 그는 특히 그저 "주말 화가"나 "취미로 그림을 그리는 사람"[26]으로 보이지 않도록 낮에 하는 일이 집세 수금원이라는 사실을 감추는 데 특히 예민했다. 하지만 다른 때는 자기는 그저 "그림을 주물럭거리고 있을 뿐"이라는 생각을 적극적으로 부추기기도 했다. 로리의 자기 해설은 쾌활하지만 모순적이다. 종종 그는 본인이 예술적 천재라는 개념을 명시적으로 약화시킨다("저는 예술가가 아닙니다. 그림 그리는 사람이죠"). 따라서 앞의 전기 영화는 로리의 자전적 성찰을 담고 있을 뿐만 아니라 또한 일부 다소 조야한 심리학적 분석을 제공하는데, 엄마와 가까웠던 일, 결코 결혼하지 않은 사실, 사후에 자기 회화가 어떻게 발견되었으면 하는지에 대한 바람에 대해 언급하고 있다. 그것은 더 잘 알려진 도시의 풍경에는 부재하는 리비도적 특징을 입증해준다. 하지만 심지어 그를 수수께끼 같고 불가해한 천재가 **아닌 사람**으로 또는 '진지한' 예술가가 아니라 대신 접근 가능한 '보통' 예술가로 구성하는 것조차 여전히 절대적으로 '평범함'과 '소박함'이라는 측면에서 그에게 '아우라적 숭배'를 부여한다. 늙은 모습의 그가 이야기하는 장면은 로리에게 전혀 위협적이지 않은 순진한 특징을 부여한다. 그의 작품을 소장하고 있으며 그의 이름을 딴 건물 자체가 [회원이나 참가자를 성, 인종, 계층, 성, 장애 등에 의거해 추방하지 않는다는 사실이나 방침인] 공평한 서비스와 모두를 위한 접근 가능성에 대한 자기 대화를 가능하게 하기 위해 만들어내려고 하는 대로 '위험할 것 하나 없다'는 말을 메아리치면서 말이다. 그것은 로리 숭배다. 로리는 '평범한 사람'이라는 낭만적 향수는 이 센터에 차용된 진정성을 불어넣어주고 있다. 이 건물이 샐포드의 도시의 풍경 속으로 끼어드는 것을 도덕적으로 보장해주는 익숙함을 제공해주고 그것의 균열을 없애주면서 말이다. 우리는 로리처럼 여기서 그의 주제를 마주치지는 않는다. 동일한 순간에 소외시키면서 불안감을 주며, 아름답고 애절한 것이 아니라 오히려 편안하고, 익숙하고, 소화하기가 쉬운 것으로 마주치는 것이다. 도시 경관은 '더 로리'가 연출하는 문화적 경험에 의해 비판을 박탈당하고 있다.

5. 종합 계획: 좀비, 도펠겡어, 카니발

'더 로리'의 화랑 공간으로 들어가는 입구에는 2007년 전시를 위해 맨체스터의 팝/록 밴드 오아시스의 최근 뮤직 비디오가 전시되어 있었다.[27] 이 밴드는 로리의 등장인물들이 애니메이션화된 로리적 도시 경관들 속에 삽입된 것처럼 ─〈경기 보러 가기〉(1953년), 〈벽 위에 누워 있는 남자〉(1957년), 〈데이지 눅〉(1946년)과 같은 다양한 회화를 참조하고 있다 ─〈종합 계획〉속에 삽입되었다. 오아시스 자체의 미학은 자의식적으로 북부의 토착 문화의 향수어린 묘사를 이용하고 있다. 그러한 묘사들에 나오는 이미지, 스타일링, 음의 생산은 뒤늦게 모든 것을 낭만화하는 허식으로 가득 차 있으며, '활기 찬 60년대Swinging Sixties'의 팝 문화의 유산과 시니피앙에 반복적으로 의존하고 있다. 여기서 로리 회화의 참가자로 소개함으로써 이 밴드와 '더 로리' 화랑을 북부의 노동계급의 삶 그리고 지금은 잃어버린, 하지만 애석해하는 (그리고 허구적인) 도시적 일관성의 이러한 시니피앙에 맞추어 조정하고 있는 셈이다. 거기 함축되어 있는 메시지는 이렇다. 즉 비디오 속의 오아시스는 로리의 작품의 모든 관람객이 했으면 하고 바라는 여행을 한다는 것이다. 즉 로리 회화의 세계 속으로 들어가는 것이다. 그리고 오아시스는 또한 이 장소에 속한

덕분에 이 장면들에 쉽게 그리고 틈새 없이 어울린다는 것이다. 보드리야르가 보기에 그것은 우리 시대의 모든 문화적 관람이 시도하는 전략이다. 관객을 가능한 최대한 가까이 예술작품과 맞추어 조정하는 것이다. 그는 이렇게 쓰고 있다.

〈그림 3〉 (a) 〈오아시스, 시합을 보러 가다〉 (b) 〈오아시스, 벽 위에 누워 있는 남자〉

모든 문화 공간이 관련되며, 일부 새로운 미술관은 일종의 디즈니랜드적 처리에 따라 관객을 그림 앞이 아니라 ― 그것은 충분히 상호 작용적이지 않으며 순수한 스펙터클적 소비로서 미심쩍다 ― 그림 속으로 집어넣으려고 한다. 시청각적으로 〈풀밭 위의 식사〉의 가상현실 속으로 서서히 주입되어 들어가는 사람들은 실시간으로 그것을 즐길 것이며 인상주의의 맥락 전체를 느끼고 맛보며 결국 그림과 상호작용할 것이다([28], p. 22).[6]

[6] 보드리야르에게 디즈니랜드는 그가 문화적 공간의 '억지 기능'이라고 부르는 것의 중요한 시니피앙이다. 보드리야르에게 디즈니랜드는 미국적 가치의 이데올로기를 강화하는 것처럼 보일 수도 있을 것이다. 비록 "미니어처와 만화 형태" 속에서지만 말이다. 하지만 그것은 실제로는 억지 기능으로, "실재적인 것은 더 이상 실재적이지 않다는 사실을 은폐함으로써" "현실 원리를 구원하려는 시도"로 존재한다. 디즈니랜드의 투명하고 아이 같은 특징은 우리를 속여 '바깥'은 어른의 세계라고 믿도록 하기 위해 존재한다. 실제로는 "모든 곳이 어린이 같은데" 말이다. 예를 들어 보드리야르는 이렇게 주장한다. "디즈니랜드는 나머지는 실재라고 믿도록 만들기 위해 가상적인 것으로 제시된다. 실제로는 LA 그리고 그것을 둘러싼 아메리카의 모든

하지만 이것은 벤야민이 말하는 탈아우라적 민주화 또한 아니며 **종합적 아우라의 재창조** 또는 보드리야르의 관용구로 하자면 아우라의 **시뮬레이션**이다. 거리는 지워지지만 경험은 변화로부터 격리되기보다는 '보정'([30], p. 95)에서처럼 변형된다. 벤야민이 보기에 기술적 복제는 현재를 '기념비화하는 것'에 의해 아우라를 재창조하려고 시도하기보다는 미디어 형태의 우연성을 유지해야 한다. 오아시스의 비디오를 전시하는 것이 바로 그것을 하고 있다. 로리의 도시 경관들을 모방함으로써 이 비디오의 도상학은 노동계급, 북부 문화의 시니피앙으로서의, 따라서 진정성의 약칭으로서의 로리의 이미지를 이용하고 있다. 하지만 애니메이션 속의 로리의 시각적 시니피앙들은 로리의 비판적 비전보다는 진부한 노래 〈매치스탁 멘Matchstalk Men〉의 아늑한 묘사를 더 닮았다.7 오아시스는 로리의 회화에 삶을 가져오는 자들이 아니라 좀비로 기능한다. 안-죽은 거주자로 로리의 산업적 경관을 아무 생각 없이 활보하며, 그리하여 그것들의 비판적 힘을 비워버리는 자 말이다.

출몰haunting이라는 사회학적 개념에서 거주habitation 개념이 핵심적인데, 그것은 고든의 저서 『유령의 문제들Ghostly Matters』[31]에서 가장 분명하게, 하지만 또한 데리다의 『마르크스의 유령들』[32]에서도 정식화되었다. 고든이 보기에 출몰은 "단지 죽거나 사라진 사람일 뿐만 아니라

것이 더 이상 실재적이지 않으며 초실재적인 것과 시뮬레이션과 같은 종류에 속하는데도 말이다"([29], p. 175).
7 영국 대중의 일반 의식 속에서 로리의 이미지는 아늑하고 향수어린 것으로 존재하는데, 그것은 — 아마 이렇게 주장할 수 있을 것이다 — 다소 불행한, 진부한 노래, 즉 1978년에 영국 전체 1위를 기록한 브라이언과 마이클의 싱글 〈매치스틱 맨〉에 의해 조장되었는데, 이 노래의 주제가 로리 회화의 익숙한 형상들이었기 때문이다. 가사는 로리의 형상들의 평범함을 입증해 준다. "그는 가게에서 파는 판지 상자 위에 샐포드의 연기 자욱한 꼭대기들"과 "맨발의 아이들을 그린다."

사라진 생각이나 우리 시대 눈에는 '거의 보이지 않는' 생각을 알 수 있는 방법을 우리에게 드러내주는 '사회적 형상'인 유령에 의해 가능해지는 변형적 인식"을 제공해준다.[31] 유령은 공간에 출몰해 살아 있는 사람과는 분명하게 구분되는 방식으로 그곳을 차지한다. 그와 같은 환영을 추적하고, 그들의 습관을, 그들이 얼핏 스쳐지나가는 것을 탐구하는 것은 우리 자신의 존재의 덧없는 성격, 취약하고 위태위태한 진리를 그리고 "역사와 주체성이 사회적 삶을 만드는" 장소를 암시한다.[31] 로리의 〈시합 보러 가기〉에서 종종걸음 치는 관객들은 예상과 기대로 가득 차 있다. 〈종합 계획〉에서 그것을 다시 애니메이션으로 만든 것은 로리의 십자형 군중을 동질적인 파란색 덩어리로 흐트러뜨리고 있으며, 군중은 볼튼 원더러스의 색깔이 아니라 오아시스의 지역 팀인 맨체스터 시티의 유니폼을 입고 있다. 여기서 군중은 이미 장내에 있다. 승리는 이미 보장되어 있다. 더 이상 바랄 것이 아무것도 없다.

따라서 만약 〈종합 계획〉의 미학적[과장된] 수식이 계급을 미학적 속임수 또는 3급 시뮬레이션으로 다시 애니메이션화하고[다시 생명을 불어넣고] 있다면 그것은 '더 로리'에서 반복되는 이 주제의 유일한 버전은 아니다. 이 화랑들에서 산업의 경관을 그린 회화 옆에는 거울이 달린 책상이 있다(사진 4a, b). 양쪽 끝에는 모두 스카프, 납작한 모자, 중산모, 즉 주변의 벽 위에 묘사되어 있는 노동계급의 의상 자체가 걸려 있다. 아이들에게는 책상에 앉아 모자와 스카프를 써보고 거울에 자기 모습이 어떻게 보이는지를 그려보라고 한다. 기이한 이중화가 일어난다. 탈산업적 아이들로 가장한 도펠겡어가 비록 감독된 연기지만 연기의 스펙터클 속에서 산업적 군중의 일상의 대중의 작업복에 새로운 생명을 불어넣고 있다. 도펠겡어의 외양이 임박한 죽음을 불길하게 암시하듯이 이런 식으로 창조성을 격려하지만 어떤 불편함이나 거북함, 삐걱거림이 존재한다. 여기서 계급적 구분을 표시하는 것은 정장을 담은 상자로 축소된다. 계급은 게임으로 소비되고 버려지며, 호기심과 새로움의 '이국적 대상'으로 구성된다.[33] 물론 '더 로리'를 방문하는 아이들은 비교적 풍부한 삶으로 돌아가기 위한 노고의 끝에서는 풀려난다. 모자와 스카프가 벗겨지고, 그림은 둥글게 말아 집에 가서 냉장고에 자석으로 붙여놓을 수 있도록 해준다. 우리 시대의 문화적 관람의 장소에서는 통상 그렇듯이 선물가게는 이 복합 건물의 핵심적인 장소이다. 로리가 주제로 다룬 모든 것을 사갤 수 있도록 해주기 때문이다.8

 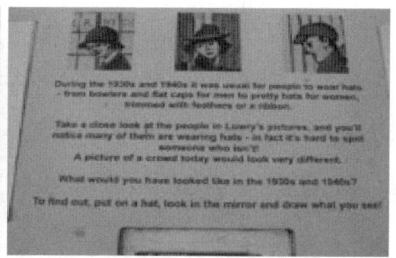

〈그림 4〉(a) 거울과 '정장' 의복(출전: 저자) (b) 이렇게 해보세요(출전: 저자)

보드리야르에게서 이러한 형태의 문화 소비에 대한 성공적 교란은 로리의 인물들처럼 차려 있는 아이들의 유령이 아니라 즉각 로리가 위임받았던 대로 모습을 꾸미는 일에 빠지는 모든 아이의 '해제 반응'에 의해 더 잘 제시될 수 있다. 즉〈시합 보러 가기〉규모의 살아 있는 군중이 그것이다. 따라서 출몰하는 것이 아니라 "초순응주의적으로" 몰두하는 것

---

8 레슬리는 [34]에서 테이트 모던과 관련해 묘사된 문화적 소비의 버전에 대해 상술하고 있다.

이 그것이다.[11] 다소 섬뜩한 비전속에서 '더 로리'는 개막식 행사에서 아이들 얼굴에 그림을 그려주는 화가를 고용했다. 생일파티 때처럼 사자나 호랑이, 곰이 아니라 누르께한 뺨과 어두운 테의 눈을 그리기 위해서였다. 샐포드의 과거의 회색빛 얼굴들이 잠시일 뿐이지만 다시 돌아와 화랑의 탈산업적 세대의 아이들의 얼굴에 새겨졌던 것이다. 아우라를, 유령을 통해 얼굴을 맞댄 마주침, 상호성으로 상연하는 일이 일어나고 있는 것이다. 로리의 인물들이 살아 있는 아이의 얼굴 위에서 육체를 입고 되살아나고 있는 것이다. 벤야민이 지적하는 대로 "의식적 가치는 아무런 저항 없이 순순히 뒤로 물러나는 것이 아니다. 그것을 최후의 보루로 물러서서는 마지막 저항을 시도하는데, 이 마지막 보루가 바로 인간의 얼굴이다"([6] p. 257).

따라서 그러한 출몰은 우리 시대가 계급을 표시하는 것에 주목하도록 만드는데, 그것은 그렇게 쉽게 깨끗이 닦아내질 수 없다. 로리의 인물들은 "성냥개비들"이었다. 노동을 통해 닳을 대로 닳고, 빈곤과 빈약한 식사를 통해 삐쩍 마른 모습으로 도시를 가로지르기 때문이다. 4×4 가족표 — 인구에 대한 연구를 통해 이 센터는 이 표를 이용하도록 권장하고 있다 — 를 갖고 '더 로리'에 도착하는 아이들은 '더 로리'가 재공연하고 있는 산업 시절의 샐포드의 참상으로부터 배제된다. 지금 몸에 새겨져 있는 배제의 표시, 즉 비만, 마약과 알코올 중독, 심장병은 의문의 여지없이 이 센터 남동부에 있는 오드잘 이스테이트 Ordsall Estate — 두 부분으로 나뉘어진 자동차도로 건너편에 있다 — 를 차지하고 있는 모든 사람에게는 너무나 익숙한 것이다.[35] 지방 정부 당국의 위생 정책의 우선순위는 로리의 노동자들이 다른 사람들로 가장한 채 여전히 우리와 함께 있다고 말하고 있다. 즉 추방당한 사람들이 계속 살아 있는 것이다.

〈그림 5〉 '더 로리'에 전시된 〈캔디 카니발〉(출전: 예술가와 매츠 갤러리, 런던, UK)

 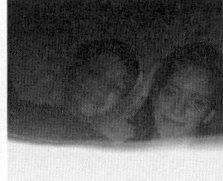 

〈그림 6〉 (a) 청중 중의 하나(출전: 예술가와 매츠 갤러리, 런던, UK). (b) 청중 중의 하나(출전: 예술가와 매츠 갤러리, 런던, UK). (c) 청중 중의 하나(출전: 예술가와 매츠 갤러리, 런던, UK)

최후의 순간적이며 예상치 못한 만남 — '분신'이라는 제목의 초기 전시의 일부로 '더 로리'는 시어Lindsay Seer의 작품 〈캔디 카니발〉(2000년)(〈그림 5〉)을 초대한 바 있었다 — 속에서 우리는 벤야민이 탈아우라적이고 도시적인 경관이 갖고 있다고 생각한 덧없고 깨지기 쉬운 가능성과 만나게 된다. 복화술사의 마네킹 인형이 복도 끝의 높은 의자에 앉아 있다. 입에는 카메라가 들어 있다. 그녀는 아무런 소리도 내지 않으며 오직 이미지로만 말하며 신기하다는 듯이 들여다볼 때의 관람객의 매료되고 흥분한 얼굴 표정을 포착한다. 복도의 벽에는 제 새끼를 잡아먹고 있는 동물을 묘사한 그림이 붙여져 있다. 카메라는 얼굴을 게걸스럽게 먹어

치운 다음 하나의 이미지를 뱉어낸다. 하지만 그렇게 만들어진 이미지 또한 예상치 못한 상호성의 순간을 포착하고 있는데, 정지 화면 속에 인간의 감정이 담겨 있는 것이다. 즉 놀라움, 즐거움, 거북함. 이 모든 것이 〈캔디 카니발〉의 기이한 형상에 의해 가시적인 것으로 만들어지는 것이다. 그러한 정서적 변형은 아우라적이고 탈아우라적인 것을 서로에게 무너뜨리는 것에 의해 가능해진다. 얼굴과 카메라가 연결되는 것에 의해서 말이다(사진 6). 이 환영은 말하지 않는다. 그것은 청중의 이미지를 통해 자기 이야기를 한다. 따라서 우리는 〈캔디 카니발〉을 예술적 **대상**으로 바라보지 않으며, 깜짝 놀라 무엇인가를 기억하고 인식하는 순간 우리 자신을 묘하게 주체로 바라본다.

6. 결론

'더 로리'는 문화적 관람에서 마주칠 수 있는 것들을 연출하고 있다.9 그것들은 21세기의 도시의 꿈의 환등상으로서 '예술과 오락'을 위한 경기장을 짓는다는 목표 내부에 들어 있다. 우리는 이미 로리가 어디에도 속하지 않는 것을 알고 있다. 심지어 그의 이름을 딴 센터에서도 그는 거의 그곳에 있지 않다. 〈시합 보러 가기〉 같은 로리 작품의 전시물들에서도 우리는 과거와의 유령 같은 만남으로서의 아우라의 교활한, 마술적 전달에 사로 잡혀 있는 회화 앞에 서게 된다. 〈로리 씨를 만나자〉에서 우리는 이 예술가의 삶을 영화로, 탈아우라적으로 보지만 그것은 벤야민의 이미

---

9 벤야민은 보들레르에 관한 노트들에서 "문화를 환등상의 최고의 발달이라는 개념"([2], p. 917)으로 고려할 것을 본인에게 상기시키고 있다.

지 중의 하나를 쫓아내기보다는 뒤집는 것으로, 다시 퍼들이는 것으로 작용하며, 순진한 인물로, 평범한 사람이자 아무것도 아닌 사람으로서의 로리의 삶에 대해 들려준다.10 그의 비평적 비전, 산업적 경관을 삐딱하게 볼 수 있는 능력은 약화된다. 그를 향수어리고 매력적이며 별난 사람으로서 회복시키는 것에 의해 말이다. 오아시스 그리고 '더 로리'의 '꿈의 경관들' 속에 그것들이 다시 애니메이션으로 등장하는 것에도 동일한 운명이 닥친다. 좀비들의 행진으로서, 시뮬레이션되었지만 맞지 않아 삭제된 부분들로서 말이다. 정장 상자를 통해 귀신과 도펠갱어는 문화적 소비의 장면을 괴롭히며 우리에게 제거될 수 없는 우리 시대의 계급의 표시들을 가리키며, 화랑의 표면을 교란하며, 이 센터로부터 관심을 빼돌리며, 화랑의 벽들을 넘어선 샐포드 주민의 삶 속을 향하도록 만든다.

일련의 순간적 마주침 속에서 나는 회화, 뮤직 비디오, 정장 상자, 관람객용 시설 등 '더 로리'의 표면적인 세부사항을 살펴보는 가운데 겉으로는 중요해보이지 않는 또는 쉽게 간과되는 것에 특권을 부여하려고 시도해보았다. 그렇게 하는 가운데 이 센터의 문화적 관람이 연출되고 있는 것과 관련된 어떤 것이 드러나고 있다. 그러한 마주침의 일부는 아우라적이며 일부는 시뮬레이션에 빠지며 다른 것들은 예상치 못하게 성공한다. 벤야민과 보드리야르 사이의 유언의 싸움이 지속적으로 이루어지고 있는 셈이다. 〈캔디 카니발〉에서 변형적 계기는 카메라셔터의 눈 깜짝할 사이의 스냅 속에서 희미하게 빛나며 보이게 된다. 현재는 단지 아주 최근의 과거의 얼굴들에 의해서만 사로잡힌다. 한때 여기 있었지만 그만큼 재빨

---

10 벤야민은 아트제의 사진들은 "이국적이고, 화려하고 낭만적으로 들리는 도시 이름들과 어울리지 않았으며", 따라서 "마치 침몰하는 배로부터 물을 빨아들이듯이 현실로부터 아우라를 빨아들이고 있다"라고 쓰고 있다"(36, p. 518).

리 사라져버린 것을 상기시키면서 말이다. 따라서 로리는 이 문화적 공간 속으로 부드럽게 삽입되지 않는다. 이 건물이 샐포드의 도시 경관 속으로 부드럽게 삽입되지 않듯이 말이다. 어색한 모서리들이 비어져 나오고 있다. 로리의 캔버스들 위의 뼈만 앙상한 팔꿈치와 더러운 무릎처럼 말이다. 환영들이 우리 주의를 끌려고 거칠게 다투고 있는데, 그들의 존재는 균열을 입증하며 문화적 재생의 반들 반들거리는 표면을 교란한다. 그것들이 우리가 그것들에 주목해주기를 바랄 때 말이다. 로리는 벤야민의 '파괴적 성격'이 된다.[36][11] 그의 멜랑콜리적 존재가 '더 로리'에 대한 우리 경험, 그것이 그의 이름으로 상환하고 있다고 주장하는 것 속에 출몰할 뿐만 아니라 그것을 재활성화하고 있다. 21세기의 도시 경관의 일부로서 '더 로리'는 여전히 교란적이며 교란될 수 있다. 그것에 들렸다가 그것을 다시 소유하는 것이 반복 가능한 것이다.

참고문헌

1. Benjamin, W., *Moscow Diary*, Eiland, H.(trans); Harvard University Press: Cambridge, MA, USA, 1986.
2. Benjamin, W., *The Arcades Project*, Eiland, H., McLaughlin, K.(trans); The Belknap Press of Harvard University: Cambridge, MA, USA, 1999; p. 26.
3. Thompson, Z. "Erasing the traces, tracing erasures: Cultural memory and belong-

---

11 벤야민은 이렇게 쓰고 있다. "파괴적 성격은 어떤 지속적인 것도 보지 않는다. 그러나 바로 그러한 이유에서 어디서나 길을 본다. 다른 사람들이 벽이나 산과 부딪치는 곳에서 그는 길을 본다. …… 어디서나 길을 보기 때문에 자신은 항상 교차로에 서 있다. 어떤 순간에도 다음 순간이 무엇을 가져다줄지 알지 못한다. 기왕에 존재하는 것을 그는 산산이 부수는데, 그것은 조각난 파편 자체를 위해서가 아니라 파편 사이를 뚫고 생겨날 길을 위해서이다"([36], p. 542).

ing in Newcastle/Gateshead, UK", in *Walter Benjamin and the Aesthetics of Change*, Pusca, A.(ed); Palgrave MacMillan: Basingstoke, UK, 2010.
4. Hetherington, K., *Capitalism's Eye: Cultural Spaces of the Commodity*, Routledge: London, UK, 2007; p. 65.
5. Winterson, J., "Stick It to the Man", *The Guardian*(15 June 2013) Available online: http//www.guardian.co.uk/(accessed on 16 June 2013).
6. Jury, L., "Undiscovered L. S. Lowry Work Found on the Back of Painting Ahead of Tate Show". *The Independent*(24 June 2013). 온라인으로는 http://www. Independent.co.uk/(accessed on 25 June 2013)에서 찾아볼 수 있다.
7. Darwent, C., "The Matchstick Men Aren't Quite Where Lowry Left Them", *The Independent*(2013년 6월 29일). 온라인으로는 http://www. Independent. co. uk/(accessed on 30 June 2013)을 보라.
8. Jacobson, H., "The Proud Provincial Loneliness of L. S. Lowry", *The Guardian*(26 March 2007). Available online: http://www. guardian.co.uk/(accessed on 13 April 2008).
9. Benjamin, W., *Selected Writings*, volume 4(1938-1940), Eiland, H., Jennings, M. W.(trans); The Belknap Press of Harvard University: Cambridge, MA, USA, 2003.
10. Benjamin, W., *Illuminations*, Pimlico: London, UK, 1999; p. 255.
11. Baudrillard, J., *Simulacra and Simulation*, Glaser, S.(trans); University of Michigan Press: Ann Arbor, MI, USA, 1994.
12. Baudrillard, J., *The Conspiracy of Art: Manifestos, Interviews, Essays*, Lotringer, S.(ed); Hodges, A.(trans); Semiotext(e): New York, NY, USA, 2005.
13. Baudrillard, J., *America*, Turner, C.(trans); Verso: London, UK, 1988.
14. Baudrillard, J., *The Uncollected Baudrillard*, Genosko, G.(ed); Sage: London, UK, 2001.
15. Baudrillard, J., *The Spirit of Terrorism*, Turner, C.(trans); Verso: London, UK, 2002.
16. Myerson, J., *Making The Lowry*. The Lowry Press: Salford, UK, 2000.
17. Andrews, A., *The Life of L. S. Lowry*, Jupiter Books: London, UK, 1977.
18. Levy, M., *The Paintings of L. S . Lowry: Oils and Watercolours*, Jupiter Books: London, UK, 1975.
19. Clelland, D., "Harmonic Scale: Michael Wilford & partners at The Lowry", *Architecture Today*, July 2000, pp. 48~56.
20. The Lowry Website. Available online: http://www.thelowry.com/press-releases 2004/05/29/michael-parkinson-and-ian-mckellen(accessed on 25 June 2013);

시웰은 이렇게 말하고 있다. "여론이라는 유령, 오 하느님, 그로부터 우리를 구해주소서. 만약 여론의 수중에 있다면 내셔널 갤러리는 로리 작품으로 가득 찰 것이다."

21. Spalding, F., *British Art since 1900*, Thames & Hudson: London, UK, 1986.
22. Levy, M., Catalogue Notes. L. S. Lowry RA 1887-1976: [전시], 1976년 11월 4일~14. Royal Academy of Arts: London, UK. Societies 2013, 3 347
23. Benjamin, W., *Selected Writings*, volume 2, part 1(1927-1930), Eiland, H., Jennings, M. W.(trans); The Belknap Press of Harvard University Press: Cambridge, MA, USA, 1999; p. 4.
24. Gilloch, G., *Walter Benjamin: Critical Constellations*, Polity: Cambridge, UK, 2002.
25. Leslie, E., *Walter Benjamin: Overpowering Conformism*, Pluto Press: London, UK, 2000.
26. Rohde, S., *A Private View of L. S. Lowry*, Collins: London, UK, 1979.
27. The Tate. Available online: http://www.tate.org.uk/ whats-on/ tate-britain/exhiition/lowry-andpainting-modern-life/(accessed on 16 September 2013). 테이트 브리튼은 현재 진행 중인 로리 회고전의 일부로 〈종합 계획〉 비디오와의 링크를 하나 운용 중이다.
28. Baudrillard, J., *Art & Artefact*, Zurbrugg, N.(ed); Sage: London, UK, 1997.
29. Baudrillard, J., *Selected Writings*, Poster, M.(ed); Stanford University Press: Stanford, CA, USA, 2001; p. 175.
30. Caygill, H., *Walter Benjamin: The Colour of Experience*, Routledge: London, UK, 1998.
31. Gordon, A., *Ghostly Matters. Haunting and the Sociological Imagination*, University of Minnesota Press: Minneapolis, MN, USA, 1997.
32. Derrida, J., *Specters of Marx: The State of the Debt, the Work of Mourning, and the New International*, Kamuf, P.(trans); Routledge: New York, NY, USA/London, UK, 1994.
33. Highmore, B., *Cityscapes: Cultural Readings in the Material and Symbolic City*, Palgrave MacMillan: Basingstoke, UK, 2005.
34. Leslie, E., "Tate Modern: A Sweet Year of Success", *Radical Philosophy*(2001년 9월~10월), pp. 1~5.
35. Salford City Council. Available online: http://www.salford.gov.uk/(accessed on 15 June 2013). 오드잘 이스테이트는 1994년에 실업, 10대 임신, 사망률과 관련해 영국에서 전국 평균을 넘는 가장 가난하고 가장 궁핍한 지역 중의 하나로 꼽혔다. 지역 정부는 이 지역이 샐포드 케이즈Salford Quays의 개발 — 여기서는 '더 로리'가 핵심 요소이다 — 로 인해 전반적으로 얼마나 큰 혜택을 입었는지를 홍보하는 데 열을 올리고 있다. 이

지역의 이미지가 바뀌게 되었는데, 주택 가격 상승, 아파트 식 주거지와 젊은 전문가들의 요구에 부응하는 주택 건축이 그것을 가장 잘 보여준다. 하지만 샐포드 시의회의 다양한 지역 주민 관련 문서에 상세히 기록되어 있듯이 커다란 불평등이 여전히 존속한다.

36. Benjamin, W., *Selected Writings*, volume 2, part 2(1931-1934), The Belknap Press of Harvard University Press: Cambridge, MA, USA, 1999.

2 화석이 되어

5장

기념물 되기,
윈저 활성화하기

카렌 엥글

원저로 가는 사람은 아무도 없으며
그저 모두가 그곳으로부터 오고 있는 것을 보라([1]). p. xx).

401번 도로에서 온타리오 주의 윈저로 차를 타고 나가면 윈저는 실제 도시처럼 보인다. 도심의 스카이라인이 존재하는 것이다. 빛이 어른거리는 유리로 된 1970년대의 거대한 타워들이 보다 역사적인 다른 마천루들을 왜소해 보이게 만들고 있다. 하지만 본래의 윈저에 들어서게 되면 이 스카이라인이 윈저에 속하지 않는 것을 발견할 것이다. 그곳은 실제로는 또 다른 나라의 강 맞은편에 있다. 디트로이트의 가장자리인 것이다. 하지만 모든 점에서 이 스카이라인은 수십 년 동안 윈저의 경제적 센터로 이용되어 왔다. 윈저에서 디트로이트는 보이기는 하지만 당신이 있는 곳은 아니다. 현실의 도심, 현실에 있는 것처럼 보이는 도심은 강 건너에 있다. 엄밀히 말하자면 캐나다에서는 윈저가 유일하게 미국보다 남쪽에 있는 지리학적 지점이다. 윈저에서 디트로이트를 볼 때는 북쪽을 보고 있는 셈이다.

윈저는 임시적인 것이 되기로 되어 있었다. 휴게소 말이다. 결국 윈저는 국경 도시이다. 사람들은 가기 위해 들어온다. 내가 대학교에 고용되어 있던 1년 동안 3명의 다른 여성 또한 고용되어 있었다. 그들은 여러 계획과 프로젝트에 몰두해 있었다. 그중 어떤 것도 이곳에 머무는 것은 포함하고 있지 않았다. 지금 그들은 모두 떠났는데, 살고 싶어 했던 곳에서 다른 직업을 구하는데 보다 성공적이었던 셈이다. 2년 전에 떠난 4번째 동료는 빨간색 플라스틱으로 된 마노 코르누토mano cornuto를 주고 갔다. 말로키오, 즉 악마의 눈으로부터 사람을 지켜준다는 악마의 뿔을 말이다. 그녀는 나를 지그시 보더니 "카렌, 이곳에서 죽지 않을 거라고 약속해줘. 그냥 여기서는 죽지 마"라고 말했다. 나는 나의 새로운 빨간색 뿔을 달고 그녀에게 약속했다. 하지만 이곳을 떠날 계획 — 실현 가능성이 희박하며 이따금씩 깜박깜박할 뿐이다 — 을 열거하며 허세로, 거짓 자신감으로 그러한 계획을 진하게 할 때 내 안에 있는 불안감의 섬유들이 깨어나 불이 붙는다. '넌 이곳에서 죽을 것이다, 넌 이곳에서 죽을 것이다, 넌 이곳에서 죽을 것이다, 넌 이곳에서 죽을 것이다. ……'

나는 7년째 디트로이트의 강 건너에 살고 있다. 7년 동안 나는 더럽고 빈털터리인데다 공장이 빠져나가 실업이 계속 전국 순위의 상위권에 드는 이 도시를 떠나려고 시도했지만 실패했다. 이곳에 내 자리는 없다고 확신한 나는 떠나기 위해 주변을 정리하기 전까지는 도시 위를 떠돌며 일종의 정지 상태의 탱크stasis chamber 안에서 맴돌려고 시도했다. 하지만 몸은 탱크 안에 멈추어 있다. 스콧Ridley Scott 감독의 〈에어리언〉의 수면 캡슐에서 존재는 벌거벗은 삶으로 축소된다.[2] 초수면 상태hypersleep에 있는 승무원들의 몸은 모니터링을 요구하는 단순한 체계가 된다. 모든 자급 능력과 모든 인지적 기능을 잃는다. 배, 즉 노스트로모가 생명의 원천이 되며, 캡슐은 힘을 잠자고 있는 고기 속으로 전달하며, 그리하여 신경계를 창조하는데 거기서 인간의 몸은 훨씬 더 큰 기계의 네트워크 속의 말단이 된다.

초수면 상태에서 몸은 특별함을, 즉 주체성, 주체적 행위자, 특이성 등 여러 저자가 다양한 방식으로 이름 붙여온 저 특수한 특징을 잃는다. 나는 이 유동하는 캡슐 속에서 기본적인 기관의 기능만 남기고 모두 발가벗겨지며, 불침투적으로 되기 위한 즉 이 장소에 의해 손이 닿지 않도록 남아 있기 위한 노력 속에서 또한 생각의 흐름을, 상상의 흐름을 붙잡아 왔다. 나의 지적 세계는 짐멜의 대도시처럼 줄어들어왔는데, 거기서는 화폐가 사물들로 하여금 특징을 잃어버리도록 만들며, 사물은 모두 부단히 흐르는 돈의 흐름 속에서 "각자의 비중에 따라 부유하면서 동일한 수준에 놓이게 된다"([3], p. 330). 나-임을 왔다 갔다 하는 사이에 나는 점점 더 따분함을 느낀다. 내 뱃속에는 영구적인 조바심이 들어 있었다. 그것은 〈윈저의 웅웅거리는 소리Windsor Hum〉, 즉 지하에서 일정한 사이클로 웅웅거리는 신비로운 저주파 같은 낮은 수준의 진동이었다.[1] 연구자들은 '웅웅거리는' 이 소리는 디트로이트 강의 미국 쪽의 산업화된 반도인 저 그 아일랜드Zug Island에 미철강회사 제철소를 다시 연 데서 나는 것이라고 생각하고 있다.[2] 〈윈저의 웅웅거리는 소리〉는 사물들의 본질적 합리성 속에서의 체계의 연결성과 위태위태함에 대한 교훈을 제공해준다. 토식

---

1 이와 동일한 웅웅거리는 소리가 전 세계의 다른 도시들에서도 감지되어 왔다.
2 〈윈저의 웅웅거리는 소리〉의 오디오 샘플에 대해서는 [4]를 보라.

이 신경계에 매료된 것은 대부분 이 두 가지 특징에서 기인한다. "그것은 우리의 세속적 존재의 물리적 센터폴드, 적어도 그러한 센터폴드가 정말 존재한다는 것을 신뢰하도록 고무하고 그 자체로서 통제, 위계 그리고 지능 등을 시사하지만 다른 한편 으로는 또한 그것이 너무 취약하고, 너무 확고하게 타자적이며 너무나 불안해하는 어떤 것의 중심에 있는 것은 다소 불안하기도 하다"([5], p. 2). 저그 아일랜드는 물속으로, 지하로 충격파를 발송하며, 이제 그것을 듣는 사람들에게 이 파는 사람들의 침대를 달가닥거리며, 그들의 평정을 방해한다.3

이곳에서는 온갖 것이 오간다. 도시는 빈 가게와 '세놓음'이라는 간판으로 가득 차 있다. 호황 중인 앨버타 주의 석유 경제로부터 이사 왔을 때 대학 밖에서 만나는 사람은 누구나 여기서는 모든 사람이 그곳으로 가고 있는데 왜 이곳으로 왔냐고 물었다. 윈저에서 호황을 누리고 있는 것은 스트립 클럽과 바였다. 한때 이곳에는 인구 1명당 캐나다의 어떤 도시에서보다 더 많은 스트립 클럽이 있었다. 디트로이트의 청소년들이 주말이면 파티를 벌이러 국경을 넘어왔는데, 온타리오 주의 음주 연령은 19세이기 때문이다. 하지만 그것은 새로운 여권법이 시행되기 이전 그리고 흡연 금지 이전의 일이다. 지금은 심지어 시내의 바들조차 생명 유지 장치에 기대 연명하고 있다.

여러 해 동안 나는 윈저 같은 장소에 대해서는 글을 쓸 수 없으리라고 생각했다. 그곳에는 대도시적 경험에 기본적인 것으로 짐멜이 묘사하는 '충격 효과shock-effect'가 존재하지 않기 때문이다. 그것은 현실의 도시처럼, 짐멜이나 벤야민을 읽을 때 상상하는 것처럼 와글거리는 대도시처럼

---

3 [6]을 보라.

보이지 않는다. 짐멜에게 도시 거주자는 매일 수백만 개의 창과 같은 자극에 의해 위협받는다. 소리, 사람, 냄새, 기계, 광고의 충격이 그것이다. 살아남기 위해 대도시 거주자는 외부에 의해 압도될 위험을 막아내기 위해 힘의 장力場을 세운다. 도시 거주자는 심드렁해진다. 즉 내가 도쿄나 뉴욕과 연관시키는 유형의 세계를 무시하는 데 도사가 된다. 하지만 짐멜이 실제로 묘사하는 세계는 실제로가 아니라 둔감한 거주자의 경험 속에서는 질식당해 있으며 포화도도 낮아져 있다. "사물의 차이들이 지닌 의미나 가치, 나아가 사물 자체를 공허한 것으로 받아들인다. 둔감해진 사람에게 그러한 차이들은 모두 똑같이 침침하고 음울한 색조로 나타나며 다른 것보다 선호할 가치가 있는 것은 아무것도 없게 된다"([3], p. 330). 짐멜에게서 도시는 인구 통계보다는 거주자 속으로의 신경 분포에 의해 규정된다. 도시는 단순히 물리적 구조와 인구의 규모에 의해 규정되는 외적 실체가 아니다. 도시는 자기를 넘어 확대된다. 우리가 도시에 침입하듯이 도시도 우리에게 침입한다. 이제 나는 도시는 동의 없이 뚫고 들어갈 수 있으며, 부유하던 나의 방은 자율적이거나 자급적인 적이 결코 없었음을 깨닫는다. 충격파는 그동안 내내 도시에 구멍을 뚫고 있었으며, 그러는 도중에 나의 연관성들을 다시 쓰고 있었던 것이다.

바르트는 『기호의 제국』에서 도쿄를 묘사하려고 시도한다. 현실의 도시 도쿄가 아니라 그것이 저자에게 미친 엄청나게 충격적인 효과를 말이다. 그와 같은 에세이 모음집의 목적은 어쨌든 해석이 무용하며, 동양에 대한 서구의 수세기에 걸친 글쓰기 활동과 반대로 차이가 환원 불가능하게 남아 있는 상황을 추적하고, 그 결과 상징적인 것의 체계를 교란하는데 있다. 일본은 해독해야 할 암호가 아니라 "상징적인 것의 틈"([7], p. 4)으로 이어져 있는 어떤 것이다. 그러한 반해석학적 글쓰기가 미치는 충격은 지진에 가깝다. "지식이나 주체를 …… 동요하도록 만든다"([7], p. 4). 도쿄의 중심적인 핵심이 핵심적인 사례를 제공해준다. 바르트의 저자에게 서구 도시의 전통적인 동심원적 조직은 중심을 현존과 결합시키는 유구한 철학적 전통으로부터 나온 것이다.

모든 중앙은 진리의 자리가 되어야 한다는 서양 형이상학에 따라 우리 도시의 중심부는 늘 꽉 차 있다. 이 중심부는 눈에 잘 띄는 장소이며 문명의 가치가 집중되고 응축되어 있는 곳이다. …… 시내로 간다거나 도시 중앙부로 나간다는 것은 사회적 진리를 접하고 자랑스러운 충만의 실체에 참가한다는 뜻이다([7], p. 30).

그와 반대로 도쿄는 천황의 황궁, 즉 보는 눈뿐만 아니라 물리적인 모든 접근으로부터 차단된 사저를 중심으로 구조화되어 있다. 그곳은 보이지 않는 중심으로, 구조적으로 가장 공적인 장소들 속으로 깊숙이 붙박이처럼 집어넣어진 사적 공간이다. 예이츠 말을 상기시키듯 이 배치에서 중심은 유지될 수 없다.[4]

현대 사회에서 가장 강력한 두 도시 중의 하나가 이렇듯 성벽과 시냇물, 지붕 그리고 나무로 이루어진 불투명한 원을 중심으로 만들어져 있다. 그것의 중앙부는 하나의 사라진 개념에 불과하다. 그것은 권력을 사방에 퍼트리기 위해 존재하는 것이 아니다. 그보다는 오히려 도시 전체의 움직임이 중앙을 텅 빈 상태로 유지하기 위해 존재한다. 그러기에 주행하는 차들은 끊임없이

---

4 「재림The Second Coming」을 보라.

돌아가야만 한다. 이런 식으로 상상력의 세계도 하나의 텅 빈 주제를 따라 돌아가기도 하고 다시 되돌아오기도 하면서 둥글게 퍼져나간다([7], p. 32).

서구의 중심은 상업 활동을 통해 생명을 맥박 치게 하는 반면 도쿄의 신경계는 역부족이다. 원저의 호텔 방들에 비치된 안내서는 여행객에게 도시 밖의 행선지를 들먹인다. 이 도시는 떠나야 할 곳으로 자기를 광고하고 있는 셈이다.

『기호의 제국』은 사회학 또는 정치경제학 저작이 아니다. 바르트는 그가 제시하는 소재를 아카데미에 관습적인 방식으로 연구하지 않았다. 일본은 인류학적 대상이 아니기 때문이다. 그는 실제로 이 텍스트를 통해 자기를 대상화하고 있다고 주장하며 이 경험을 사진술의 용어로 묘사한다. "나는 어떤 의미에서든지 일본을 '사진 찍으려' 해본 적이 없다. 오히려 그와는 정반대이다. 일본은 나에게 많은 섬광을 제공했다. 다시 말하자면 나에게 글을 쓸 수 있는 상황을 마련해주었다"([7], p. 4). 여기서는 글쓰기와 플래시의 정지 화면freeze-frame이 동일한 것이며, 각각은 한 장면을 따로 떼어내 다른 사람들이 보도록 잉크를 이용하던 아니면 필름을 이용하던 틀에 넣는다. 하지만 주체와 대상은 단순히 전도되지 않는다. 일본, 또는 일본은 선禪의 나라, 우아한 나라, 완전한 대타자의 나라라는 생각은 대상화되기 때문이다. 비록 그것이 독자를 벗어나 체계적 구분을 거부하지만 말이다. 주체와 대상은 용어로서는 초점이 맞추어지고 또 초점을 벗어나는 것처럼 보인다. 망자를 위해 텅 비어져 남겨지는 것이 아니라 다 타버리기 직전의 형광처럼 분명히 깜빡거리고 윙윙거리면서 말이다. 그처럼 깜빡거리는 것이 바르트의 저자가 정신을 번쩍 들게 하고 정신이 나가게 만든다. 그는 죽은 다음 돌아가며 빛과 평화 그리고 또 다른 존재양식에 대해 이야기하는 병원의 환자와 같은 환영을 갖고 있다.

하지만 이 모든 것은 계몽주의의 예절바른 아이에게는 그저 헛소리처럼 들릴 것이다. 그리고 만약 계몽주의의 예절바른 아이가 아니었다면 나는 아무것도 아니다. 바르트의 저자가 이 세계의 언어를 이용해 이질적인 꿈의 세계를 묘사하려고 시도하듯이 나는 읽고, 둘로 찢어진다. 한편으로는 이 다른 세계의 아름다움과 텅 비어 있음에 의해 유혹되는 나는 동시에 그러한 유혹에 의해 불안해지는 것이다. 따라서 저 오래된 프로이트의 포르트/다 놀이처럼 바르트의 텍스트에 대한 몰입과 의심 사이를 왔다 갔다 하며 존재하지 않는다고 이미 내가 들었던 의미를 찾는다. 물러서서 내가 왔다 갔다 하는 것(우리는 많은 격자화 중의 첫 번째 격자화 속에 빠지고 있는 중이다)을 보던 나는 갑자기 바르트의 저자가 날랜 손재주를 통해 나를 심상-지리적 여행객으로 바꿔놓았음을 깨달았다. 이성 속을 들락거리며 움직이면서 나 자신의 현존의 형이상학을 왔다 갔다 하던 나는 바르트의 『기호의 제국』이 어떻게 나의 사유 체계를 단락시키고, 정신이 번쩍 들게 해 원저를 다른 식으로 바라보게 만들었는지를 보게 되었다. 다시 말해 원저는 나의 『기호의 제국』이다. 그것은 나를 그것에 흠뻑 빠지고 모든 것을 흐트러진 채 놔둠으로써 내게 "글을 쓸 수 있는 상황"([7], p. 4)을 마련해주었다. 갑자기 도쿄가 디트로이트보다 훨씬 더 가까이 다가왔다.

거쳐 지나가도록 만들어진 장소에 처박혀 있는 것에는 신경을 거스르는 무엇인가가 있다. 벌레 먹은 구멍처럼 오직 외부 자체만 가리킬 수 있는 장소 말이다. 디트로이트 강 밑의 터널에서 교통이 정체되면서 물이 새는 이 지하 세계에서 억지로 서 있어야 하는 처지가 되었을 때 그것을 가장 강렬하게 느낀다. 감금으로서의 변비인 셈이다. 즉 볼 수 있는 데까지, 앞과 뒤에서 차들은 혼잡한 채 한 나라에서 다른 나라로의 통과를 기다리고 있다. 이 터널이 머리 위로 흐르는 저 물의 무게를 못 견디고 무너지려면 얼마나 더 있어야 할까? 그것이 무너졌을 때 만약 내가 디트로이트 쪽에 있다면 캐나다인들은 나를 무시할까? 나는 반복해서 이 터널로 내려가는 것과 같은 길을 따라 윈저로 이사를 갔다. 나올 수 있으리라고 믿으며 말이다. 대신 교통이 다시 움직이기 시작할 때 내가 보는 모든 것이라고는 그저 더 많은 국경 경비대원뿐이다.

바르트는 도쿄의 상황을 틈fissure이라고 부르는데, 나는 그가 신체와 관련된 용어로 생각하고 있을지 아니면 그저 실존적 용어로 생각하고 있을지 궁금하다. 물론 '틈'은 찢어진 곳을 가리키지만 의학에서 틈은 몸의 열개裂開, 열구裂溝이다. 뇌 속에 있는 브로카의 틈처럼 자연적으로 생기는 것도 존재하지만 틈은 또한 상처나 근육의 긴장의 연장에 의해 생기는 비정상적인 것일 수도 있다. 후자의 범주는 체계의 건강을 포함하며 고통, 출혈, 감염을 초래한다. 틈은 이빨에서 폐, 항문에 이르기까지 어디서나 나타날 수 있으며 급속히 퍼지는 것은 고통을 준다. 만약 일본이 "상징적인 것의 틈 자체를 위해" 열려 있는 어떤 것이라면 그것은 언어 체계가 쪼개어져 있음을 의미한다. 물론 바르트의 저자는 여러 유형의 이론이 오래 전부터 언어학적 전환이라고 명명해온 것, 즉 언어는 일직선적이지도 또 투명하지도 또 일관되지도 않다는 인식을 언급하고 있는 것이다. 많은 저술가가 또한 서구의 상징계의 폭력성과 함께 상처를 입힐 수 있는 언어의 능력에 대해 지적해왔다. 하지만 바르트의 틈의 물질성이 내게 특이한 것으로 깊은 인상을 주는 것은 인과 관계가 불확실하기 때문이다. 그것은 자연적 틈, 즉 체계 자체에 끼워 넣어져 있는 열구裂溝일까 아니면 우연히 또는 감염에 의해 째진 틈일까? 만약 양쪽 다라면 어떨까? 빨간 피가 나며 고름이 흘러나오며 고칠 수 없는 자연적 틈이라면 말이다.

디트로이트는 지난 10년 동안 초신성 단계를 지나 모든 것이 말끔히 추출당한 채 일련의 죽음을 상징하게 되었다. 그것은 궁극적인 유령의 도시로 출현해 도산중인 미국의 자동차 산업의 그라운드 제로뿐만 아니라 미국의 세기의 종말의 상징을 대표하게 될 정도로 너무나 뚜렷한 도시의 몰락의 장소 모두를 차지하게 되었다. 지난 몇 년 동안 기자들, 예술가들, 그리고 점점 더 학자들은 디트로이트에서 벌어지고 있는 일을 기록해야 할 필요성을 느끼고 있다.5 일상적 폭력, 가난, 인종주의, 도시의 어두운 그림자 이야기에 덧붙여 또한 생존과 희망의 이야기가 존재한다. 예컨대 도시농업 발기 단체, 예술 집단이 현재 모종의 미래가 이 도시에서 잉태되고 있음을 암시하는 징조를 드러내고 있다. 비버들이 이 지역으로 돌아오고 있는 것은 교대로 삶이 그곳에 돌아오고 있다는, 그리고 삶이 그곳에서 죽어가고 있다는 증거로 볼 수 있을 것이다. 디트로이트는 유령 이야기를 위한 완벽한 배경처럼 보인다.

캐나다의 끄트머리에 겨우 서서 강 건너 북쪽을 쳐다보면서 나는 유령의 그림자 속에 서 있다. 그곳으로부터 나는 기자들과 예술가들이 맹금류처럼 시신을 부리로 쪼고 있는 모습을 본다. 디트로이트는 공짜로 따먹기에는 지금이 딱 맞는다는 말을 원로학자 한둘에게서 들은 것이 아니다. 원한다면 한몫 단단히 잡고도 남을 것이다. 하지만 그곳으로 건너뛰는 것에 대해서는 겁이 난다. 국경 경비대원들이 강을 순찰하며, 어쨌든 그곳의 물속에 무엇이 있을지 누가 알까. 나는 '점프'하는 것에 대한 라투르의 경고에 대해, 그리고 타우식이 말하는 신경계에서의 연결선들에 대해 계

---

5 예를 들어 [9-14]를 보라.

속 생각 중이다.6 더욱이 나는 "'진보' 개념의 극복과 '쇠망의 시대'라는 개념의 극복은 동일한 사항의 양면일 뿐"([16], p. 460)이라는 벤야민의 주장을 기억하고 있다. 몰락과 재탄생은 누구나 일반적인 용어로 한마디씩 하기 쉬운 용어이지만 종말론과 부활은 마술적 추상화들이다. 그것들은 윈저의 여름의 반딧불처럼 계속 나를 빠져나가기 때문에 좀 더 자세히 살펴보기 위해 그것들을 붙잡을 수가 없다. 나는 만약 내가 신화화하고 알레고리화하는 것에 빠지는 것을 피하고 싶다면 디트로이트를 볼 수 있는 유일한 이유는 내가 윈저에 살기 때문임을 인정하는 것에서부터 시작해야 한다는 것을 계속 생각하고 있다. 즉 내가 남쪽을 볼 때 디트로이트가 보는 장소, 내가 떠나기를 꿈꾸는 장소 말이다. 다만 패배해서 그렇게 되지는 않기를 바랄 뿐인 장소 말이다.

윈저의 도심에서 1950년대 이후의 건축적 통속성은 이 나라를 가로질러 있는 모든 작은 타운에서 발견할 수 있는 역사적인 은행 건물들과 나란히 놓여 있다. 빛이 어른거리는 유리와 강철로 된 우뚝 솟은 빌딩군이나 약동하는 도심 같은 것은 찾아볼 수 없다. 윈저의 메인 스트리트인 올레트Ouellette 애비뉴의 가장 높은 곳에 앉아 있으면 강을 가로 질러 페놉스코트, 피셔, 가디언, 완 디트로이트 센터 빌딩 쪽에 14층짜리 뱅크 어브 커머스와 14층짜리 크라이슬러 빌딩이 보인다. 대단한 장관이다. 사람들은 그것들을 보기 위해 이곳 시내로 내려오는 것이다. 나는 다른 날과 마찬가지로 앞서 말한 장면을 사진으로 찍기 위해 강기슭으로 내려가며,

---

6 라투르는 지역적인 것/글로벌한 것이라는 틀에 대한 비판에서 이렇게 쓰고 있다. "어떤 지역적 장소를 보다 큰 틀 '안'에 넣으려면 어쩔 수 없이 '점프'를 해야 한다. 그러면 둘러싸는 것과 둘러싸여지는 것 사이에, 보다 지역적인 것과 보다 글로벌한 것 사이에 입을 크게 벌린 틈이 생긴다. 만약 찢어놓는 것 또는 뜯어놓는 것을 금지하고 오직 구부리는 것, 늘리는 것, 압착하는 것만 허용한다면 어떤 일이 일어날까?"

그리하여 디트로이트의 스카이라인에 대한 나의 기억이 맞다는 것을 확인할 수 있다. 강의 가장자리로 이어진 콘크리트길을 걸어 내려가다가 바로 내 뒤에서 엔진소리를 듣는다. 뒤돌아보니 채 5피트밖에 떨어지지 않은 곳에서 황금색의 알파 로메오가 엔진을 공회전시키고 있는 것을 볼 수 있었다.

고전적인 줄리에타 스프린트Giulietta Sprint 사 제품으로, 바람막이 창에서는 햇빛이 눈부시게 빛나고, 팽팽하게 숨을 죽이고 있는 강철이 무엇인가에 달려들 기세를 하고 있다. 내가 옆으로 비키자 그것은 자전거 길과 보행자 통로 사이로 미끄러져 들어가 출력을 낮추었다. 번호판을 보니 플로리다에서 온 차였으며, 내부에서 모습을 나타낸 커플도 마찬가지였다. 운전사는 강 건너의 '렌 센터', GM 본사. 공식명은 르네상스 센터 앞에 있는 것처럼 자기와 아내 사진을 찍어달라며 차가 가운데 나오도록 해달라고 부탁했다. 여자의 선글라스는 핑크색으로 테두리가 되어 있었으며, 태양은 바람막이 창에서처럼 두 사람에게 부딪혀 튀어나오고 있었다. 그들의 다음 행선지는 캘리포니아로 알파 로메오 대회에 참석하려고 하는데, 대회에 참석하려면 이 사진이 필요하다는 것이었다. 그들에게 디트로이트가 필요한 것은 줄리에타의 반짝반짝 빛나는 몸체를 위한 배경으로서였다. 나는 파인더를 살펴보며, 최초의 '미래파 선언'에 나오는 금속으로 만든 인간 — 자동차처럼 빠르고 매끈하다 — 에 대한 마리네티F. T. Marinetti의 상상에 대해 생각해보았다.[17] 나는 마리네티가 도서관과 역사와 여성의 죽음을 선언하며 전쟁을 '세계의 유일한 위생학'으로 찬양하는 동안 이 차-몸이 밤을 뚫고 냅다 내달리는 모습을 생각해보았다. 나는 파인더를 살펴보며 한 남자와 여자를 그리고 자동차와의 관계에 의해 시달리는 도시를 배경으로 차가 한 대 서 있는 모습을 보았다. 나는 마리네티가 디트로이트 또한 깡그리 태워버릴지 궁금했다. 셔터가 찰칵하는 소리를 들으며 나는 디트로이트가 기념물이 되는 것을 보았다. 사진을 위한 완벽한 배경인 것이다.

무질Robert Musil이 지적하는 대로 기념물은 이상한 대상이다. 사람들이 보도록 공공장소에 세워지는 그것의 운명은 역설적이지만 보이지 않는 성격의 것이라는 데 있다. "기념물이라고 불러야 할지 아니면 추념물이라고 불러야 할지를 결코 모른다는 사실을 제외하면 기념물은 다른 모든 종류의 특징을 갖고 있다. 그중 가장 두드러진 특징은 약간 모순적이다. 즉 기념물은 너무 두드러지게 눈에 띄지 않는다는 것이다. 기념물만큼 보이지 않는 것도 이 세상에 없을 것이다"([18], p. 64). 기묘하게도 무질은 기념물을 주의를 물리치기 위한 특수한 실체로 가득 채우고 있다. 기념물을 인정하기를 거부하는 것은 통행인이 아니며 관찰을 거부하는 것은 기념물이다.

의문의 여지없이 기념물은 보여지기 위해 세워져왔다. 심지어 주의를 끌기 위해서 말이다. 하지만 동시에 주의를 막는 어떤 것이 그것에 잔뜩 스며들어 있다. 방수포 위의 물방울처럼 주의는 한순간도 멈추지 않고 그것에 흘러내린다. 우리가 그것을 주목하지 않는다고 말할 수는 없다. 그것이 우리의 주목을 피한다고 말해야 할 것이다. ……([18], p. 64)

우리는 디트로이트가 우리가 좋아하는 것은 무엇이든지 상징하도록 만들고, 무엇인가를 기념하는 기념물이 항상 맥락에서 벗어난 곳에 위치하는 방식으로 역사로부터 디트로이트를 분리시킬 수 있을 것이다. 도시는 그저 거기 서 있을 뿐이다. 자기를 이 모든 주의로부터 막아주는 일종의 힘의 장 속에 둘러싸인 채 디트로이트는 우리를 무시하고 있다.

나는 카메라를 돌려주고 올레트의 가장 높은 곳으로 다시 걸어 올라가기 시작했다. 윈저에서 사람들은 프랑스어를 안 보이게 하는 방식으로 예를 들어 피에르 가Pierre Street를 피어Peeree로, 랑글루아Langlois를 랭글로이Langloy로, 펠리시에Pelissier를 펠리셔Pelisher로 발음하는 것과 동일한 방식으로 이곳을 오-렛이라고 부른다. 줄리에타가 나를 지나 캘리포니아로 출발하자 나는 강 건너를 보았을 때 디트로이트는 무엇을 보았을까가 궁금해졌다. 나는 디트로이트를 찍은 것과 동일한 장소에서, 즉 울레트의 가장 높은 곳에서 윈저의 사진을 몇 장 찍기로 결정했다. 태양은 눈을 뜰 수 없을 정도였으며, 나는 사진을 보기 위해 햇빛 밖으로 나와야 했다. 집으로 돌아온 나는 컴퓨터 화면에서 이미지 로드를 보았다. 갑자기 알겠다는 느낌이 들었다. 크라이슬러 빌딩과 뱅크 어브 커머스는 상호 영구적인 대결 자세로 고정되어 있다. 이 둘 사이의 공간에 가로등 기둥이 하나 찔러 넣어져 있었다(〈그림 1〉).

〈그림 1〉 기념비적인 윈저

이 장면은 나를 훨씬 더 이전의 대결로, 즉 1937년의 파리 만국박람회에서의 독일과 소련의 기념물 사이의 대결로 다시 데려다주었다(〈그림 2〉). 이 두 강대국 사이에 동부전선에서 최후의 결전이 벌어지기 2년 전에, 파리가 점령군에 의해 말 그대로 접수되기 3년 전에 개최된 이 박람회 사진은 데리다를 평생 사로잡은 전미래, 즉 되어 있을 것의 기미를 위한 전장을 세워준다.[19] 독일관 건축 책임자 슈페어Albert Speer는 자기 디자인을, 공산당 권력에 대한 이오판Boris Iofan과 무히나Vera Mukhina의 소비에트적 재현에 맞선 시각적 봉쇄로 간주했다.7 이 두 일괴암一塊巖의 그늘에 위치한 소규모의 스페인관은 파시즘에 맞서 역사상 최초로 피카소의 〈게르니카〉를 전시하고 있었다.

〈그림 2〉 1937년의 에펠탑

비록 규모는 다르지만 에펠탑이 내 사진 속의 가로등 기둥으로 되돌아오며 파리가 원저 속으로 스멀스멀 기어들고 있다. 벤야민은 『베를린 연대기』에서 사진술에 독특한 용어로 기억의 충격을 묘사하고 있다. 몇 년을 보낸 방을 잊어버릴 수 있도록 해주는 기이한 현상에 대해 관찰하면서 벤야민은 이렇게 쓰고 있다.

그러던 어느 날 마치 마그네슘 분말에 불을 붙이기라도 한 듯 어디선가 빛이 생기면서 순간촬영의 이미지로 감광판에 공간이 찍힌다. 이렇게 생기는 비범한 이미지의 중심에는 언제나 우리 자신이 있다. 그것은 이상한 것이 아니다. 왜냐하면 갑작스럽게 빛에 노출되는 순간은 곧 우리가 자기 울타리

---

7 무히나가 조각품 〈노동자와 콜호즈 여성〉을 디자인했는데, 그것이 이오판의 전시관 위에 세워져 있었다.

를 벗어나는 순간이기도 하기 때문이다. 우리의 깨어 있는, 익숙한, 대낮의 자아는 행동 속에서 혹은 고통 속에서 사건에 개입하고 있는 동안 우리의 심층적 자아는 다른 장소에 자리 잡고 있다가 마치 성냥불에 불붙는 마그네슘 분말처럼 쇼크에 강타당한다([20] pp. 632~633).

나는 몇 년 동안 올레트의 가장 높은 곳에서 지나가며 이 건문들을 오직 "관습의 장막"([20] pp. 632)을 통해서만 경험해왔다. 이제 원저 속에서 파리를 보며 나는 나와 관련해 영원히 잃어버렸다고 생각했던 버전으로 다시 옮겨지게 되었다. 대학원생이었을 때 나는 파리 사진을 보며 몇 년을 보냈다. 대학의 학과들의 지배와 학부 구성원들 간에 한패를 먹고 벌이는 전쟁을 느끼기 전의 일이었다. 나의 전문 연구 맥락에는 부적절해 보였기 때문에 나의 생명줄, 즉 바타이유, 벤야민, 데리다, 프로이트, 크리스테바를 포기하기 전에, 저자의 구역이 주거를 정하기 전에 말이다.

처음 취직해 동쪽으로의 이사를 준비할 때 나의 남자친구는 디트로이트에 대한 안내책자를 찾아보았다. 아무것도 없었다. 마침내 그는 2003년의 『미국 가기 *Let's Go USA*』에서 이 도시를 다루고 있는 몇 페이지를 찾아냈다. 거기서 권하고 있는 짧은 여행 중의 하나로 강을 건너 원저에 다녀오는 것이 있었다. 결국 디트로이트 또한 떠나기 위한 곳인 셈이다. 책에서 인용해보자.

문화적 하이라이트, 자연의 매력, 생기 넘치는 밤의 유흥을 하나로 결합시키고 있는 원저는 여행객에게 강 건너편의 산업 도시에 대한 대안을 제공한다. 야외 카페, 가로수로 가득 찬 거리, 활발한 쇼핑은 원저에 쾌적한 유럽적 느낌을 주고 있다"([22], p. 539).

당시 나는 저자가 도대체 원저를, 또는 이 문제라면 유럽을 방문해보기는 한 것인가 하는 의구심이 들었다. 하지만 지금 나는 에펠탑이 올레트의 가장 높은 곳에 출몰하는 것을 보고 있으며, 벤야민이 이제 막 모퉁이를 돈 다음 펠리셔 쪽으로 걸어 올라가 어떤 스트립 클럽에 들어갈지를 결정하려고 하고 있을지도 모른다는 생각을 하고 있다.

슈페어와 이오판 그리고 보이지 않는 스페인관은 내게 제집 같이 편안한 느낌을 가져다준다. 오-레O-let들과 피어즈Peerees들이 있는 원저의 낯선 공간에서 나는 이전 버전의 나와의 연결선을 갑자기 움켜잡는다. 벤야민은 역사를 상상력이 풍부한 용어로 파악한다. 그가 변증법을 정지로 규정하는 것은 유명한데, 그것은 이미지를 "과거에 있었던 것이 지금과 섬광처럼 만나 하나의 성좌를 만드는 것"([16] pp. 462)으로 규정한다. 성좌는 새로운 유형의 사유와 새로운 양식의 지각을 개시한다. 그것이 글쓰기를 가능하게 한다. 파리가 원저 속으로 스며들 듯이 불가사의한 것이 활성화된다.

참고문헌

1. Brandt, D., *Now You Care*; Coach House Books: Toronto, Canada, 2003.
2. Scott, R., Dir. 〈Alien〉[film]; Brandywine Productions: Salt Lake City, UT, USA, 1979.
3. Simmel, G., *On Individuality and Social Forms; Selected Writings*; University of Chicago Press: Chicago, IL, USA, 1971.
4. Windsor Hum., Available online: http://www.youtube.com/watch?v=tPDILKQjJW8 (accessed on 10 November 2013).
5. Taussig, M., *The Nervous System*; Routledge: New York, NY, USA, 1992.

6. 그로스Gary Grosse는 〈윈저의 웅웅거리는 소리〉를 멈추게 하려고 수천 시간을 썼다. Available online: http://news.nationalpost.com/2013/01/21/resident-devoted-thousands-of-hours-to-stoppingmysterious-windsor-hum-that-is-loud-enough-to-drive-you-insane/(accessed on 10 November 2013).
7. Barthes, R., *Empire of Signs*; Hill and Wang: New York, NY, USA, 1982.
8. Yeats, W. B., *Collected Poems*; W. B. Yeats; Collector's Library: London, UK, 2010.
9. Binelli, M., *Detroit City is the Place to Be: The Afterlife of an American Metropolis*; Metropolitan Books: New York, NY, USA, 2012.
8 2012년에 디트로이트를 대상으로 한 최초의 여행안내서가 발간되었다: [21] *Societies* 2013, 3 490.
10. Herron, J., *Afterculture: Detroit and the Humiliation of History*; Wayne State University Press Detroit, MI, USA, 1995.
11. LeDuff, C., *Detroit: An American Autopsy*; Penguin: New York, NY, USA, 2013.
12 Solnit, R., "Detroit Arcadia: Exploring the Post-American Landscape", *Harper's Magazine* 2007, 315, 65~73.
13. Marchand, Y.; Meffre, R., Yves Marchand and Romain Meffre Photography: The Ruins of Detroit. Available online: http://www.marchandmeffre.com/detroit/(accessed on 15 November 2013).
14. Boileau, L., Fabulous Ruins of Detroit. Available online: http://detroityes.com/fabulous-ruins-ofdetroit/home.php(accessed on 15 November 2013).
15. Latour, B., *Reassembling the Social: An Introduction to Actor-Network Theory*; Oxford University Press: Oxford, UK, New York, NY, USA, 2005.
16. Benjamin, W., *The Arcades Project*; Harvard University Press: Cambridge, MA, USA, 1999.
17. Wood, P.(ed), *Art in Theory*; Blackwell: Malden, MA, USA, 2003.
18. Musil, R., *Posthumous Papers of a Living Author*; Archipelago Books: Brooklyn, NY, USA, St. Paul, MN, USA, 2006.
19. Derrida, J., *Of Grammatology*; Johns Hopkins University Press: Baltimore, MY, USA, 1976.
20. Benjamin, W., *Selected Writings*, volume 2, part 2(1931~1934), Jennings, M., Smith, G., Eiland, H.(eds), Harvard University Press: Cambridge, MA, USA, 2005.
21. Linn, A., Linn, E., Linn, R.(eds), *Belle Isle to 8 Mile: An Insider's Guide to Detroit*; Detroit, MI, USA, 2012.
22. Farrell, B., *USA 2003: Including Coverage of Canada*; St. Martin's Press: New York, NY, USA, 2003.

6장

뉴욕, 20세기의 수도:
벤야민의 삶과 죽음

데이비드 키식

갑자기 무엇인가가 달려들더니 덜커덕덜커덕 거렸는데 선로들은 반사광으로 빛나고 있었다. 기차가 들어왔지만 반대 방향으로 가고 있었다. 맨해튼, 또는 어디가 되었건, 그로부터 승객을 싣고 온 것이었다. 비록 도착한 기차는 그의 기차가 아니었지만 그것은 얼마간 위안을 주었다. 왜냐하면 만약 기차들이 맨해튼으로부터 오고 있다면 또한 맨해튼으로 가고 있을 것이기 때문이다. 그레인의 마음속에서 그것은 악령은 신의 존재를 증언한다는 카발라적 가르침과 연결되었다. 만약 왼쪽 또는 어두운 면이 존재한다면 또한 오른쪽 또는 밝은 면이 존재할 것이 틀림없다. 한 고독한 승객이 선로 저쪽에서 기차에서 내리며 그레인을 흘깃 보았다. 그의 얼굴은 말없이 이렇게 말하는 것 같았다. 나는 왔는데 당신은 가는군요.
…… 삶이라는 게 그렇지요.
— 싱어, 『허드슨 강의 그림자들 *Shadows on the Hudson*』([1]). 104)

구세계는 어떤 사과도 없이 신세계에 자기 권리를 주장하고 있다. 유령들이 극히 태평스런 태도로 사람들에게 이야기하고 있다. 건망증과 억압이 과거의 유령들에게 패배하고 있다. 싱어의 도시에서 허드슨 강의 유령들이 그처럼 핵심적인 역할을 하게 되는 것은 이 때문이다. 그의 이야기 속에 살고 있는 피와 살을 가진 대부분의 등장인물과 마찬가지로 유령 같은spiritual 등장인물들은 어디인가로부터 온다. 모두 외국인이며, 특히 몸이 없는 사람들이 그렇다. 벼락부자와 파리아들은 현실에서든 상상 속에서든 각자 따로 한패를 이루기를 좋아한다. 뉴욕에서 태어나지 않은 뉴요커의 다수는 역사를 공유하지 않는다. 대신 그들은 지속적으로 처음 인간 모습을 하고 이 땅에 왔을 때, 그들이 뒤에 남기고 온 것을 뒤돌아보고 있다.

나는 42 스트리트 5 애비뉴 구석에 있는 뉴욕공립도서관에서 여러 시간 동안 읽고 쓰는 데 거의 12년을 보냈다. 서서히 내가 벤야민에게, 특히 19세기의 수도인 파리를 연구한 그의 『아케이드 프로젝트』에게 ― 그는 국립도서관에서 나와 거의 비슷한 햇수동안 그것에 공을 들였다 ― 사로잡혀 있었다는 것이 나의 주의를 끌게 되었다. 심지어 20세기의 수도인 뉴욕에 바친 몇 년의 집중적 연구 후에도 이 사람과 그의 미완의 책에 의해 단지 **영감을 얻은** 것 이상의 도움을 받았다는 것을 인정하지 않을 수 없었다.

말할 필요도 없이, 나의 장대한 프로젝트는 아무런 성과도 보지 못하고 있었다. 하지만 어느 날 아침, 찌는 듯한 한여름의 거리를 뚫고 오랫동안 자전거를 타고 온 후 나는 지나치게 에어컨을 틀어놓은 독서실에 자리를 잡았다. 축구장만한 크기의 열람실을 건너다보던 나는 한 노인이 책 한 무더기를 이리저리 뒤섞고 있는 모습을 보았다. 뭔지 모를 이상한 이유에서 나는 자리에서 일어나 좀 더 가까이 다가가기로 결정했다. 이어

내가 벤야민, 내가 쓰려고 몸부림치고 있는 바로 그 책을 마무리하기 위해 작업하고 있는 것처럼 보이는 벤야민의 유령을 보고 있다는 데 생각이 미쳤다. 나는 내 자리로 돌아왔다. 바로 그 순간 나는 벤야민의 『아케이드 프로젝트』의 속편인 내 책을 쓸 필요가 없음을 깨달았다. 내가 해야 했던 것이라곤 그것을 해석하는 것이 전부였다. "결코 쓰여지지 않은 것"([2], 405)을 그저, 불가능할 것 같지만, 말 그대로 "읽는 것"이었다.

 실제로 1920년대 중반에 벤야민은 이렇게 쓰고 있다. "꿈속에서 나는 총으로 목숨을 끊었다. 총알이 발사되었을 때 나는 잠에서 깨어난 것이 아니라 한동안 내가 주검이 되어 누워 있는 것을 보았다. 그런 다음에야 비로소 눈을 떴다"([3], 477). 그러한 정신에 따라 벤야민의 사실적 삶이 끝나는 곳에서 시작되는 나의 이 허구적 또는 가설적 설명을 검토해보자. 포르트부에서 절망적 상황에 처한 벤야민에게는 목숨을 구할 수 있는 방법이 단 하나밖에 없었다. 스페인 의사의 도움으로 자살한 것처럼 꾸민 다음 주인이 나서지 않는 시신을 자기 것과 바꿔치기 하는 것이 그것이었다. 그는 위조된 신분증명서로 리스본에 도착해 뉴욕으로 가는 가장 빠른 배에 오른다. 적잖은 가명으로 이미 에세이를 출판한 이 사람은 카프카의 소설 『아메리카』(원제는 『실종자』이다)의 주인공인 로스만Karl Rossmann에 대한 경의의 표시로 로즈먼Carl Roseman이 된다. 하지만 그는 영어화된 이름에서 운명적인 K를 없앴다는 것에 주목하라.

 유럽에서 뉴욕으로 가는 배에서 만난 한 남자가 42 스트리트 5 애비뉴에 있는 '데일리 뉴스 빌딩'의 우편실에서 일하도록 일자리를 하나 마련해준다. 벤야민은 미국에 살고 있는 많은 국외 추방된 친구(블로흐, 아도르노, 호르크하이머, 크라카우어, 브레히트, 아렌트)를 또는 이 문제에서라면 다른 어느 누구도 만나지 않기로 결심한다. 차용한 신분 아래 완전한 익명성을 보호한 채 그는 저승을 떠도는 삶을 살며 새로운 도시에 사로잡힌 일종의 유령의 위치를 차지하고 있다. 그는 자기의 죽음에 대한 보도들에 대해 이의를 제기하기보다는 이처럼 새로운 고독한 삶, 이 사후적 존재를 개인적 부활인양 받아들인다.

1957년에 적당한 연금을 받고 은퇴한 (로즈먼으로 알려진) 벤야민은 5 애비뉴, 즉 오래된 직장이 있던 스트리트 위에 있는 공공도서관 본관을 빈번하게 드나들기 시작한다. 그의 일상적 연구는 『아케이드 프로젝트』 속편의 작성으로 이어지는데, 그는 그것을 '맨하튼 프로젝트' 또는 '뉴욕, 20세기의 수도'로 부른다. 이 수고는 다음 30년 동안 그가 유일하게 종사한 일로 남을 것이다. 1987년의 비 오는 어느 날, 도서관 건물을 나선 그는 미끄러지는 바람에 큰 계단위로 꺼꾸러진다. 95세가 된 그의 몸은 부상을 견디지 못하고, 병원에 도착하기 전에 (두 번째로) 사망선고를 받는다. 앰뷸런스가 떠난 후 벤야민이 누구인지를 아는 유일한 지인으로 알려진 사서 월드Beatrice Wald가 벤야민이 뒤에 남긴 서류가방을 차지한다. 거기에는 살아남은 논문이 모두 들어 있다.

결국 월드는 '맨해튼 프로젝트' 원고를 공립도서관에 유증하며, 거기서 그것은 '칼 로즈먼 페이퍼즈'로 보관되지만 도대체 어떤 학문적 주목도 끌지 못한다. 우연히 도서관의 목록을 훑어보던 나는 이 원고를 우연히 발견하게 된다. 앞에는 우리가 위에서 말한 전기적 세부사항을 전해주는 (비록 벤야민의 진짜 정체나 중요성을 몰랐지만) 월드의 편지가 붙어 있다. 철저한 조사가 합리적 의심을 넘어 이 텍스트의 진짜 저자가 누구인지를 입증한다.

결국 내가 쓰다만 책은 어떻게 정리하면 좋을지 모를 수백 페이지에 달하는 글을, 축소된 글자체로, 얼마간은 엉터리 영어로 쓰여진 — 새로

발굴된 원고를 포함해 — 글을 이해하기 위한 시도이다. 보다 상세한 전기적 세부사항은 최소한으로 그치고 텍스트 자체로부터의 인용은 벤야민 본인이 수많은 전거로부터 인용하고 있는 것으로 국한될 것이기 때문에 나는 내 책을 순수한 텍스트적 해석 작업으로 간주할 것이다. 분명히 하자면 '맨해튼 프로젝트'는 재생되는 것이 아니라 단지 분석될 뿐이다. 따라서 내 책은 이차문헌 작업으로 이해될 수 있을 것이다. 그것에 두 가지 관찰을 추가할 수 있을 것이다. 먼저 벤야민은 도시 자체를 지속적으로 읽혀지고 해석되어야 하는 책으로 간주한다는 것이다. 두 번째로 도시에 관한 그의 많은 실제의 글은 또한 대도시처럼 구조화되어 있다는 것이다. 길로크가 벤야민의 "도시로서의 텍스트와 텍스트로서의 도시"([4], 182)에 대한 꼼꼼한 분석에서 지적하고 있듯이 말이다.

내 책의 주제는 벤야민이라는 저자와 뉴욕이라고 불리는 도시가 등분하고 있다. 하지만 이 책의 성패 여부는 사상가보다는 장소에의 충실성에 의해 가늠되어야 할 것이다. 그것은 뉴욕에 대해 조금이라도 어떤 가치가 있는 것을 쓴 거의 모든 사람과 마찬가지로 벤야민은 이 도시의 **대필 작가**ghostwriter 지위로 내려가야 한다는 것과 관련되어 있다. 콜 하스Rem Koolhaas의 제안에 따라 우리는 많은 유명 인사처럼 도시는 본인의 삶을 성찰하고 그것을 순서를 잘 잡은 장들에 따라([5], 11) 이야기할 시간도 의지도 능력도 없다고 말할 수 있을 것이다. 도시는 자기의 자서전을 쓸 수 없다. 대신 기꺼이 도시를 위해 그러한 일을 할 다수의 유령 같은 필경사를 고용한다. '맨해튼 프로젝트', 즉 뉴욕을 중심으로 다루고 있는 텍스트의 외견상 무한대로 보이는 묶음들로부터의 인용과 그것에 대한 성찰의 서사시적 몽타주는 분명히 이 프로젝트의 편찬자에게 잘 알려져 있지 않은 동료들 사이에서 상석을 마련해줄 것이다. 그리고 만약 정말로 그러하다면 나는 더 이상 대필 작가의 대필 작가의 대필 작가이지 않게 될 것이다.

이것을 '로즈먼 가설'로 생각해보라. 그리스어로 가설hypothesis[그리스어로 hupo는 '아래'라는 뜻이고 theisis는 '놓다'라는 뜻이다]은 '아래 놓인 것'을 의미한다([6], p. 23). 『아케이드 프로젝트』와 마찬가지로 '맨해튼 프로젝트'는 실제적 장소를 택해 그것을 아래 놓는다. 이 텍스트들은 우리가 살고 있는(놓여 있는) 현실에 관해 진술하는 것처럼 주장하지 않는 것에 의해 이처럼 멋진 묘기를 보여줄 수 있다. 대신 이 텍스트들은 우리가 멍하니 받아들인 현실에서 무슨 일이 벌어지고 있는지를 관찰하는 것을 허용해준다. 일단 텍스트에 들어 있는 생각이 그와 같은 현실 아래 놓이기만 하면 말이다. 아래 놓이는 것은 기둥이나 폭탄으로 기능할 수 있다. 비록 가설 자체는 진리를 직접 주장하지는 않지만 진리는 아래 놓인 또는 숨어 있는 가설에 의존한다. 종종 거짓말을 이용하는 것이 진리를 말하는 최고의 방법이다.

하지만 가설이 할 수 있는 또 다른 중요한 것이 있다. 고대 연극에서 가설이라는 용어는 오늘날 연극이 시작되기 전에 좌석 안내인들이 나누어주는 프로그램 같은 것을 나타냈다. 고전적 가설은 간편한 줄거리 요약을 제공해주었는데, 배경을 묘사하고 배우들을 식별해주고 작품과 극작가에 대한 다양한 관련 정보를 제공한다. '맨해튼 프로젝트'는 또한 이러한 의미에서의 가설로 이해될 수 있을 텐데, 그것은 압축된 형태로 우리 눈앞에서 펼쳐지고 있는 정교한 드라마를 설명하려고 하기 때문이다. 이 특수한 도시에서 뿐만 아니라 제유법에 의해 이 세계의 다른 부분들에서도 말이다. 사실 다른 세기의 다른 세계에 바쳐진 『아케이드 프로젝트』의 이 최신판은 현대(성)에 대한 새로운 이론이다.

벤야민 같은 도시의 철학자는 이상한 종류의 사랑에 의해 마음이 움직인다. 이상한 것은 그것이 첫 번째 사랑이 아니라 "마지막 눈"([7], p. 25)의 사랑이기 때문이다. 그는 이렇게 설명한다.

밤이 찾아오면서 미네르바의 올빼미가 (헤겔과 더불어) 비상하기 시작하고 햇불도 사라진 텅 빈 침대 앞에서 에로스가 (보들레르와 더불어) 옛날의 포옹을 곰곰이 생각하는 것은 같은 역사적 밤에 일어난 일이다([8], p. 347).

향수와 달리 철학은 뉴욕의 권력이 절정일 때의 지배적인 정신에는 이질적인 것이었다. 이처럼 뉴욕에 활력이 넘치며 정점에 있을 때 기자인 리브링A. J. Lieblong은 이렇게 지적했다. "죽지 않은 것은 매우 저속하며, 많은 작가가 뉴욕을 나쁘게 보는 것이 이것이다"([9], p. 270). 하지만 철학자들은 보통은 사자가 아니라 죽어가는 자와 있을 때 가장 편안하게 느낀다는 점에서 다른 작가와 다르다. 대부분의 작가는 아름다운 찬사들을 어떻게 말로 형용하고 간결한 비문은 어떻게 지어야 할지를 아는 반면 철학자들은 임시방편을 제공하고 병약자의 팔뚝을 잡을 때가 최고이다.

본인의 역사의 천사 대신 헤겔의 미네르바의 부엉이를 따르기로 선택한 나의 가짜인 사후의 벤야민은 철학은 쪼글쪼글해지는 삶이 다시 활기를 되찾도록 하기 위한 것이라기보다는 앞뒤가 맞지 않는 삶의 중얼거림을 이해하기 위한 것임을 안다. 마르크스와 달리 그의 주된 관심은 도시를 변혁하는 것보다는 훌륭한 늙은 철학자처럼 도시를 해석하는 것이다. 아마 이것이 그가 『아케이드 프로젝트』로부터 몇 개의 문장을 자기의 최종 작업을 시작할 때 일종의 권리 포기 각서로 베낀 이유를 설명해줄 수 있을 것이다.

그런데 우리가 여기서 말하고 있는 모든 것 중 아무것도 실제로 존재한 적이 없다. 그것들 중 어떤 것도 결코 살아본 적이 없다. 해골이 지금까지 살아본 적이 없는 만큼이나 확실하다. 하지만 오직 인간만은 그렇게 할 수 있었다([8], p. 833).

벤야민은 분명히 이 경우 뉴욕의 실제의, 물리적 현실보다는 단지 뉴욕에 대한 본인의 생각을 언급하고 있을 뿐이다. 그는 철학적 사변의 주제로 삼아 그의 도시에 접근하는데, 주로 여러분이 이 책을 읽을 때쯤이면 뉴욕은 과거의 요양소에서 다른 거대 도시들 사이에서 차지하게 될 새로운 위치를 받아들이는 법을 배워야 할 것이라고 의심하기 때문이다. 어쨌든 스티븐스Wallace Stevens가 제안하듯이 "우리는 장소 자체가 아니라 장소에 대한 묘사 속에서 산다"([10], p. 494).

『율리시즈』의 사건들은 1904년 6월 16일에 벌어진다. 오늘날 이 날은 이 소설의 주인공인 레오폴드 블룸에게 바쳐진 블룸즈데이로 기념되고 있다. 하지만 조이스가 모더니즘의 이 걸작을 쓰고 있을 때 그것은 완전히 다른 함의를 갖고 있었다. 오늘날 2001년 9월 11일이 상기시킬 것과 비슷한 함의를 말이다. 조이스는 자기가 자기 서사를 그 다음날로, 즉 전 세계 신문들이 1면에 저 "가장 끔찍한 사건"([11], p. 239)[1]을 보도했던 날로 설정하고 있음을 빤히 알고 있었다. 6월 15일, 로어이스트사이드의 성 마르코 루터 교회의 교인들을 태운 증기선 제너럴 슬로컴 호에 불

---

[1] 이 사건에 대한 적지 않은 다른 명시적 언급이 이 소설 전체에 흩어져 있다. "뉴욕에서 소풍 나갔다가 불에 타죽고 물에 빠져 죽는 모든 여인들과 아이들. 홀로코스트"([11], p. 182[『율리시즈』, 김종건역, 330페이지, 범우사]). 조이스가 이 날짜를 고른 것은 개인적 성격의 사건을, 즉 미래의 아내인 노라Nora Barnacle와 처음 외출한 일을 표시하기 위해서였다는, 지금 겉으로는 거의 정설로 굳어진 설명을 최초로 내놓은 사람은 엘먼이다([12], pp. 155~156).

이 붙어 배가 브롱스 해변에서 약간 벗어난 곳의 얕은 물속에 침몰했다. 승객은 여성과 아이가 대부분이었다. 20세기가 끝날 때까지 이 사건은 뉴욕 역사에서 최악의 비극이었다. 몇 년 후에 벌어진 트라이앵글 셔트웨이스트 공장 화재나 타이타닉의 재난과 달리 제너럴 슬로컴은 이 도시의 기억으로부터 거의 사라지지 않았다. 하지만 기념되어야 하지만 그렇지 않은 사건보다 더 강력한 것은 아무것도 없다.

비록 후일의 벤야민의 생각은 본인이 20세기의 수도로 간주하는 도시에 바쳐지지만 1900년 1월 1일, 1999년 12월 31일 같은 날짜는 그의 탐구들을 위해서는 그저 자의적인 시작점과 종점이 될 수 있을 뿐이다. 뉴욕의 세기를 위한 보다 편리하고 설득력 있는 시작은 1898년에 인접한 자치체 당국들이 현재의 도시의 5개의 자치구borough로의 통합에 합의한 것이 될 수 있을 것이다. 하지만 벤야민에게 뉴욕의 세기는 실제로 그저 제너럴 슬로컴의 참사가 있던 날에 시작될 뿐이다. 슬프지만 이제 우리는 둔감하게 된 이 비극의 규모는 이 도시의 정신에 너무나 강력한 충격을 주어 아마 처음으로 뉴욕은 자신의 의미를 의식하고 자신의 가치를 심사숙고해볼 수 있을 정도였다. 종종 그렇듯이 망자를 애도하는 것은 산자들로 하여금 자기 존재를 그대로 받아들이도록 이끌었다. 조이스를 따라 벤야민은 본질적으로 현대적인 이 트라우마(증기 엔진, 즉 진보의 이 기계는 또한 대량 파괴의 기계가 될 수 있을 것이다)는 새로운 세기가 예비하고 있는 것을 예견하는 것이었음을 간파할 수 있었다. 하지만 그는 또한 이 사건이 어떻게 모든 나라의 관심의 초점을 뉴욕에 맞추는 도구가 되었는지를 지적하는데, 이 도시는 같은 기간에 세계의 사실상의 수도로 출현하게 되었다.

뉴욕의 세기가 끝난 상징적 시점의 경우 이 도시의 역사에서 일어난 또 다른 큰 비극이, 그것 이후 (비록 많은 사람이 소문대로 앙코르가 나올지를 기다리며 앉아 있었지만) 막이 내려야 할 비극이 그것이 되어야 할 것이다. 사람들이 더 이상 갖고 있지 않은 것을 평가하도록 만드는 데서는 다시 한 번 상실감이 가장 효과적인 촉매제 역할을 한다. 냉소주의의 구름 전체는 사망자 수라는 물 한 방울로 농축될 수 있다. 2001년 9월 11일의 여파로 대중은 삶이 계속되어야 하며 사업은 평상시처럼 계속되어야 한다고 결심했다. 여전히 오늘날 뉴욕에 사는 것은 어쨌든 사후 세계를 닮았다는 느낌이 증가하고 있다. 마치 1904년 6월 15일 아침 전에 이 도시가, 돌이켜보건대, 여전히 배아 단계에 있었듯이 말이다.

화이트E. B. White가 1949년의 고전적 에세이 「여기가 뉴욕이다」에서 하고 있듯이 비행기가 고층건물과 충돌하는 날을 상상하는 것과 쌍둥이 빌딩이 지어지던 1970년대 초에 벤야민이 한 대로 화이트의 텍스트를 꼼꼼하게 읽는 것을 통해 엄밀한 용어로 이 도시의 미래의 종말을 분석하는 것은 별개의 문제이다. 화이트는 이렇게 쓰고 있다.

> 자유의 여신상이 뉴욕을 분명히 보여주고 모든 세계를 위해 뉴욕을 번역해준 이정표였다. 오늘날 자유는 **죽음**과 이 역할을 공유하고 있다"([13], p. 710).

죽음을-향한-존재는 이 현대적 도시의 결정적인 실존적 조건이 된 반면 계몽주의의 자유를-향한-존재(어쨌든 뉴욕보다는 파리에 속했던 이상)는 어쨌든 한쪽으로 밀려났다. 카프카의 『아메리카』에서처럼 자유의 여신상은, 추방된 파리의 이 이민자는 횃불이 아니라 칼을 들고 있다. 따라서 벤야민은 이에 대해 이렇게 쓰고 있다. "대도시의 등장과 함께 이들 대도시를 완전하게 파괴해버릴 수 있는 수단 또한 발달했다는 우울한 의식의 존재를 증명해준다"([8], p. 97).

눈을 떴을 때 보는 모든 것을 이미지로 부를 수는 없을 것이다. 우리의 시각적 장은 우리가 돌아다닐 때 바뀌며 우리는 그것을 그러한 것으로 거의 눈치 채지 못한다. 말하자면 우리는 우리가 본다는 것을 보지 못한다. 우리는 우리가 지하철로 가는 길에 있는 거리를 막 건넨 노인을 알아차렸을 수도 있지만 우리가 막 관찰한 것이 본래의 이미지라고 반드시 생각하는 것은 아니다. 오직 아주 특수한 경우에만 우리가 보고 있는 것이 진정한 이미지 속으로 결정화된다고 느낀다. 하지만 정확히 이미지란 무엇인가? 이와 관련해 벤야민의 규정보다 더 간단한 것도 있을 수 없을 것이다. 그것은 첫눈의 사랑이라기보다 그가 "마지막 눈의 사랑"([7], p. 53)이라고 부르는 것이기 때문이다. '맨해튼 프로젝트' 중 '1980년경의 뉴욕의 늙은 시절'이라는 이상한 제목의 단편은 본질적으로 그러한 사유의 이미지의, 그의 일상적인 도시적 삶의 소소한 산문적 스냅사진의 긴 문학적 몽타주이다([14]를 참조하라).

사진을 찍는 것은 예방적 애도 행위, 분명히 지나갈 현재의 삶을 고수하려는 시도이다. 벤야민이 좋아하는 사진작가인 아버스Diane Arbus는 본인의 사진을 "뉴욕에는 뭔가가 있었지만 더 이상은 없다"([15], p. 226)는 증거로 묘사하고 있다. 비록 견고한 모든 것은 결국 흔적도 없이 사라지지만(또는 정확히 그렇기 때문에) 존재를 시간 속에서 동결시키고 삶을 정지시키려고 시도하지 않을 수 없게 된다. 그런데 삶이 빠르게 변할수록 그만큼 더 많이 우리는 사진을 찍는다는 것에 주목하라. 하지만 아버스는 그녀의 카메라가 향하고 있는 지나가는 삶을 계속 유지할 의도가 전혀 없다. 대상의 움직임이 아니라 정적에 주의를 기울임으로써 그녀는 진심을 다해 그것을 **구원하려고** 시도한다. 전적으로 단어로만 이루어진 사진앨

범에 쉽게 비유될 수 있을 벤야민의 '맨해튼 프로젝트'는 본인의 삶과 비슷하게 성냥불꽃처럼 사라져가는 도시의 지나가는 삶을 구원하기 위한 그와 비슷한 시도에 의해 추동되고 있다. 하지만 우리는 여전히 여기, 적어도 지금은 있으며 잔치가 끝난 후의 얼룩진 테이블보를 보면서 동결된, 석회화된, 과거의 삶의 사진을 응시하고 있다. 아버스의 지적에 따르면 이 사진의 "정적은 우리를 멈칫하게 만든다." "그것을 외면할 수도 있지만 다시 돌아올 때 그것은 여전히 거기서 당신을 쳐다보고 있을 것이다"([15], p. 226). 하지만 벤야민의 원고에서 '쳐다보고 있는'은 지워지고 위에 '뛰어오르고 있는'이라고 쓰여 있다.

어떤 사람의 도덕성이나 어떤 것의 정당성은 20세기 뉴욕에서의 삶에 그것의 잠재적 기억만큼 큰 영향을 미치지는 않았다. 인간의 어떤 창조물도 도시만큼 망각의 필연적 힘들에 대해 더 큰 회복력을 마련해주지 못한다. 그럼에도 불구하고 비록 우리는 도시를 거의 잊지 않지만 아마 도시는 우리를 기억하지 못할 것이다. 가족이나 친구에게 발자취를 남기는 것과 대도시에 진정한 발자취를 남기는 것은 전혀 별개의 것이다. 이를 예시하기 위해 선사 시대에 존재한 모든 식물상과 동물상을 생각해보라. 그런 다음 불변의 돌 속으로 석회화된 것들을 생각해보라.

고생물학자에게 왜 어떤 생명체는 화석으로 석회화되는 반면 다른 생명체는 아무런 흔적도 남기지 않고 해체되는지를 물어보는 것은 흥미로울 것이다. 또 다른 선택은 최근의 한 소설에서 멋지게 표현된 바 있는 도시의 기본적 관심사를 다루도록 이 질문을 재정식화하는 것이다. 슬픔과 분노의 순간 등장인물 중의 하나가 뉴욕과 같은 도시에서 살아남는다는 것은 순수한 행운 이외에 정확히 무엇을 요구하는지를 알려달라고 따진다. "이미 반은 죽었다고? 무의식적? …… 당신 속에 있는 것 때문에 살아남았는가? 아니면 없는 것 때문에?"([16], p. 411). 우리의 도시의 고생물학자인 벤야민은 이렇게 쓸 때 그와 비슷한 감정을 기록하고 있다. "죽은 다음 화석이 되기 위해 화석처럼 살 필요가 있을까?"[17]

인간의 정신은 자기의 기억들의 헌신적 축적가이다. 프로이트에 따르면 심지어 유아의 정신조차 계속 성인의 정신 속에서 산다. 하지만 그는 『문명 속의 불편함』에서 도시는 두뇌와 매우 다르게 기능한다고 주장한다. 로마 같은 '영원한' 도시의 오래된 부분들은 파괴되고 새로운 부분들이 솟아오르듯이 도시 경관은 과거를 드러내지 않을 수 없다. 식민지 시대의 뉴욕 또는 뉴암스테르담 또는 미국 원주민들의 레나페호킹Lenape-hoking은 오늘날의 뉴욕 속에 계속 살아 있는가? 만약 도시가 정말 정신 같다면 ― 프로이트는 이렇게 추론한다 ― 이후 이 구역 또는 저 구역을 차지해온 모든 상이한 구조들은 어쨌든 다른 구조의 꼭대기 위에 겹쳐진 것처럼 보일 것이다. 따라서 만약 맨해튼 시내의 콜럼버스 파크에 있는 벤치에 앉는다면 오늘날의 차이나타운과 시빅 센터를 보게 될 뿐만 아니라 시각을 약간 옮기면 이곳을 둘러싸고 있던 악명 높은 파이브 포인츠의 이웃을 보게 될 것이다. 마치 내가 18번째 생일 그리고 이어 눈 한번 깜짝 안하고 28번째 생일을 기억하고 있듯이 말이다.

하지만 벤야민의 추론 방법은 프로이트와는 정반대이다. '맨해튼 프로젝트'에서의 그의 기본적인 물음은 도시의 경험이 심리적 경험을 복제할 수 있는가가 아니다. 그는 우리의 정신적 삶이 보다 도시적인 삶처럼 가능할 수 있는 가능성에 훨씬 더 큰 관심을 갖고 있다. 프로이트 대신 마르크스를 염두에 두고 정식화된 그것의 논점은 동일하다. 왜냐하면 우리는 너무 오랫동안 도시를 변화시킬 수 있는 방법에 대해 생각하느라 바빴기 때문이다. 우리가 도시로 하여금 있는 그대로, 우리가 생각하는 방법을 바꾸도록 만드는 것은 시간에 관해서이다.

참고문헌

1. Singer, I. B., *Shadows on the Hudson*; Farrar, Straus and Giroux: New York, NY, USA, 2008.
2. Benjamin, W., "Paralipomena to 'On the Concept of History'", in *Selected Writings*, volume 4(1938~1940), Bullock, M., Jennings, M.(eds); Belknap Press: Cambridge, MA, USA, 2003.
3. Benjamin, W., "One-Way Street", in *Selected Writings*, volume 1(1913~1926), Bullock, M., Jennings, M.(eds); Belknap Press: Cambridge, MA, USA, 1996.
4. Gilloch, G., *Myth and Metropolis: Walter Benjamin and the City*; Polity: Cambridge, UK, 1996.
5. Koolhaas, R., *Delirious New York*; Monacelli Press: New York, NY, USA, 1994.
6. Agamben, G., "The thing itself", *SubStance* 1987, 53, 18~28.
7. Benjamin, W., "The Paris of the Second Empire in Baudelaire", in *Selected Writings*, volume 4(1938~1940), Bullock, M., Jennings, M.(eds); Belknap Press: Cambridge, MA, USA, 2003.
8. Benjamin, W., *The Arcades Project*; Harvard University Press: Cambridge, MA, USA, 1999.
9. Liebling, A. J., *Back Where I Came From*; Sheridan House: New York, NY, USA, 1938.
10. Stevens, W., *Letters of Wallace Stevens*; Stevens, H.(ed); University of California Press: Berkeley, CA, USA, 1996.
11. Joyce, J., *Ulysses*; Vintage: New York, NY, USA, 1990.
12. Ellmann, R., *James Joyce*; Oxford University Press: Oxford, UK, 1983.
13. White, E. B., "Here Is New York", in *Empire City: New York through the Centuries*; Jackson, K., Dunbar, D.(eds), Columbia University Press: New York, NY, USA, 2005.
14. Benjamin, W., "Berlin Childhood around 1900"; Harvard University Press: Cambridge, MA, USA, 2006.
15. Arbus, D., *Revelations*; Random House: New York, NY, USA, 2003.
16. Price, R., *Lush Life*; Farrar, Straus and Giroux: New York, NY, USA, 2008.
17. 출처가 불분명하다.

7장

운명의 단계/무대에서:
시드니의 퇴물 구출하기

엠마 프레이저

1. 서문

1920~1930년대의 파리의 아케이드 속에서 벤야민은 파괴적 망각에 의해 재빨리 잊혀진 최근의 과거의 흔적을 인식했다. 벤야민 시대의 방문자들에게 파리의 아케이드들은 버려진 점포, 진기한 상점의 무리를 대변하는 것으로, 현대의 쇼핑몰의 선구자인 그것들은 한때는 호화로운 곳에 입주해 있었다. 초기의 소비문화 공간이었지만 지금은 반쯤 버려진 이 건물들에 벤야민이 매료된 데서부터 계속 늘어나게 된 다양한 숙고가 『아케이드 프로젝트』의 토대를 마련하게 되었다.[1]

벤야민이 아케이드에서 찾고, 결국 거기서 찾은 것은 무엇일까? 벤야민이 찾던 집단의 역사는 본인 것이 아니었다. 그와 같은 종류의 회상은 베를린, 그의 어린 시절의 도시 베를린을 위해 남겨져 있었다. 지금과 '옛던 것' 사이의 문턱을 넘는 입구로서의 아케이드는 몰락 상태지만 벤야민의 생각을 위해서는 비옥한 토양이었던 것으로 입증되었다. 그것들 속에서 그는 본인의 시대의 기원, 원망 상과 꿈의 세계를 발견했다. 만약 버려진 아케이드들이 (몰락하고 낙후됨에도 불구하고가 아니라 바로 그것 때문에) 쓸모 있는 것으로 드러났다면 우리 시대의 도시 공간을 탐구하는 연구자들에게 현대의 폐허들은 어떤 목적에 쓰일 수 있을까?

현대의, 도시의 폐허를 상세하게 논하고 있는 일군의 텍스트가 이미 존재한다. 도시 탐험urbex의 실천, 폐허의 이미지에 대한 관심의 점증, 도시와 산업의 몰락의 미학은 특히 에덴저[2], 트리그[3], 핀더[4](이들 모두 벤야민 이론을 언급하고 있다) 그리고 헬과 쉴레가 편집한『모더니티의 폐허들』[5] 안에서 다루어지고 있다. 에덴저와 드실베이는『폐허를 처리하기』[6]에서 폐허에 관한 문헌이 증가 추세에 있는 것을 개괄하면서 관련 문헌과 최근의 핵심적인 생각을 광범위하게 요약하고 있다. 최근 나는 이 장과 관련해 프리피야트(체르노빌), 뉴욕, 디트로이트 그리고 베를린에 대한 나의 경험을 역치적인 도시 공간과 물질적 몰락에의 전술적 관여라는 맥락에서 살펴본 논문을 기고한 바 있다.[7] 이 접근들을 재검토하는 대신 또는 도시의 폐허와 붕괴를 둘러싼 핵심 이론을 개관하는 대신 이 글에서 나는 벤야민의 가장 잘 알려진 두 가지 시도, 즉 19세기의 살아남은 덧없는 것에 관해『아케이드 프로젝트』에 엄청난 분량으로 담겨 있는 단편적 성격의 설명 그리고 1930년대 망명 중에 작성한 베를린에 관한 마찬가지로 단장인『베를린 연대기』[8]와『베를린의 어린 시절』[9] 뒤에 있는 방법을 최근의 과거의 폐허 속에서, 내가 양자가 된 고향 도시 시드니에서 내가 직접 한 경험에 적응시키려는 나의 시도들을 묘사할 것이다.

하나의 방법으로서, 물질적으로 단편화된 공간 속에 끼워 넣어져 있는 단편화된 과거를 마주치는 과정은 연구자로 하여금 유물, 폐기물부터 『아케이드 프로젝트』를 구성하는 텍스트의 단편들까지, 이미지, 인용문, 생각을 수집하고 맞추어보는 것을 허용한다. 콜라주 같은 이 방법은 많은 벤야민 학자들에 의해 모방된 바 있다. 특히 벅 모스는『보기의 변증법』에서 사진과 단장의 모음을 벤야민의 사유 속에 연대기나 선형성이 부재하는 것을 이해하고 벤야민 본인이 단편의 집합체 속에서 시도한 발굴과 소개 작업 자체를 수행하기 위한 수단으로 조립하고 있는데, 그것이 벤야민의 작업에 대한 그녀의 이론적 탐구를 뒷받침하고 있다. 이 글 또한 그와 비슷하게 벤야민의 방법론을 모방(또는 외삽)할 것인데, 거기서 우리는 소재들을 원 위치에서 마주치게 될 것이다. 무비판적으로 그렇게 되는 것이 아니라 구상적인 동시에 추상적인 조응의 성좌로서 그렇게 될 것이다. 폐허가 된 공간의 모음, 폐허가 된 공간의 이미지들이 그것인데, 그것들은 물질적·역사적 진보로부터 구원된 무질서한 내용으로 바쳐질 것이다(폐허의 '모음'이라는 개념은 본고의 마지막 절에서 확대될 것이다).

    본고에서 나는 특정한 장소에서의 나의 경험 — 이것은 개인적이고 지역적인 의미를 갖고 있다 — 에 대한 자가-인류학적 설명을 몰락 및 기억에 대한 본인의 경험 — 이것은 사적인 동시에 집단적 성격을 갖고 있다 — 을 연대기화하려는 벤야민의 노력과 결합해보려고 할 것이다. 물론 벤야민 이론의 적용에는 한계가 존재한다. 특히 벤야민을 형성한 맥락과 주체성이 그렇다. 그는 중산층 출신이고 고등교육을 받은 데다 독일계 유대인 남자로 그의 철학과 회상은 특히 병약하기는 했지만 특권적인 양육, 뿐만 아니라 전쟁 체험, 주변화, 궁핍, 학계에서의 거부, 1917~1940년 사이에 겪은 개인적 비극에 의해 특히 영향을 받았다. 게다가 벤야민은 종종 미학적인 것(아우라적 지각, 특히 파시즘 같은 정치의 미학화건 아니면 가장 초기의 글 중의 하나이자 분량으로는 최대의 완성된 저서라고 할 수 있는 『독일 비애극의 원천』에서처럼 몰락의 낭만적 미학이라고 부를 수 있는 것이건 말이다)에 사로잡혀 있던 것처럼 보이는데, 그것은 본고에서의 논의와 특히 관련이 있는 것처럼 보일 수도 있을 것이다. 하지만 이 글에서 논하겠지만 이 연구의 주요 관심사는 목적론적 역사들에 대한 비판에서 그가 초점을 맞추고 있는 (자주 거부당하거나 위험에 빠지는) 대상과 공간뿐만 아니라 구원과 매혹, 수집에 대한 벤야민의 관심인데, 벤야민의 글 중 이 영역이 가장 소재적으로 많은 근거를 갖고 있고 심오하게 역사적인 차원을 구성하고 또한 아케이드에 대한 그의 관심과 가장 긴밀하게 연결되어 있는 글이기 때문이다. 사라져가고 있지만 남아 있는 것으로부터 19세기의 원사原史를 쓰려는 벤야민의 프로젝트는 그의 작업 중 폐허 그리고 폐허의 이미지와 가장 직접적으로 관련된 측면으로, 이 글에는 그와 관련된 내용이 접근법과 내용 모두에 들어 있다.

    이 글에 포함되어 있는 사진들은 범주적으로 그와 유사한 공간들에 대한 벤야민 본인의 성찰의 단편적 성격을 예시하고 벤야민의 연구와 글쓰기 모델이, 이 글의 초점인 퇴락의 장소와 도시 공간과의 만남에 어떤 식으로 영향을 미치고 있는지를 시각적으로 입증할 의도로 얼추 그러모아 짜맞추어본 것이다. 더 나아가 그러한 접근법은 반쯤은 버려진 아케이드와 우리 시대의 도시의 폐허 사이의 관계에, 몰락의 근거 없는 이미지와 도시의 많은 폐허의 문턱을 넘어 발견될 수 있는 무심한 세계 사이의 친화성에 기반하고 있다.

    이 글에서 저자는 벤야민의 개인적 경험과 글쓰기의 렌즈를 통해 시드니의 버려진 건물 중 일부를 골라 그것들 내부와 외부에 대한 개인적 경험의 연대기를 작성하려고 한다. 성좌처럼 배치된 사진과 단장을 곁들여 말이다. 이 글에서 다룰 질문은 이렇다. 어떻게 다른 어떤 사람의 과거의 폐허가 말하도록 할 수 있을까? 우리 시대의 폐허의 풍경은 도시 공간, 특히 세계에서 가장 '젊은' 도시 중의 하나, 몰락이 아니라 지속적으로 겪는 재개발에 의해 규정되며 우리 시대의 폐허보다 우리 시대의 건축에 의해 더 잘 알려진 도시의 과거와 관계를 맺는 상이한 방식을 드러낼 수 있을까?

2. 시드니의 유령들

유령 도시는 존재했던 것, 존재할 수 있던 것의 가능성에 사로잡힌 공간이다. 유령의 유물은 그렇지 않았더라면 활발했을 도시 공간에서 도시의 구조 자체를 사로잡고 있는데, 한때 그것은 주변 환경에 존재하는 동시에 부재했었다. 고든은 이렇게 진술하고 있다. "'사로잡혀 있다'는 말은 존재하지 않는 것처럼 보이는 것이 어떻게 종종 비등하고 있는 존재로서, 당연시되는 현실에 작용하고 종종 관여하는지를 묘사해준다." 반면 "사로잡히는 일이 일어나고 있다고 당신에게 말하는 것은 유령 자체, 무엇인가가 빠졌지만 분명히 뭔가 있다는 얼핏 드는 느낌이다"([10], p. 8). 시드니는 많은 과거에, 특히 다소 어두운 식민지적 기원에 사로 잡혀 있는 도시로, 지속적인 발전과 변화 속에서 살아남은 것만큼이나 부재에 의해서도 사로잡혀 있다.

1992년에 시드니의 부심인 퍼몬트, 얼티모, 블랙워틀 베이, 화이트베이, 로젤의 일부는 퇴락 상태에 있었다. 전에는 산업 중심지로 한때 도살장과 공장, 양모 가게, 가축사료 지하저장고, 발전소, 그곳에서 일하는 노동자들의 소형 주택과 공영 주택으로 가득 찼던 곳이 노후화된 풍경으로 변형되었다. 보기 흉한 폐허가 점점 더 기업 차지가 되어가는 도심과 고급 주택지로 바뀌어가는 교외로 둘러싸이게 되었다. 그러한 풍경은 오늘날이라면 잉여경관Drosscape[11]으로 또는 버려진 땅Terrain Vague[11]으로, 아마 어떤 역치적 풍경[11]으로 묘사될 수 있을 텐데, 이것은 지금 HI-TOADs[파급 효과가 큰 것이 버려진 폐허를 일시적으로 폐물로 만들고 있다][14] 그리고 재개발을 기다리고 있는 산업 건축 유산으로 등재된 건물들에 의해 추월당하고 있다. 하지만 퍼몬트가 흉물스럽기 짝이 없는 것으로 간주될 때까지는 수십 년이 걸렸다. 여러 해 동안 교외에서 썩어가며 서 있던 특수한 폐허 중의 하나가 그리핀Walter Burly Griffin(그는 또한 이 나라 수도인 캔버라를 설계했다)이 설계한 퍼몬트 소각로였다. 1935년에 지어질 때 이 소각로는 산업 건축의 기념비적 작품이 될 예정이었으며, 그리핀과 그의 아내 마리온Marion Mahony Griffin은 그것이 공업용 건물의 예상 가능한 노후화 시기를 견딜 수 있기를 바랐다. 그처럼 드높은 목표에도 불구하고 방치되는 바람에 그것은 쓰러져 해체되어, 도시 재생이 시작되어 퍼몬트와 주변 지역의 얼굴을 바꾸기 시작했을 때는 도저히 어떻게 구제해볼 방법이 없게 되었다. 비록 이 소각로의 손실은 이 지역(몰락의 여파로 안정화되어 있었다)의 다른 많은 산업의 잔해에게는 구원이었지만 유령이 여전히 교외를 떠돌면서 삭막한 굴뚝들 ― 이것들은 수년 동안 도시 쇠퇴의 상징인 동시에 퍼몬트의 산업적 과거의 아이콘들로 서 있었다 ― 을 기억하는 사람들 마음속에 머물러 있다. 사라진 소각로는 계속 웹사이트와 예술작품, 전시회에 영감을 제공하고 있는데, 사람들은 사랑하는 마음으로 그것을 상세히 묘사하면서 그리고 그것의 부재를 절절히 느끼는 가운데 그것이 기능하고 몰락한 다양한 단계를 묘사하고 있다.

2013년 현재, 한때 쌍둥이 산업 교외지역이던 얼티모와 퍼몬트는 거의 완전히 재개발되어 창고와 공장은 박물관, 미술관, 아파트, 사무실, 친환경 상업 구역(워크플레이스 6)으로 바뀌었다. 그리고 대략 이전에 소각로가 있던 곳에는 카지노가 들어섰다. 블랙워틀과 로젤의 갯벌의 인근 지역 또한 재개발의 마지막 단계에 들어서 있는데, 지속적으로 건설 중인 시드니의 건축의 급속하고 확고한 성격을 입증하고 있다.

　퍼몬트와 얼티모는 사례 연구로서 시드니가 미완의 도시임을 예시한다. 급속하게 지속적으로 몰락 중인 디트로이트 또는 지난 수십 년 동안 울쑥불쑥 재개발이 진행 중인 뉴욕과 맨체스터와는 흥미로운 반대 사례인 셈이다. 시드니는 마찬가지로 '미완으로'(비록 이유는 매우 다를지라도) 지속적으로 대규모 개발 중인 베를린과 일부 친화성을 공유하고 있다. 하지만 다른 많은 소규모 도시들과 달리 시드니 부심의 대부분의 산업적 황무지는 파괴, 재생이나 재개발을 겪었으며, 아직도 서 있는 것들은 아주 특수한 예외로 해마다 숫자가 줄어들고 있다.

　이 글에서는 2007년까지 거슬러 올라가는 시드니의 폐허의 훨씬 더 오래된 연대기의 작은 일부를 제시하고 있는데, 부심의 쇠퇴와 마주친 개인적 경험에서 얻은 상당량의 사진과 노트들을 포함하고 있다. 그 사이 몇 년 동안 내가 들어가 본 많은 폐허는 더 이상 폐허가 되지는 않았다. 여전히 그 자체로 서 있는 유일하게 중요한 폐허는 우박이 빗발처럼 쏟아지는 바람에 지붕이 손상된 후 버려진 공장뿐이었다. 이 장소(아래 사진 1을 보라)는 석면으로 가득 차 있기 때문에 주요한 개선 작업 없이는 심지어 재개발을 위해서도 쓸모없는 곳이 되어버렸다. 2012년 8월까지 내가 방문한 다른 폐허는 지금 광고판으로 가려지거나 파괴되거나 새로운 개발 단지로 완전히 통합되어 있다.

〈그림 1〉 버려진 공장

시드니의 폐허에 대한 아래의 설명은 지금은 사라진 장소의 작은 일부를 골라내 추모하는 동시에 구원 과정이 필요하다는 점을 환기시키기 위한 것이다. 그것이 내가 도시의 쇠퇴와 폐허에 지속적으로 관심을 가져온 이유의 핵심적 일부라고 할 수 있다.

2. 1. 글리브

시드니의 폐허에 대한 나의 최초의 경험은 2003년에 내가 새로 정착한 글리브Glebe 교외에서 일어났다. 그곳의 갯벌은 꾀죄죄한 산업적 만에서 잘 가꾸어진 휴식 공간으로의 이행의 마지막 단계를 지나가는 동시에 예상보다 길어진 고급 주택지 개발 기간을 즐기고 있는 중이었다. 나는 최근에 이 도시로 이사했었는데, 내가 2003~2007년 사이에 알게 된 폐허들은 곧 나의 표지들이 되어 나를 소외시키고 있는 풍경 속에서 나의 위치를 찾을 수 있도록 해주었다. 이 폐허 중 한줌의 버려진 빅토리아풍

맨션들(벨뷰Bellevue와 레스데일Reussdale[사진 2]), 판자를 둘러 친 교회, 사방으로 뻗어 나가는 축축한 전차 차고는 모두 보수되어 왔다. 비록 쇠퇴한 산업 중 오직 작은 지역만이 인접한 교외 속에서 살아남아 지금은 사라진 산업적 풍경을 반영하고 있지만 말이다. 외로운 벌리 그리핀 소각로는 지금 글리브의 산업적 유산 중 아직도 남아 있는 (높이 치솟은 퍼몬트의 사촌이 사라졌기 때문에 구원받았는데, 모두 같은 건축가가 설계한 것이지만 엄청나게 상이한 크기로 지어졌으며 두 가지 매우 상이한 운명에

〈그림 2〉 레스데일(2007년)

처했지만 그것이 반드시 각자의 개별적 중요성과 일치하는 것은 아니었다) 소수의 소각로 중의 하나이다. 2012년 현재, 깔끔하게 재건되었지만 눈에 띄게 작은 소각로가 하나 수리 중에 버림받아 갯벌의 풍치 지구 안에 불편하게 놓여 있으며 강 바로 건너편에서는 화이트 베이 발전소 — 지역의 또 다른 산업적 아이콘이자 런던의 베터시Battersea 발전소에 상응하는 시드니의 건물 — 의 녹슨 굴뚝들이 하시라도 넘어질 준비가 되어 있는 것처럼 보인다. 비록 시드니의 산업적 과거는 오래 전에 기억 속으로 물러갔으며 급변하는 이 도시의 풍경 속에서 식별하기 힘들 수도 있지만 그와 같은 집단적 기억의 일부 요소는 지속되고 있는 남아 있는 것들 속에서 찾아낼 수 있을 것이다. 기억과 역사화를 통해서뿐만 아니라 그처럼 남아

있는 것들과의 개인적 마주침을 정교하게 배치하는 것을 통해서 말이다.

『베를린의 어린 시절』「머리말」에서 벤야민은 "과거의 우연적이고 전기적(傳記的)인 회복 불가능성이 아니라 필연적이고 사회적인 회복 불가능성"([9], p. 344)에 대해 언급하는데, 그는 동시에 개인적 회상이기도 한 것을 쓰다가 그것과 마주친다. 필요한 조건이, 현실주의적으로, 결코 환경설정될 수 없기 때문에 다시 일어날 수 없는 시간에 대한 설명이 그것이다. 하지만 모종의 형태의 이 과거와의 마주침은 벤야민에 의해 무시되지 않는다. 오히려 그는 일련의 단장을 통해 그와 같은 과거를 떠올리려고 시도한다. 뭉쳐서든 아니면 따로 떨어져서든 그러한 경험의 단편을 독자에게 접근 가능하게 해주는 거의 정적인, 꿈과 같은 이미지들을 말이다.

본인의 유년기의 기억에 대한 벤야민의 접근법 — 마르세유, 나폴리, 일방통행로 그리고 다른 곳에 관한 글쓰기에서 되풀이되고 있다 — 을 받아들이고 있는 아래의 두 단장은 개인적일 뿐만 아니라 집단적인 경험이 접근 가능한 형태로 성좌를 이루도록 하려는, 그리고 물질적 폐허의 매력과 함께 그러한 흔적을 통해 과거의 의미를 불러일으킬 수 있는 잠재력을 탐구하려는 의식적 시도를 대변한다. 그것은 벤야민의 글쓰기를 안내인 삼아 개인적 경험을 통해 걸러질 것이다.

〈그림 3〉 화이트베이 발전소

2012년 중엽에 나는 글리브에 있는 전차 차고(〈그림 4〉와 〈그림 5〉)를 찾아갔다. 아마 이번이 마지막일 터였다. 건설업자들이 막 보수 과정을 시작했을 때 도착했기 때문이다. 나는 한 장소를 2007년부터 정기적으로 찾아갔는데, 이 폐허는 교외의 끄트머리를 표시하고 있는 북서부 해안인 블랙워틀 베이의 바닷물 가까이에 남아 있는 소수의 산업적 유물 중의 하나였다. 아래 발췌문은 당시 찾아갔을 때에 대한 설명에서 뽑아낸 것이다.

〈그림 4〉 로젤 전차 폐차장((글리브, 2008년)

〈그림 5〉 건물을 폭파하고 남은 잔해들(시드니, 2012년)

나는 집 근처에 있는 버려진 전차 수리소 뒤편을 지나갔다. 오랫동안 쇠퇴하면서 도시 재생을 기다리게 된 결과 이처럼 과도적인 공간이 생긴 것이었다. 건설 노동자들이 사방으로 뻗어나간 아이콘 같은 공단 부지와 운동장의 재생(파괴) 작업을 시작했는데, 한때 그곳은 노동계급이 살던 교외의 심장부였지만 지금은 도시 노동자들을 위한 아파트로 변형될 예정이다. 그리고 옆에는 예술 스튜디오와 공연 스튜디오 그리고 푸드 마켓이 들어설 예정이다. 철조망으로 둘러쳐진 울타리 틈을 쳐다보던 나는 두 가지 것에 깜짝 놀랐다. 첫 번째 것은 무엇인가가 썩어가는 익숙한 냄새였는데, 그것은 돌연 전에 내가 있던 장소들로 나를 데려가주었다. — 부패 상태에 있는 전차 차고 냄새는 내가 이제까지 발을 들여놓은 적이 있는 축축하고 눅눅한 건물 내부의 냄새였던 것이다. 그리고 그러한 순간 내가 들어갔던 모든 버려져 썩어가는 장소가 잠시 마음속에 맴돌았다. 내게 갑자기 떠오른 두 번째 것은 무성하게 자란 야자수들과 제멋대로인 담쟁이덩굴 — 이것들은 전차 차고 주위를 야생의 전원을 이루고 있었다 — 을 지나다니며 살아온 지난 모든 해 동안 그것이 그처럼 정적인 것처럼 보였다는 것이다. — 비록 부패해가고 있었지만 아주 견고했던 것이다. 나는 울타리가 편하게 열리는 곳이면 어디든 헤매고 다닐 수 있었으며(헤맸으며), 똑같은 것(냄새, 벽 위의 푸른 곰팡이, 단지 위의 낡은 전차)과 변한 것(낙서, 지붕의 반만 메운 구멍, 여기저기 흩어져 있는 한번만 쓰고 버리는 온갖 잡동사니)의 목록을 아무 목적도 없이 만들었다. 항상 새로운 것이 있는 것을 눈치 챌 수 있었다(비온 뒤에 물웅덩이에 비치는 것, 골이 진 큰 문짝이 위태위태하게 기울어져 있는 것. 지금은 녹슬고 있는 전차들을 받아들이기에 충분할 정도로 크다. 전차들은 실려 들어왔지만 트럭에 실려 나갈 예정이었다. — 지금은 선로가 모두 갈기갈기 찢겨지거나 지나간 자국이 덮여 있는 등 낡아빠진 것이 되었다). 매번 까먹는 것도 있었다(피할 수 없는 진창, 전혀 눈에 띄지 않는 입구). 이 폐허를 반복해서 찾는 가운데 심지어 이 장소 전체를 규정하고 있는 위태위태함 속에도 영원한 어떤 것이 있다는 느낌이 들었다. 지나가며 누군가가 일주일도 채 안 되어(아마 심지어 하루만에) 이 정원의 넓은 구역을 갈기갈기 찢어놓은 것을 보는 것은 나를 매우 불안하게 만들었다. 이 정원은 너무나 확실히 자리 잡고 있어 사방팔방으로 불규칙하게 퍼져 있는 이 건물을 시야에서 거의 가리지 않았기 때문이다.

또한 나를 매우 불안하게 만든 것은 일단 먼지더미가 완전히 덮이면 아마 내가 이 장소를 마음 속 깊이 좋아하지는 않으리라는 것이었다. 물질적 잔여의 말소는 또한 그러한 장소와의 물질적 연결의 말소이기도 하다. 그리고 내게 흥미 있는 지점에 대한 제거이기도 하다. 이 경우 접근 가능하고 익숙한 도시의 폐허. 지역적으로 중요한 표지, 임시변통으로 만들었다 방치된 전차의 안식처. 숨기려 해도 숨길 수 없는 폐허 속에서 명백하게 드러나는 역사 전체. 마지막 것은 그것을 수십 년 동안 소홀히 해왔음을 폭로하며 지속적 발전을 위한 우리의 투자와 관련해 어떤 것을 분명히 보여준다. 가까이에서는 이 장소의 나머지 것이 나의 주목을 끄는 데 실패하고 있다. 몇 주 전에 나는 카메라 폰으로 불충분하나마 사진을 찍기 위해 매료된 채 멈추어 서서 반쯤 난폭하게 무너진 경마 연습장과 관람석을 연대순으로 기록했는데, 그것들은 어떤 큰 괴물이 둘로 박살내 한쪽 끝은 너덜너덜하게 잘게 잘려나갔지만 다른 한쪽 끝은 여전히 기능하는 것처럼 보였다. 지금 내가 보는 모든 것은 구덩이가 될 것, 산더미처럼 쌓인 먼지, 이럭저럭 흥미 있어 보이는 일부 쓰레기가 전부였다. 그것은 나도 또 내 카메라도 미치지 않는 범위에 있었다.

다음번에 이리저리 돌아다닐 때는 전차 차고가 있던 곳을 우연히 만날 것이다. 이미 글리브 그리고 보다 일반적으로는 시드니의 역사의 흔적으로 남아 있는 유적이 된 것과의 저 모든 개인적 만남의 기억이 떠오르는 장소 말이다. 전차는 1961년 2월에 운행을 멈추었다. 그리고 비록 1990년대까지 다양한 세입자가 세들이 들어 있었지만 차고는 실제로는 이후 수십 년 동안 서서히 죽어 왔다. 떠나면서 나는 이 공간을 애도할 사람은 나 혼자가 아님을 알았다. 전차 차고는 변형될 수도 있지만 뇌리에서 떠나지 않고 계속 현존하는 것은 이 풍경 속에서, 지역민의 기억 속에서 지속될 것이다. 그곳에서 일했고 대규모의 부패를 보러 찾아왔던 사람의 기억 속에서 말이다.

2. 2. 퍼몬트와 제분소

도시 경관이 집단적이고 사적인 기억과 경험에 미쳤을 수도 있는 영향을 벤야민이 기억하고 있는 20세기 초의 베를린 시에서 추출해볼 수 있을 것이다. 그것은 나중에 그것이 어떻게 보일까하는 그의 지식에 의해 오염되어 있다. 티어가르텐이라는 유년기의 공간을 검토하면서 그는 이렇게 말하고 있다.

나중에 경제위기의 시기에 이 휴양지들은 고대 로마의 공중목욕탕보다 낡아 보일 정도로 황폐해졌는데, 이미 그렇게 되기 이전에 그곳 동물원의 사각지대는 장차 일어날 일을 보여주는 이미지이자 이른바 예언의 장소였다. 원시 민족들이 먼 훗날을 예견해준다고 믿는 식물들이 있듯이, 미래를 예견하는 힘을 주는 장소들이 존재함을 우리는 믿어야 한다. 그것은 아무도 찾지 않는 산책길일 수도, 나무 꼭대기, 특히 벽에 기대어 서 있는 도시의 나무 꼭대기일 수도, 기차역의 사물함일 수도 있다. 무엇보다도 도시의 구역을 은밀하게 구획 짓는 문지방이 그러한 장소일 수 있다([8], p. 610).

벤야민의 접근법은 도시 공간을 고도로 다공성인 기억의 장소로 이해할 가능성을 열어준다. 잔해, 단편, 가지각색의 과거의 파열되고 탈구된 징후, 미지의 미래를 가진 공간으로 말이다.『베를린의 유년 시절』중 개고된 부분(그것은 마치 다수의 순간과 공간과 역사적 시기 사이의 관계를 강조하기라도 하듯 바트 퓌르몬트 — 퓌르몬트 교외는 이것을 따라 이름지어졌다 — 라는 동일한 샘에 대해 언급하고 있다)은 보는 사람의 시선을 뒤집어 과거를 응시하도록 한다.

그곳에서 관람객을 맞이하고 있는 가로수 길에는 흰색 유리구슬로 장식된 가로등이 늘어서 있었는데, 아일젠이나 바트 퓌르몬트의 방치된 산책로와 비슷한 느낌이었다. 어찌나 황폐하게 방치되었는지 고대 로마의 공중목욕탕보다 더 낡아 보이기 훨씬 이전부터 동물원의 이 구석은 앞으로 다가올 것의 흔적을 띠고 있었다. 그것은 무언가를 예언하는 구석이었다. 왜냐하면 미래를 엿볼 수 있는 힘을 갖도록 해준다고 하는 식물이 있듯이 그와 동일한 능력을 가진 장소도 존재하기 때문이다. 대부분이 방치된 곳으로, 벽을 등지고 서 있는 우듬지, 누구하나 발길을 멈추지 않을 막다른 골목길이나 앞뜰이 그러한 곳이었다. 그런 곳에서는 우리 앞에 놓여 있는 모든 것이 과거의 것처럼 보인다([15], p. 365).

이 두 구절에서 벤야민은 버려진 또는 거부된 소품에 힘뿐만 아니라 미덕을 불어넣고 있다. 응시될 때 도시의 방치된 공간은 예언적인 장소가 되는데, 이 장소는 또한 죽어 있는 동시에 보는 사람에게 변형력을 갖고 있다. 막다른 골목길, 버려진 산책로, 철로. 이것들은 문턱이다. 일상의 세계를 정체와 변형이라는 거의 마술적인 세계와 나누고 있는 것이다. 퍼몬트의 남아 있는 폐허도 마찬가지로 변형력을 갖고 있다. 보는 사람의 응시는 과거를, 하지만 또한 도래할 것의 불가능성을 향하고 있으며 갑자기 도시의 풍경(그리고 기억)은 새로운 형태를 취한다.

퍼몬트에는 내가 항상 '제분소'라고 불러왔지만 오랫동안 에드윈 데이비 제분소(1996년까지 가동되었다)로 알려진, 그리고 보다 최근에는 하버밀(이곳에 주거단지가 건설될 예정이다)로 알려진 장소가 있다(〈그림 6〉과 〈그림 7〉).

〈그림 6〉 에드윈 데이비 제분소(2007년) 〈그림 7〉 에드윈 데이비 제분소와 UTS 타워(2007년)

이 제분소는 2003년에 내가 처음 우연히 마주쳤을 때 10년 이상 폐허로 서 있었다. 아래의 전차 정류장에서 보고 알아챈 다음 일련의 구불구불한 길을 통해 쫓아가다가 거의 힘이 미치지 못할 즈음 나는 언덕마루에 이르게 되었다. 샘 — 퍼몬트 교외는 결국 이것을 따라 이름 지어졌다 — 과 나란히 서서 나는 제분소가 갑뼈 위에 걸터앉아 있는 것을 보았다. 어쨌든 나의 도착을 예상하기라도 했듯이 울타리에 구멍이 크게 뚫어져 있는 채 말이다.

2007년에 나는 시드니의 폐허들의 기록에 관한 초기의 증보판 중의 하나에서 이 제분소에 대해 이렇게 쓴 바 있다.

이 도시에서 내가 좋아하는 곳 중의 하나는 실제로는 더 이상 '장소'가 아니다. 그저 세 개의 헐벗은 벽과 거대한 연철 대문, 이런저런 기계의 자투리가 붙여진 채 여기저기 흩어져 있는 콘크리트 발판뿐이다. 빈 창문으로부터 사람들은 도시의 스카이라인을 볼 수 있다. 안작 브리지, 윈드워스 파크, 블랙 워틀 베이, 구 시드니 창고(그리고 얼티모 채석장) 그리고 바로 밑에는 경철도 정거장이 있다. 벽 안에는 키가 큰 풀밭이 있는데, 일부는 버려진 가전제품과 깨진 유리에 의해 질식당하고 있다. 지붕은 씌워져 있지 않아 햇빛과 비가 그냥 쏟아져 들어와 비바람을 피할 수 있는 장소라는 인상과 비바람에 노출된 장소라는 인상을 동시에 준다. 벽들은 십자로 교차하는 비계에 의해 지탱되고 있는데, 이 비계가 아치 모양으로 솟아올라 기이한 그림자를 던지고 있다. 내가 한번이라고 이곳에 데려간 모든 사람은 모두 이 이상한 침묵의 장소에 깜짝 놀랐다.

텅 빈 창문 중의 하나 안에 서서 또는 쭈그리고 앉아 나는 도시가 내 둘레에 큰 대자로 누워 있는 것을 볼 수 있다. 한때 강 건너편에 있는 화이트 베이의 굴뚝들을 본 것처럼 상상되지만 지금 그와 같은 풍경은 아파트 식 주거 단지에 의해 보이지 않게 되었다. 벌써 귀퉁이들은 광채를 잃어버리고 요란한 테라코타 색 배색은 칙칙하고 더러워졌다. 긴 갈색 풀이 주변에서 흔들리는 가운데 나는 멀리서 항구를 볼 수 있다고 또는 그레이스 브라더스 빌딩 꼭대기의 지구본들을 보기위해 공원을 내다볼 수 있다고 상상한다. 이 건물 자체도 한때 방치되어 반쯤 버려져 있었다. 만약 돌출부의 끝머리에 의지해 울타리에 매달린다면 창문 중의 하나를 완벽하게 프레임 삼아 UTS 타워를 볼 수 있을 것이다.

비록 빈 분무기통, 망가져 흰곰팡이가 핀 안락의자, 아래에서 경철도가 이따금씩 윙윙 소리 내며 움직이는 것 등 여러 가지가 바깥 세계를 지속적으로 떠올리도록 하지만 이 모든 것에서 발을 빼기는 쉽다. 오직 직접적 환경에 골몰하기 위해서 말이다. 정지된 느낌, 경계를 넘어가는 느낌이 존재한다. 마치 이 공간이 이곳의 벽을 넘어서 진행되고 있는 것에 의해 약간 어긋난 것처럼 말이다. 이해할 수 없는 어떤 것에 사로잡힌 채 정신없이 바쁘게 돌아가는 속도를 지속하고 있는 일상의 존재로부터 초연한 채 말이다.

나는 이 제분소에 대한 생각에 시달리고 있었으며 지금도 여전히 그러하다. 멀리 있는 유령의 호출을 받기라도 한 듯 이 공간에 대한 경험 쪽으로 끌려가고 있다. 그것은 폐허의 설명 가능한, 이야기화 가능한 경험 바로 너머에서 오도 가도 못하고 있다. 유령 그리고 유령에 들리는 것에 대한 고든의 개념화는 비록 (심지어 아마 이러한 덧없음 때문에) 무정형이고 불완전하거나 제대로 규정되지 않을지라도 유령에 들리는 것을 세계에 대한 우리 이해를 변형시키는 것으로 규정하고 있다.

귀신의 방식은 사로잡는 것이며, 사로잡히는 것은 일어난 것 또는 일어나고 있는 것을 아는 아주 특수한 방식이다. 사로잡히면 우리는 종종 의지에 반해 그리고 항상 약간 마술적으로 정서적으로 우리가 경험하게 되는 현실에 대한 느낌의 구조 속으로 이끌려 들어가게 된다. 차가운 지식이 아니라 변형적 인식으로서 말이다([10], p. 8).

고든은 명백히 현존하지 않음에도 불구하고 우리를 사로잡는 사회학적 부재에 특히 관심을 갖고 있다. 하지만 어떤 것을 이런 식으로 존재론적 방식으로 아는 것에 대한 그의 묘사는 폐허에 대한 나의 경험을 상기시킨다. 물리적 만남으로서 뿐만 아니라 종종 간과되고 사라지는 장소를 다루는 연구 주제로 말이다. 나는 이 폐허들에 이끌렸으며, 그것들에 사로잡혔다. 그리고 개발과 변화의 강력한 동인에 맞서 그리고 역사의 진보라는 보다 광범위한 힘에 맞서 그것들이 살아남을 수 있도록 해준 풍경에도 말이다.

비록 산산조각 나 있지만 제분소의 잔여는 그것이 이전에는 완벽했음을 암시하며, 퍼몬트 교외의 산업의 역사를 대부분 들려준다. 비록 지금은 대부분 풍경으로부터 망각되고 되돌이 킬 길 없이 사라져 파괴되어 재개발되고 있지만 말이다. 막다른 골목, 제자리에 있지 않은 우듬지 그리고 위에서 언급된 조용한 모퉁이 등 벤야민이 기록한 버려진 장소의 목록이 내가 좇고 있는 폐허들에 내가 추가하고 있는 것으로, 그곳들에서는 과거와 현재의 흔적이 합생하고 있다. 현실의 폐허 속에서 내가 추상적 흔적을 찾고 있는 것은 벤야민의 작업에 대한 정말 말 그대로의, 심지어 무딘 독법처럼 보일 수도 있을 것이다. 하지만 상당한 세부사항을 환기시킬 수 있는 단편의 힘은 벤야민에게서 매우 중요했다. 특히 도시 공간에서의 기억의 도구로서 말이다. 거기서 진보는 너무 자주 물질적으로 파괴적이며, 물질적 흔적은 집단적일뿐만 아니라 전기적인 기억의 촉발자이다. 벤야민이 암시하는 대로 잊혀지고 방치된 장소는 (다락의 쓸모없는 물건처럼) 중요한 가치를 가질 수 있다.

요즘 우연히 그 지역의 거리를 지나게 되면 마치 여러 해 동안 가보지 않은 다락방에 올라갈 때 느끼는 답답한 심경을 갖게 된다. 거기에는 아직도 귀중한 어떤 것이 남아 있을지 모른다. 그러나 그곳 지리에 밝은 사람은 더 이상 아무도 없다. 고층 임대 아파트가 들어선 그 지역은 지금은 활기를 잃은 채 서부 지역 출신 부르주아 계층의 창고가 되었다([16], p. 606).

쓸모없는 물건을 모아 놓은 벤야민의 쓰레기-방은 영구적으로 움직이는 곳으로, 그곳에 집단적 과거의 이런저런 측면이 남아 있다. 벤야민은 또한 과거를 아케이드 속에 잔존해 있는 19세기의 물질적 흔적 속에 위치시킨다. 그는 책, 낡은 장난감, 넝마가 과거에 대한 열쇠임을 판명해낸다. 왜 공간들이 아닐까? 공간들에 대해 말하려면 어떤 도시의 과거, 폐허를 통해 우리를 사로잡는 과거의 집단적이고 자전적인 도시 경험이 어떨까? 아케이드들이 파리에 망명 중이던 내내 그리고 아마 1940년에 포르트부에서 아무도 모르게 죽을 때까지 벤야민을 사로잡았던 것처럼 보이는 대로 말이다.

3. 폐허를 어떻게 읽을 것인가?

도시 공간 속에서 벤야민의 이론과 비평을 응용해 폐허로서의 도시라는 비유적 재현을 도시의 폐허들로 복귀시키는 것이 바로 『아케이드 프로젝트』의 방법 자체이다. 물질적 단편과 잔여 그리고 경험을 파열시키고 탈구시키는 것으로서의 모더니티라는 모델 사이에 지속적인 협상이 이루어지고 있는 것이다. 「역사 개념에 대한 보유」([17])를 구성하는 미완의 노트에서 벤야민은 역사는 마땅히 텍스트, 항상 해독되고, 영원히 쓰여지고 다시 쓰여지고, 재현되는 과정 중에 있으며 개인적인 것이지 결코 보편적인 것이 아니며 지속적으로 움직이고 있음을 시사한다([18]). 마치 수수께끼처럼 그는 이렇게 결론을 내리고 있다. "역사적 사건의 영원성을 포착한다는 것은 실제로는 그것의 덧없음의 영원성을 인식하는 것이다"([18], p. 405).

벤야민은 진보를 문자적·형상적 폐허를 생성하며, 그러한 진보가 기반하고 있는 과거를 파괴하는 힘으로 간주한다. 특히 「역사철학테제」([19])는 이 점을 증언해주는데, 그의 「베를린의 어린 시절」과 「베를린 연대기」뿐만 아니라 「일방통행로」([20])와 「중앙공원」([21])에서 사라지고 있는 중인 과거를 구원하기 위한 그의 시도도 마찬가지이다. 환언하자면 도시 자체는 소비와 노후화의 장소로, 상품 숭배가 가장 결정적으로 드러나는 공간으로서 문화의 방치되고, 망각되고 버려진 잔여들의 피난처이다. (미완의)『아케이드 프로젝트』는 주제와 형태에서 유행에 뒤떨어진, 먼지에 싸여 파편화되고 있는 곳 ― 이것은 끈질기게 남아 있다 ― 에서는 과거가 모든 것을 주재하고 있다는 개념에 대한 증언이다. 새로움, 총체성, 진보와 갱신이라는 관점에서 도시를 지각하는 것과 반대로 말이다. 역사는 잔해나 쓰레기라는 추상적 개념 그리고 도시는 그와 같은 파멸 과정에 맞서 지속되는 덕분에 과거에 대한 "어떤 은밀한 목록"([18], p. 390)을 간직하고 있는 대상과 장소의 보고라는 추상적 개념은 다함께 거부되어 사라진 것에 대한 탐구를 통해 과거를 구원할 가능성과 함께 도시적 경험의 중요한 장소로서의 현대적 폐허를 구원할 가능성을 제공해 준다. 그것은 구원의 영구적 실천으로, 그것을 통해 목적론적 역사, 유물론의 주안점, 도시 계획에 대한 환원적인 평가가 폐허와 도시적 경험 모두를 구성하는 것에 대한 재-평가를 통해 재검토될 수 있을 것이다.

벤야민의 말을 염두에 두고 시드니를 탐구하는 것은 특수한 유형의 반향, 반영, 번역 그리고 중요하게는 경험을 생성한다. 몇 가지 과거를 서로에게 겹쳐놓는 경험, 몇 개의 장소를 특수한 곳에 겹쳐놓는 경험이 그것이다. 나 자신의 것이 아닌 기억은 경쟁적인 도시의 지형학 너머까지 번져나가 내 앞에 있는 이미지뿐만 아니라 단일한 곳에서 성좌를 형성하는 다수의 순간과 기억을 포함하는 만남을 위해 모든 단일한 지각을 제거한다.

이러한 접근법은 벤야민의 글쓰기로 하여금 자체에 고유한 변형을 겪는 것을 허용한다. 즉 그것이 새로운 도시로 도입되는 것을, 새로운 세기의 파편화하는 폐허를 돌아다니는 것을 허용한다. 마음을 사로잡는 풍경에 부과되는 것을, 오래된 곳, 그것의 재건 장소에서 다시 발견되는 것을 허용한다. 그의 글쓰기는 변화하는 도시에 각인되고 영향을 줄 수 있다. 현재의 공간이 많은 과거와 갖고 있는 친화성을 인식하는 데서 말이다.

다수의 사건이 일어나는 보고로서의 도시 공간은 벤야민에 의해 아래와 같은 사실을 검토하는 과정에서 이렇게 요약되고 있다.

벨비유에 플라스 뒤 마록이 있다. 어느 일요일 오후 우연히 임대 아파트가 죽 늘어서 있는 황량한 돌산을 만났다. 그것은 내게 모로코의 사막처럼 느껴졌을 뿐만 아니라 동시에 식민지 제국주의의 기념비 같은 인상을 주었다.

그곳에서는 어떠한 장의 광경이 알레고리적인 의미와 교차하고 있었는데, 그렇다고 해서 그것이 벨비유의 중심에 있었다는 사실에는 전혀 변함이 없었다([1], p. 518).

여기서 벤야민은 "이미지에 대한 해석"을 강조하는데, 어떤 곳, 특히 폐허가 된 곳이나 황량한 곳을 다수의 시간성, 순간 또는 사건의 인상으로 가득 채워주는 과거의 의미가 그것이다. 그것은 도시 공간 및 개발의 맥락 속에서 특히 관련성이 높은데, 거기서 보다 새로운 지형학이 보다 이전의 역사들에 의해 덮이며(또는 덧씌워지며), 그리하여 한 장소나 공간이 어떤 때는 하나의 단일한 '위상학적 비전' 이상을 포괄할 수 있으며 심지어 (동물원에서처럼) 멀리 떨어지고 무관한 순간과 시간성을, 심지어 미래의 가능성을 총체적으로 구현할 수 있다.

보임Svetlana Boym은 과거는 폐허 속에남겨지는 반면 미래를 염두에 두고 지각된 유산의 장소를 이정표로 표시하는 역사의 불평등에 맞설 수 있는 가능성을 경험적인 도시의 고고학 속에서 마련할 수 있다는 생각을 표현하기 위해 『향수의 미래*The Future of Nostalgia*』에서 내내 벤야민의 작업에 크게 의존하고 있다. 보임은 도시의 황폐화된 주변적인 곳을 탐구하는 것에 의해 우리가 "도시의 과거를 발견할 수 있는" 방식을 검토하기 위해 나폴리(특히 그곳의 "다 허물어지고 있는 중인 폐허")에 대한 벤야민의 작업을 참조하며, "기념 명판"의 공허한 몸짓에 대해 비판적인데, 그것은 유산을 인정하려고 시도하지만 "손에 잡히지 않는 불가사의한"([22], pp. 76~77) 과거를 표현할 수 없다. 보임의 개념화는 "과거와 현재의 혼합물"([22], p. 31)에 의해 그리고 도시 속에서의 역사, 시간, 공간의 다공성([22], p. 77)에 의해 제시되는 대안과 가능성을 예상하는 것에 의해 방주

傍註를 역사에 대한 지각에 포함시킬 수 있는 양식을 제공해준다(이 독법은 해소되지 않은 긴장을 인정하며 물질적 잔여 속에 구현되어 있는 과거의 경험에 관건적 의미를 가진 다수의 시간성의 공간에 하나의 역사적 시대를 허용해준다[(22), p. 258]).

시드니의 익숙한 공간. 여기서 익히 알려진 환경에 익숙한 방식으로 접근하는 나의 감각은 종종 둔감해지는데, '둔감해진다'는 개념을 벤야민은 산책자, 특히 하시시에 대한 작업(『아케이드 프로젝트』의 M 항목 그리고 벤야민과 하시시에 대한 포리스트의 글을 보라[23])에서 제시하고 있다. 여기서 현대의 폐허는 균질화된 일상적 도시와는 미학적·실험적으로 대조적인 것을 제공해준다. 항구의 반짝거리는 물보다는, 하버 브리지와 오페라 하우스의 건축의 경이보다는, 조지 스트리트나 빅토리아 로드 또는 브로드웨이보다는 시드니의 산업적 과거의 이 잔여들이 과거와 현재에 대한 해석 사이의 상호 침투 그리고 최근의 과거의 흔적(특히 산업의 흔적)을 마치 수치의 원천이나 실패의 신호인양 제거한 도시재생계획의 현실적 결과를 드러낸다.

벤야민은 우리가 새로운 것에 강박적으로 매달리고 최신 유행에 뒤떨어진 것을 평가절하하는 것 속에 들어 있는 파괴적 계기를 식별해낸다. 벤야민은 잠깐 쓰다 거부되어 버려지는 것 그리고 서사적 역사를 과거를 지배했던 찌꺼기로 버려두는 이러한 진보의 힘에 맞서기 위해 잔여들, 즉 물질적 단편뿐만 아니라 잊혀진 문학작품과 예술작품을 "변증법적으로 대립하는 것 간의 긴장이 가장 팽팽해지는"([1], p. 475) 망각의 순간에 그가 수집하는 이미지와 개념으로 실험적으로 배치하는 일에 몰두한다. 변증법적으로 일시적인 물질적 잔여는 새로운 것의 약속과 몰락의 진리를 쥐고 있다. 하나의 예로 벤야민은 "이처럼 더 이상 존재하지 않게 된 존재의 기념물이 아케이드이다. 그리고 그것 속에서 작동하는 힘이 변증법"이라고 지적한다([1], p. 833). 여기서 그는 사라질 순간 "더 이상 존재하지 않게 된 순간"([1], p. 833)이 구조와 역사적 시대 모두의 본질을 증류해 그러한 장소를 혁명화하는 전도의 잠재력을 발견한다고 주장하고 있는 셈이다.[1]

길로크는 변증법적 이미지라는 개념과 관련해 이를 직접 증언하고 있다.

아케이드들은 변증법적 이미지, 특히 삶과 죽음 사이의 정지와 관련된 방법의 완벽한 대상이 되었다. 변증법적 이미지는 대상의 사후 세계의 최후의 찰나적 순간을, 환상이 시들고 진리가 명백해지는 종말의 정확한 순간을 포착한다. 허물어지고 있는 아케이드들은 망각 직전에 꿈꾸는 장소로서 자기를 드러낸다. 변증법적 이미지는 모더니티의 폐허가 된 환등상을 구원해줄 '최후의 눈길'이다([24], 127)

망각, 즉 지속적 재생에 사로잡힌 도시에서의 진정한 위협 직전에 있는 시드니의 폐허들은 허물어지고 있는 아케이드들처럼 많은 버전의 최근의 과거 — 이것은 변화 속도 그리고 점점 더 새로워지는 모더니티에 의해 위협받고 있다 — 에게 구원과 구조 가능성을 제공해준다. 내가 지금까지 기록해온 폐허는 대부분 사라졌다. — 이 공간들의 사후 세계를 파악하기 위한 이 연대기적 시도, 거부되어 단명하는 시드니의 것들 — 이것들은 덧없는 것들이 거처하기에 적합한 이미지들로 삶과 죽음 사이에 중단된 채 있으며, 사라지려는 순간 전에 없이 접근 가능하다 — 은 사라지기 직전에 변형적 잠재력을 제공하고 있다.

---

[1] 『아케이드 프로젝트』 중 특히 항목 D^0 4와 D^0 6을 보라.

4. 도시의 폐물

카프카의 오드라데크[25], 알아볼 수 없으며 있으나마나 한 무가치한 잔여(납작한 별 모양의 실패처럼 생긴 그것의 형태는 지켜보는 가장에게는 기묘하기만 하다)처럼 폐허는 어느 순간이든 탄원할 수 있기 때문에 일시적으로 현재에 출몰하는 망가지고 탈구된 유물이다. "오드라데크는 사물들이 망각된 상태 속에서 갖게 되는 형태이다"([16], p. 811). 벤야민은 망각의 장소에 버려진 이 기형의 대상을 망각의 죄책감을 의미하는 것인 동시에 사물들을 망각된 것의 영역으로 밀쳐버리는 (집단적인) 역사적 지각으로, 망각이 대상을 다시 드러낼 수 있는 가능성으로 간주한다. "망각은 카프카에게서 하나의 저장창고이다. 바로 이 창고로부터 그의 이야기들 속에 등장하는 무진장한 중간 세계가 밝은 바깥세계로부터 나오고 있는 것이다"([16], p. 810).

벤야민이 망각으로부터 다시 데려오는 오드라데크는 벤야민이 독일 문학의 정전에서 차용하는 많은 구원의 이미지 중 하나이다. "죄책감에 시달리고", 거부되어 망각된 오드라데크 같은 것은 사라지고 있는 전사前史의 메아리들을 상기시킬 뿐만 아니라 과거의 모든 것을 설명해줄 것을 요구한다. 벤야민은 오드라데크가 좋아하며 자주 가는 곳에 대해 "다락방은 폐기되고 망각된 가재도구들이 쌓여 있는 장소"라고 지적한다. 그는 계속해서 이 물건들을 우리가 피하는 물건들로 분리해낸다. 그처럼 귀찮은 일을 "마지막 날까지 연기할 수 있도록"([16], p. 811) 하기 위해서 말이다. 남아 있는 죄책감을, 망각의 무게와 마주쳐야 하는 것이 두려워 말이다. 기본적으로 벤야민은 움직이는 물건을, 세계로부터 사려져가는 물건을 분리시켜 순간 속에 동결시키기를 원했다. 핵심적으로 중요한 것은 그러한 순간이 그러한 물건이 이행 중일 때 나타나는 것이다. 즉 안에 과거, 현재, 미래의 가능성을 담고 있어야 한다. 빛을 향해 밀고 나가 어둠과 거부, 일탈과 패배로부터 모습이 드러나도록 말이다.

이와 마찬가지로 폐허는 슬며시 넘어가고 뒤섞이고 우연히 벌어지고는 망각되는 사건, 힘, 실천, 의도의 최종 산물이다. 점차 또는 한꺼번에 폐허의 장소를 창조하는 것과 같은 종류의 것들 말이다. 마치 어떤 장소의 이야기 전체가 그것이 존재하는 바로 이 지점에 모두 모여져 그러한 장소에 대한 즉각적 경험 내부에서 직감되는 것처럼 말이다. 그것은 관습적인 의미에서의 역사가 아닌데, 알려지지 않는(아마 알려질 수 없는) 세부 사항이 있을 수 있기 때문이다. 하지만 그것이 존재하고 생성되고 존재하기를 그치는 것과 관련된 핵심적 특징은 버려져 낡아빠진 것이 된 장소들의 추상적·구체적 인상들 속에 모두 휘말려 들어간다.

폐허는 일반적으로 생기 있는 생명이 결여된(그리고/또는 그 이후의) 세계 속에서의 경험을 종종 제공한다. 벤야민이 아케이드에서 식별해내는 것이 바로 그러한 가능성이다. 그것은 또한 그러한 공간들을 탐구한 다른 사람들에 의해 식별된 가능성이기도 하다. "일상적 정동"에 대한 스튜어트의 탐구와 같은 것이 그것인데, 이 정동들은 망각된 것, 재미없는 것 또는 일시적인 것에서 찾아낼 수 있다. 그러한 탐구는 단락들, 흐름들, 충격들, 저류들, 구성물들을, "변덕이 심한 동시에 결선結線되고, 자주 바뀌며, 불안정하지만 또한 뚜렷하게 손에 잡히는 것들"([26], p. 3)을 포괄한다. 우리 시대의 부패와 폐허의 공간은 동시성을 떠올린다. 소멸의 순간, 침입의 순간, 인상과 인공물의 모음, 느낌, 냄새 그리고 소리가 그것으로, 이것들이 구경꾼 안에서 경험으로(그리고 나중에는 기억으로) 그리고 인간의 적극적인 현존의 압력 아래 풀려난 과거의 메아리로 울려 퍼질 것이다. 따라서 역사는 감지할 수 있으며 끈질기게 지속되는 폐허에 묶여 있게 된다. "그것은 계속 떠오른다. 그것은 상실의 상징이 아니라 자기를 구원하는 과정의 구현이 된다. 폐허가 된 장소 자체는 기억하며 쓸쓸해진 다"([27], p. 93).

5. 구원

여기서 수집가에 대한 벤야민의 성찰을 살펴보는 것이 적절해 보인다. 비록 벤야민은 특수하게 책 수집가 그리고 일반적으로는 "사물 세계의 인상학자"로서 반해석가에 대해 말하고 있지만 방치되고 버려진 상태의 공간도 내게는 사물들이 다른 수집가에게 가질 것과 동일한 매력을 갖는다. 즉 "운명의 해석자"가 되어 그가 선택한 대상의 역사뿐만 아니라 또한 그것의 미래, 그것의 잠재력 그 자체에 의해 그리고 그것에게 마음을 사로잡히고 매료될 사람 말이다([28], pp. 59~67).

나는 이 글에서 『아케이드 프로젝트』의 미완의 성격, 그리고 벤야민이 일부 과제와 맺었던 문제적 관계에도 불구하고 아케이드에 대한 그의 (소재적·이론적) 탐구는 우리에게 일종의 역사공간학을 남겨주었다고 주장하고 있다. 그것은 과거의 것이지만 현재에도 계속 어슬렁거리고 있는 잔여를 다루는 양식 또는 심지어 방법으로서 한층 더 자세히 검토될 필요가 있다. 과연 그러한 지각이 정말 하나의 '방법'인지는 이 글의 논의 범위를 벗어나지만 분명히 물질적 세계에 대한 벤야민의 접근은 수집가론에서 입증되듯이 그의 연구의 내용과 접근법 모두를 좌우하는 방식으로 매혹을 축적과 결합시키고 있다. 아바스가 지적하는 대로 "벤야민적 방법은 매혹 자체에 비평적 역할을 부여한다. 그는 매혹 속에서 무의지적 정동, 최후의 수단의 반응이 아니라 우리 주의를 끌지만 우리의 이해에 완전히 복종하지는 않는 현상에 기꺼이 끌려가는 의지를 본다"([29], p. 51). 도시의 폐허들은 단지 그러한 현상일 뿐이다. 즉 매혹적이지만 종종 도저히 (어쨌든) 이해할 수 없는 것 말이다. 아바스는 수집가는 사용가치와 무관하게 과거의 흔적을 구원하는 것에 의해 지배적인 역사들을 변경하는 데서, 노후화에 저항하는 데서 일정한 역할을 한다고 주장하기까지 한다([29], p. 55).

벤야민은 이렇게 쓰고 있다.

물론 이때 그가 맺는 사물과의 관계는 사물들이 가진 기능적 가치, 즉 그것들의 실용성 내지 쓰임새를 전면에 내세우지 않고, 사물들을 그것들의 운명이 갖는 운명의 무대로서 연구하는 사랑하는 그런 관계이다. 수집가의 마음을 사로잡는 가장 큰 매력은 하나하나의 사물을 어떤 마력적 범주에 가두어 두는 일이다. 이렇게 되면 각각의 사물은, 그것이 구입되는 순간 그러한 마력적 범주에서 꼼짝달싹할 수 없는 상태가 되는 것이다([28], p. 60).

비록 벤야민은 분명히 책 수집가를 언급하고 있는 것이지만 이 인공물을 불확실한 운명으로부터 구원하고 있다는 이 느낌은 본고에 들어 있는 폐허들의 수집 — 최근에 폐허가 된 건물들이 뒤죽박죽 뒤섞인 것에서 그러모아 대략의 순서에 따라 분류한 것으로, 그것은 벤야민이 위에서 묘사하고 있는 '가장 큰 매력'과 사랑 모두에 의해 고무되며 영원히 사라져 버릴 위험에 빠진 대상들을 보존할 필요에 의해 추동된 것이다 — 과 밀접한 관계를 맺고 있다.

심지어 이 폐허들의 사진들조차 오도 가도 못하게 된 쓰레기, 이유야 어쨌든 특정한 목적에 부합하지 않는 매체이다. 이 글에서 제시된 이미지들은 큐레이션된 전시물이라기보다는 스냅사진들로, 어떤 경험을 위한 기폭 장치, 그러한 장소들 각각을 압축적으로 상기시키는 것들이다. 종종 흐릿하고, 너무 어둡고, 색이 바랬으며 빛과 콘트라스트로 너무 가득 차 있으며, 단지 나에게만 쓸모 있지만 말이다. 그것은 그곳들에 있던 사람에 의해서는 대부분 이해될 수 있다. 이 이미지들은 자체가 반쯤은 쓸모없어진 폐허들에 대한 나의 수집가로서의 구원 작업의 핵심적인 부분이다.

나는 이미 버려진 이 장소들을 더 이상 불확실한 공간으로 밀쳐버리고 싶지 않다. 먼지가 잔뜩 쌓여 감추어진 구석에서 흐릿해지는 사진들의 통상적인 운명 — 이것은 그나마 얼마간 어울리는 운명일 수 있었을 것이다 — 이 아니라 디지털적 방치라는, 보다 우리 시대에 어울리는 천벌이 그것이다. 각각 '사진'과 '폐허. 선별할 것'이라고 표시한 폴더 안의 폴더 안에 숫자만 붙여진 수많은 이미지로 방치되는 것이 그것이다. 이 수집품을 공들여, 하지만 되는 대로 큐레이션하는 것은 그러한 장소들 중의 무엇인가를 구원하고 싶은 바람에 의해 고무되었다. 그것은 폐허의 미학이라는 어떤 낭만적 이상이 아니라 기본적으로는 그것들이 너무 텅 비어 있고, 거부당하고, 망각되어 있고, '구원'될 필요가 있기 때문이지만 대부분은 역사가 우발적으로 일어나며 실제로 일어나고 있는 곳은 여기이기 때문이다.

그러한 폐허를 구원하는 것은 그것을 식민화하는 행위, 그것의 과거를 정사精査하는 것, 그것의 종말을 미화하는 것일 필요가 없다. 그것의 존재를 아는 것으로, 그것의 삶의 마지막 단계에서 그것을 경험하고 있다는 일정한 느낌을 갖는 것으로, 그러한 장소와 시간에서 마멸되고 불완전 상태로 그것을 만나고 아는 것으로 충분할 수 있다.

이 폐허는 중고품 가게에 잔뜩 먼지를 뒤집어 쓴 채, 파손 된 채 있어 얼핏 조사한 바로는 어떤 분명한 기능도 갖고 있지 않아 버려진 값싼 장신구들의 웅대한 버전이다. 어떤 잊혀진 구석의 상자에 쌓아놓은 뭐가 뭔지 모를 버려진 책들처럼 흰 곰팡이가 핀 채 나타나 이 폐허를 단순히 원치 않는 쓰레기로 바라보는 것이 아니라 이 폐허, 이 폐허의 운명을 보다 많이 배려하며 열심히 무엇인가를 꼼꼼히 살피는 어떤 사람을 위해 바스라지는 것이다.

6. 결론

만약 그러한 폐허를 집어 들어 손 안에 쥘 수 있다면 나는 그것을 가까이 두고 펼친 다음, 살펴보고 연구해 모든 비밀을 내게 드러내게 한 다음 그것을 한층 더 가까이 간직하고 싶다. 쇠퇴의 모든 작은 조짐을 관찰하며, 다른 사람도 이 폐허를 보는 가운데 본인 또한 그러한 폐허 속으로 짜여져 들어가고 있음을 느낄 수 있도록 하며, 그들과 함께 이 폐허로부터 무엇인가를 떠맡으며 폐허 자체 내부에 사로잡힌 채 그리고 그곳을 떠돌고 배회하면서 본인 중 어떤 것을 그곳에 남겨놓는 가운데 말이다.

이 폐허 안에서 이루어진 나의 개인적 경험은 끊임없이 계속되는 성장 속에 들어 있는 파괴적 에너지를 지각하고, 역사적 내용을 물질적 세계 속에서 해석해 한 순간에 다수의 시간성과 상태를 성좌처럼 배치할 수 있도록 해주는 접근법의 장점을 예시해준다. 따라서 근대의 도시의 폐허 속에서의 만남은 단지 절망적 쇠퇴나 비극적 붕괴의 경험이라기보다는 몰락의 순간을 증류되고 거주 가능한 것으로 보는 구원적인 역사적 지각의 경험이다. 거부당해 알아채지 못하는 가운데 세계로부터 사라질 것으로 예상되는 공간에 대한 경험이라기보다는 말이다.

참고문헌

1. Benjamin, W., *The Arcades Project*, Harvard University Press: Cambridge, MA, USA, London, UK, 1999.
2. Edensor, T., *Industrial Ruins: Space, Aesthetics and Materiality*, Berg: Oxford, UK, New York, NY, USA, 2005.
3. Trigg, D., *The Aesthetics of Decay: Nothingness, Nostalgia and the Absence of Reason*, Peter Lang Publishing: New York, NY, USA, 2006.
4. Pinder, D., "Arts of urban exploration", *Cult. Geogr.* 2005, 12, 383~411.
5. Hell, J.; Schönle, A., *Ruins of Modernity*, Duke University Press: Durham, NC, USA, 2008.
6. DeSilvey, C.; Edensor, T., "Reckoning with ruins", *Prog. Hum. Geogr.* 2012, doi:10.1177/0309132512462271.
7. Fraser, E., "Urban Exploration as Adventure Tourism: Journeying Beyond the Everyday", in *Liminal Landscapes*, Andrews, H., Roberts, L.(eds), Routledge: London, UK, New York, NY, USA, 2012.
8. Benjamin, W., "Berlin Chronicle". In *Walter Benjamin: Selected Writings*, volume 2, part 2(1931~1934), Jennings, M. W., Eiland, H., Smith, G.(eds), Belknap Press of Harvard University Press: Cambridge, MA, USA, London, UK, 1999.
9. Benjamin, W., "Berlin Childhood Around 1900", in *Walter Benjamin. Selected Writings*, volume 3(1935~1938), Eiland, H., Jennings, M. W.(eds), Belknap Press of Harvard University Press: Cambridge, MA, USA; London, UK, 2002.
10. Gordon, A. F., *Ghostly Matters: Haunting and the Sociological Imagination*, University of Minnesota Press: Minneapolis, MN, USA, London, UK, 2008.
11. Berger, A., *Drosscape: Wasting Land in Urban America*, Princeton Architectural Press: Princeton, NJ, USA, 2007.

12. Solá-Morales, I., Terrain Vague., In *Anyplace*, Davidson, C. C.(ed); Anyone Corporation: New York, NY, USA, 1995. *Societies* 2013, 3 481.
13. Turner, V. W.; Bruner, E. M., *The Anthropology of Experience*, University of Illinois Press: Urbana and Chicago, IL, USA, 1986.
14. Hollander, J. B., *Polluted and Dangerous: America's Worst Abandoned Properties and What Canbe Done about Them*, University of Vermont Press: Burlington, VT, USA, 2009.
15. Benjamin, W., *Selected Writings*, volume 3(1935~1938), 1st ed.; Belknap Press of Harvard University Press: Cambridge, MA, USA, London, UK, 2002.
16. Benjamin, W., *Selected Writings*, volume 2, part 2(1931~1934), Belknap Press of Harvard University Press: Cambridge, MA, USA, London, UK, 1999.
17. Benjamin, W., "Paralipomena to on the Concept of History", in *Walter Benjamin, Selected Writings*, volume 4(1938~1940), Eiland, H., Jennings, M. W.(eds), Belknap Press of Harvard University Press: Cambridge, MA, USA, London, UK, 2003.
18. Benjamin, W, Selected Writings, volume 4(938~1940), Belknap Press of Harvard University Press: Cambridge, MA, USA, London, UK, 2003.
19. Benjamin, W., "Theses on the Philosophy of History", in *Walter Benjamin, Selected Writings*, volume 4(1938~1940), Eiland, H., Jennings, M. W.(eds), Belknap Press of Harvard University Press: Cambridge, MA, USA, London, UK, 2003.
20. Benjamin, W., "One Way Street", in *Walter Benjamin, Selected Writings*, volume 1(1913~1926), Bullock, M., Jennings, M. W.(eds); The Belknap Press of Harvard University Press: Cambridge, MA, USA, London, UK, 1996.
21. Benjamin, W., "Central Park", in *Walter Benjamin, Selected Writings*, volume 4(1938~1940), Eiland, H., Jennings, M. W.(eds); Belknap Press of Harvard University Press: Cambridge, MA, USA, London, UK, 2003.
22. Boym, S., *The Future of Nostalgia*, Basic Books: New York, NY, USA, 2001.
23. Forrest, T., *The Politics of Imagination. Benjamin, Kracauer, Kluge*, Transcript Verlag: Bielefeld, Germany, 2007.
24. Gilloch, G., *Myth and Metropolis: Walter Benjamin and the City*, Polity Press, in association with Blackwell Publishers: Cambridge, UK, 1996.
25. Kafka, F., "The Cares of a Family Man", in *The Complete Stories*, Schocken Books: New York, NY, USA, 1971.
26. Stewart, K., *Ordinary Affects*, Duke University Press: Durham and London, UK, 2007.
27. Stewart, K., *A Space on the Side of the Road*, Princeton University Press,

Princeton, NJ, USA, 1996.
28. Benjamin, W., *Illuminations*, Harcourt Brace & World: New York, NY, USA, London, UK, 1968.
29. Abbas, A., "On fascination: Walter Benjamin's images", *New Ger. Criti.*, 1989, 48, 43~62.

3 스크린 속의 도시

8장

영화와 대도시:
도시 현실로의 카메라의 침투

파비오 라 로카

1. 서론

영화의 우주는 대도시에 대한 집단적 상상에 기여해 도시의 존재의 복잡성과 지형학에 대한 시각을 형성하는 것을 돕는다. 영상은 도시의 골상학과 분위기를 들여다볼 수 있는 작은 구멍을 제공해주며, 도시의 분위기를 '느끼고', 도시 공간으로부터 영화의 스크린 속으로 출현한 감정을 '접촉하는 것'을 가능하게 해준다. 이미지의 힘은 우리를 다른 곳으로 데려다주고, 카메라를 수단으로 대도시 풍경을 가로지는 것을 허용해주고, 그리하여 지각적 공간 속에서 역사, 문화, 시각적 기억의 수렴을 촉발시킬 수 있는 능력에 있다. 영화 언어의 특수성은 실재the real에 대한 다양한 형태의 침투를 통해 도시에 대한 집단적 상상을 구조화하는 것을 도와주며, 역으로 실재는 일상의 이해에 기여하는 영화를 통해 제시되는 다양한 이미지에 의해 형성된다. 영화는 대도시를 가시적인 것으로 만드는데,

그것은 이 견해에 의하면, 화면 위에 투사되는 이미지 속에서 그리고 그것을 **통해** 존재한다.

영화의 탄생이 현대적 대도시의 여명과 일치한다는 것은 현대적 풍경의 발전 궤적과 유사한 시각적 여정을 암시한다. 이 풍경이 관객의 시선을 사로잡고 구조화하는 이미지들의 직물을 형성하며, 사회과학적 탐구의 한 형태로서의 시각적 접근을 이용해 도시적 파노라마에 대한 해석을 형성하는 것을 허용해준다.[1] 들뢰즈의 이론적 관점에 따르면[2] 영화 예술적cinematographic 지각은 영화의 본질 자체, 즉 주관적 지각 모델로 환원 불가능한 이미지들의 생산에 있다. 가시적인 것은 세계에 대한 해석을, 세계상Weltbild을 즉 우리가 이미지로 이해하는 세계를 환경으로 설정하는 것을 돕는다. 세계관Weltanschaaung이 영화적 파노라마 안에서 존재론으로, 즉 실재에 대한 이해의 한 형태를 포획하고 발전시킬 수 있도록 해주는 존재론으로 작동하고 있다. 따라서 이러한 분석에서 영화적 이미지는 사유의 이미지로, 일상적 삶이 반영된 모습으로 이해된다. 베르그손에게서 영감을 얻은 들뢰즈가 보기에 영화에 관한 철학적 물음은 역동적 긴장으로 가득 차 있는 이미지-운동의 기호들과 함께 작동하는 사유의 메커니즘에 관한 것이다. 이미지와 사유 사이의 관계는 세계와 세계의 도시적 차원을 '해독하는' 것을 도와주는 현상학이 된다. 따라서 영화는 도시의 풍경을 이해하는 방법으로, 일종의 지식으로 간주될 수 있다. 크라카우어[3]에게서 특정 문화의 사회적 세계를 기록하는 표현적 다큐멘터리 또는 짐멜[4]을 따르자면 도시의 사회적 존재의 지각 가능한 경험을 탐구할 수 있도록 해주는 방법론이 그렇듯이 말이다.

2. 도시적 차원에서의 실재의 이미지

메츠[5]의 이론적 입장을 이어받자면, 영화 언어는 우리의 지각, 우리의 집단적 상상, 우리가 이미지와 맺는 관계를 특히 강조하는 가운데 조직[화]의 앙상블을 끌어낼 필요라는 관점에서 해석되어야 한다. 그리하여 우리는 영화 이미지의 심층에서 사회적 심층을 지각할 수 있다는 사회학적·존재론적 직관에 이르게 된다. 마페졸리의 "세계에 대한 응시"[6], 즉 재현의 미학으로부터 제시와 지각의 미학으로의 이행이라는 이론적 감수성에 입각해 우리는 영화 속에서 작동 중인 사회적 세계를 바라보는 상이한 방식을 발전시킬 수 있는 가능성을 발견할 수 있을 것이다. 이 미학은 이미지의 '정서성affectivity'을 고양시켜준다. 즉 관객의 눈과 화면의 깊이 사이의 강박적이고 심지어 에로틱한 관계 속으로 작동되어 들어가는 이미지들의 '의존'의 정서성을 말이다. 이런 식으로 모랭[7]이 묘사하는 바의 집합적 이미지들이라는 관점에서 영화를 군중의, 즉 꿈과 정서성의 군중의 영혼으로, 실재와 내밀하게 연결된 인간성의 발효 과정으로 간주할 수 있을 것이다. 따라서 영화라는 매체는 이 '실재'와의 유기적 관계를, 일종의 존재론을 또는 바쟁[8]이 제안하는 대로 "존재론적 리얼리즘"을 수립한다. 바쟁의 분석에 기대 우리는 '현실[실재]'의 기록이 어떻게 영화에게 '실재'의 그러한 내밀한 진리를 드러내는 방법일 수 있는지를 지적할 수 있을 것이다. 그리고 현실보다 우위에 서는 것이 이 '실재적인 것real'으로, 거기서 우리는 우리에게 현실[실재]의 '결과들'을 보여줄 수 있는 영화 이미지의 능력을 발견한다. 도시의 풍경은 실재적인 것의 지각 또는 보다 정확하게는 실재적인 것의 사진술이라는 측면에서 본질적 특징으로 출현한다. 이 측면에서 우리는 뒤랑[9]이 제안한 이미지 이론을 통해 이미지들의 '궤적'의 구성 속에서 영감을 발견할 수 있을 것이다.

영화는 사회적·도시적 세계에 대한 시각적 해석으로 우리를 이끄는 장치를 구성한다. 맥루한[10]의 용어를 빌리자면 "뜨거운 매체"로, 거기서 우리는 이론적·정서적 의미를 획득하며 게다가 우리의 상상계의 구성에 기여하는 몇몇 핵심적 특징을 발견할 수 있는 가능성을 찾는다. 만약 우리가 영화를 감각의 연장으로 또는 압루제세[11]를 따라 포스트모던한 상상계를 정초하는 데서의 환기력으로 이해한다면 영화의 이미지는 우리가 '여분의' 어떤 것을 지각하고 표현하는 데 도움이 될 수 있다. 대도시가 영화적 캐릭터 자체가 되며, 이 '여분의 것'이 정서적·소통적 모델을 통해 도시 세계의 표현을 다양한 측면, 즉 장소와 영역, 일상생활, 개인적 표현, 그것의 건축적 형태의 미학에서 공고하게 하고 명확하게 하는 영화에 몰입하는 것을 통해 우리가 마주치는 것이 이것이다.

대도시와 영화의 관계는 도시적 영화와 영화적 대도시를 예시하는 상징적 교차 내내 지속된다. 그것은 실존적 관계로, 거기서 역사적·문화적 관점에서 영화기술적인 것은 거리를 향해 이동하며 도시 혁명의 증언이 된다. 따라서 우리는 뤼미에르 형제가 〈라 시오타 역으로 들어오는 기차〉(1895년)를 상영한 것을 상징적·은유적 관점에서 도시 공간으로의 침투로 해석할 수 있을 것이다. 그것은 또한 영화의 도래를 그리고 영화가 지각의, 상상계의, 관객의 정신적 공간에 존재하는 감각들의 진정한 *bona fide* 혁명으로서의 문화의 산업적 생산 속으로 들어갔음을 함축한다.

따라서 영화는 도시의 파노라마, 도시 구조의 공간, 거리, 구區에 대한 관심을 촉발시키며, 영화적 표현의 선들이 된다. 우리는 역사적 연속이라는 관점에서 영화의 대도시의 존재에 대해 말할 수 있을 것이다. 현대 도시의 탄생, 그것의 사회적 행위의 측면, 그것의 건축적 진화, 포스트-도시적 우주, 미래주의적 예견, 진기한 유토피아 …… 에 대해 말이다. 이 모든 것은 도시의 풍경을 무수히 많은 측면에서 사유와 상상계의 토대이자 도시적 복잡성에 대한 지각으로 이해하고 관찰하는 데 도움이 된다. 우리는 또한 린치의 이론[12]에서처럼 도시 경관을 통한 일종의 '항해'를 가능하게 해줄 정신적 지도를 만들어내 수 있을 것이다.

따라서 도시화의 역사와 연결되어 있는 영화의 역사와 함께 도시와 도시의 영토들의 역사는 영화적 내레이션의 시각적 대본으로 실현된다. 영화는 대도시에게 자기를 터놓고, 대도시에 침투하고 동시에 대도시가 영화의 상징적 재현을 통해 화면에 침투하는 것을 가능하게 해준다. 그 결과 도시적 캐릭터의 복잡성이 시각적 차원에서 풍경의 파노라마의 발달의 연속으로 "현시"[13]된다. 베르토프Dziga Vertov의 키노-프라브다 운동 전통부터 랑Fritz Lang의 〈대도시〉까지, 이탈리아의 네오리얼리즘부터 프랑스의 누벨바그까지, 스콜세지부터 빔 벤더스까지, 배트맨의 고담시부터 〈블레이드 러너〉의 LA까지 영화는 이미지의 미학이 제공하는 관점을 통해 도시의 풍경과 사회 진화의 베일을 벗기는 사회역사적 문화가 되고 있다. 대도시는 상이한 형태의 영화적 내레이션과 함께 이미지의 퍼즐로 조립되고 재조립된다.

영화 기술적 전통 속에 도시적 캐릭터가 존재하는 것은 우리 기억 속에 내장되어 있는 상징적·물리적 인식에 의해 증폭된다. 따라서 우리는 영화적 대도시를 다중의 얼굴을 가진 것으로 생각할 수 있다. 장소, 건축, 도시 환경에 대한 기억이 전달되는데, 그것은 기억, 상상, 감정, 정서와 결합해 작동한다. 그것은 영화는 세계를 탐구할 수 있도록 해주는 마술 등[환등기]magic lantern이라는 생각을 환기시키는데, 거기서 화면에 투사된 이미지는 삶의 경험에 대한 관객의 지각, 우리가 해석적 영역에서 그리고 이미지의 효과를 통해 가닿을 수 있는 풍경에 대한 기억의 즉시성에 상응한다. 이 모든 것은 도시적 삶을 통한 상상적 항해를 만들어내 우리로 하여금 단어 속에 살며, 풍경을 느끼고, 영화의 생산[14] — 이 생산은 대도시의 이미지가 우리가 살고 있는 세계의 피부로 되는 상상계의 힘을 가진 상징적 건축의 우주를 만들어낸다 — 을 통해 도시 안에서 사는 것을 가능하게 해준다. 그것은 영화적 시퀀스의 실재/상상계에 의한, 미학적·지각적 정복에 의한 공간의 전유로, 거기서 우리는 이 미디어 회로를 통해 한가롭게 거닐*flâner* 수 있는 기회를 갖게 된다. 이 상상적 모자이크는 또한 도시의 풍경을 나타내는 표식으로 기능하는 것으로도 볼 수 있는데, 그것을 통해 그것에 의해 이미지들은 영화적인 내재성의 판 plane of immanence[평면] — 이것은 감각운동의 도식을 통해 감정들을 경험할 수 있도록 해준다 — 위에 우리 존재와 경험을 기록할 수 있는 가능성을 가진 기억의 상징적 질서를 향상시켜준다.[15] 우리가 영화적 이미지를 흡수하면서 참여하는 한가롭게 거닐기*flânerie*는 대도시가 하나의 캐릭터로서 의식을 침전시키는 상징적 잔여가 될 수 있도록 해주는 시각적·감정적 상황을 마련해준다. 그러한 시각적 도식론 속에서 상징을 포획하는 것은 우리가 정서적 기억과 '일상적 지식'을 발전시키는 것을 도와준다. 따라서 우리는 벤야민이 "시각적 무의식"[16]이라고 부르는 무의식의 시각적 형태로서의 이미지가 새로운 방식으로 물리적 공간을 지각할 수 있도록 해주는 역동성 속에 있게 된다. 벤야민이 보기에 카메라에게 말하는 것은 눈에 이야기하는 것과 동일한 것이 아니다. 무의식이 지배하는 영역이 존재하는 것이다. 벤야민 이론의 렌즈를 통해 영화는 공간이 확장되고 풍부화되는 행동의 장을 열어준다. 우리 눈 속에서 시각의 그러한 확장은 대도시 그리고 도시의 풍경의 시공간에 대한 사유의 새로운 차원을 만들어낸다.

    현실화는 꿈과 관련된 비전속에서는 공간이 특수한 유기적 형태를 취하는 영화기술적 이미지의 힘으로, 벤야민에 의해 영감을 부여받은 바 있다. 만약 고전적 사유가 재현에 대해 사유하도록 우리를 고무한다면 영화는 재현 또는 한층 더 낫게는, 만약 엡스탱[17]을 참조할 수 있다면, 무의식적 사유에 속한다고 말할 수 있을 것이다. 그렇지 않으면 막스 베버[18]를 따라 비실재를 이해하는 것을 통해 실재를 이해하는 것과 관련해 우리는 도시적 실재는 영화적 비실재 속에서 상영되는 형태로부터 이해될 수 있다고 주장할 수 있을 것이다. 여기에는 공간적 세계에 대한 지식을 형성하는 것을 허용하는 '가능성의 조건'이 도시적 형태의 복잡성을 예시하는데, 그리하여 그것을 이미지화하는데 사용되는 시각적 방법론이 존재한다. 일상에 대한 이념형적 지식에 내재하는 가능성에 대한 쉬츠[19]의 견해를 이어받아 '아이콘적 가능성'을 생산하는 영화적 내러티브는 대도시, 즉 대도시 공간과 풍경에 대한 지식 같은 것을 영구화한다. '이미지들의 성좌'가 영화적 형태로 작용하면서 이미지들로 이루어지는 우리의 이해를 형성한다. 대도시가 온갖 다양한 형태로 자기 모습을 드러내는 것은 상상력의 이와 같은 영화적 구조 속에서이다. 따라서 '영화 없이 대도시는 존재할 수 없으며, 대도시 없이 영화는 존재할 수 없다'고 주장할 수 있을 것이다. 그것은 그러한 상징적 교환의 의미를, 우리 의식을 구조화하고 있는 이처럼 풍부하고 영구적인 대화의 의미를 확인해준다.

3. 영화적 소요逍遙

영화적 소요는 우리를 일종의 "가시적인 것의 횡단"[20]으로 이끄는데, 거기서 도시 경관의 형태들은 상징적 인식 과정을 통해 나타나 파리의 옥상으로부터 뉴욕의 현기증으로, 베를린의 분위기에서 도쿄의 밝은 빛들로, 나폴리의 멜로디로부터 리스본의 교향곡으로, 맨체스터의 사운드로부터 디트로이트의 리듬으로, LA의 공간성으로부터 라틴아메리카의 거대 도시의 교외로 우리를 데려간다. 우리는 여기서 대도시에 대한 기억과 영화에 대한 기억의 접합을 가능하게 해주는 영화적 이미지들에 의해 감싸인 시공간 속에 파묻히게 된다. 그것들은 독특한 막 속에 내장되어 있는 두 과정이다. 화면에서 인격화되는 도시적 파노라마의 빛과 그림자를 투사하는 화면의 막이 그것이다. 영화는 우리에게서 도시를 배회하는 것에 대한 이해를 촉진하며, 우리가 대도시와 거의 마술적인 관계를 맺도록 해주며, 도시의 다양성을 관찰할 수 있는 기회를 마련해준다. 따라서 영화적 상상계에 매료되는 것은 생명으로 가득 찬 풍경들의 초상을 만들어내는데, 우리는 실재적인 것과 상상적인 것, 꿈속의 것과 감상적 매료 사이의 동요를 통해 그것을 횡단한다.

영화를 통해 도시의 풍경의 상상적 도식을 구성하는 것은 대도시에 그리고 우리의 느낌과 감정을 재활성화할 영혼에 새로운 의미를 부여한다.[21] 이 정서성이 황홀경을 통해 시너지를 내는 토대 중의 하나인데, 이 시너지는 대도시의 파노라마가 상상적 인식 과정에서 감각들의 교감 속에서 모습을 드러내는 영화적 비전으로부터 출현한다. 영화와 도시의 파노라마 사이의 연합은 문화적 연합으로, 상징적 교환의 원인인 동시에 결과이다. 이 교환은 초월적 경험을 형성하는 이미지들의 이 한 몸체를 통해 이 두 요소 모두가 존재하는 것을 가능하게 만든다. 따라서 우리는 카메라의 움직임에 의해 작동되는 상이한 도시적 배경 속에서 생산되는 실존적 미학에 직면하게 된다.

미국 영화의 옛 서부Old Wes는 서구 문화에 지속적 영향을 행사해온 경계와 신화의 고전적 지리학이다. 그로부터 난 길은 상상계의 진정한 지도책으로 간주될 수 있을 것이다. 서부 영화들은 본질적으로 지리학적이다. 즉 풍경은 원형적 캐릭터가, 지식을 탐구하기 위한 추동력이 된다. 존 포드 영화의 미학을 예로 들어 생각해볼 수 있을 것이다. 역사와 미디어의 진화에서 이 원형적 캐릭터는 '풍토학적' 실현의 다양한 단계를 가로지르면서 지속적으로 자기를 재발명한다. 서부 영화들은 풍경을 회화로부터 진화해 스크린 속에서 그리고 스크린을 통해 자기를 드러내며, 시각적·상징적 판[평면]에서 지각과 매혹을 변형시키는 것으로 지각한다. 이탈리아의 네오리얼리즘에서 예컨대 감독은 영화를 촬영하면서 거리로 내려가는데, 정신적 공간으로 체험되는 도시적 공간에 대한 심오한 설명을 제시한다. 이것이 전형적으로 보여주듯이 영화를 통해 우리는 풍경 속으로 들어간다. 그것은 오몽 말대로[22] "움직이면서 보는 것"이며, 대도시의 단편들과의 그러한 관계 속에서 영화에 의해 가능해진다. 네오리얼리즘 영화에서 먼저 데 시카De Sica와 로셀리니와 함께 그리고 나중에는 펠리니와 안토니오니Michelangelo Antonioni와 함께 우리는 그러한 단편들을 그것들의 모든 '통명스러움' 속에서 본다. 도시적 캐릭터의 이러한 노출, 우리 비전에 나타나는 대로 사물을 지각하는 그러한 방식은 풍경의 탐구를 우리가 감독의 영화적 눈에 의해 안내받는 실존적 여행으로 주체적으로 해석할 수 있도록 해주는 방법이다. 우리는 그러한 감독들을 도시의 사회적 지식을 추구하는 사람으로 간주할 수 있을 것이다. 그들은 이 장에서 카메라를 든 탐정처럼, 다양한 도시적 경험과 일상생활을 관찰하고 검토하고 형태를 부여하는 "사회학적 눈"[23]을 가진 탐정처럼 일에 몰두한 채 작업을 해나간다. 그리하여 영화감독의 눈은 실재에 대한 시각적 확인의 형태, 이해하고 표현하는 방법을 보여주는 인류학적 소풍이다.

이 견해에 의하면 안토니오니는 대도시 탐구에 기여한 감독의 가장 패러다임적인 사례 중의 하나를 대변한다. 사회학자, 건축가, 풍경화가일 뿐만 아니라 사진가인 그는 〈정사〉(1960년), 〈태양은 외로워〉(1962년), 〈욕망〉(1966년) 같은 영화를 통해 카메라를 들고 공간의 시학 자체에 대한 통찰을 가능하게 해줄 정도로 매우 깊이 파고들어감으로써 인간과 도시적 존재의 복잡성 속으로 우리를 초대한다. 현상학적 관점에서 볼 때 안토니오니의 눈을 통해 이미지를 제시하는 가운데 이 시학은 세르토[24] 또는 더 좋게는 쌍소[25]의 시학적 리얼리즘과 연결될 수 있을 것이다. 그것은 감각적인 것을 드러낼 수 있는 도구로서의 영화 이미지의 해석학적 잠재력을 입증해주는데, 그것을 통해 우리는 쌍소가 〈도시의 시학 *Poétique de ville*〉에서 하고 있듯이 우리에게 대도시의 다양한 드러남과 비밀을 제시하기 위해 대도시를 포착 중인 감독을 본다.

영화적 사례의 이러한 집합 속에서 우리는 쌍소가 도시의 밤, 산책로, 도시의 리듬, 도시의 교외와 거리의 상징주의를 통해 배회하면서 형태를 부여하고 있는 대도시의 정서적 지리학을 발견한다. 영화는 이 모든 것을 시각적 시학을 통해 우리에게 우의상징적으로 되돌려준다. 그와 같은 시학이 독일 감독 빈 벤더스의 작품, 특히 그의 텅 빔의 미학에서 발견된다. 벤더스의 비전에서 대도시와 대도시의 풍경은 캐릭터 자체가 된다. 즉 산업적 황무지, 쓰레기장, 사람이 손대지 않은 공간, 도시의 틈새 그리고 '보이지 않는' 공간이 그것이다. 벤더스의 영화는 대도시의 언어, 도시의 예술을 구성하며, 그의 영화들에서 특수한 장소의 그러한 위상학은 종종 부정적으로 묘사되지만 하나의 시학과 시를 완수한다. 고속도로 인터체인지, 그곳의 구석구석에 스며들어 있는 텅 빔, 다양한 형태의 도시적 우주를 보여주는 〈파리, 텍사스〉(1984년)를 또는 관객이 역사적 베를린의 폐허를 통해 일렬종대로 행진하는 〈욕망의 날개들〉(1987년) 또는 대도시의 황량한 장소와 함께 상이한 환경과 일시적 공간이 융합되어 있는 모습을 보여주는 〈미국 친구〉(1977년)를 참조할 수 있을 것이다. 벤더스의 영화적 시학에서 우리는 종종 방황, 노마디즘과 마주친다. 풍경의 다양성과 도시의 틈새 사이의 내부에서의 항해에서 우리로 하여금 복잡하기 짝이 없는 도시적 매트릭스의 미로를 드러내도록 안내해주는 행위들을 말이다. 영화적 관점은 우리의 이해 방식에 영향을 미치고 건축가, 도시 계획자, 풍경화가에게 영감의 원천이 될 수 있는 상상의 잠재력을 보유하고 있다. 영화 속에서 이루어지는 도시적 세계의 인류학적 횡단은 탐구할 영토를 제공하며, 거기서 우리는 교향곡, 시공간의 유동성, 상징계 그리고 일상생활을 향한 시각적 재생산의 코드를 검증할 수 있다.

영화적 이미지는 환기된 장소를 표류하는 것 *dérive*을 통해 일상생활의 도시적 우주에 대한 탐험에 나서도록 해준다. 예컨대 〈그녀는 그것을 가져야만 해〉(1986년), 〈똑바로 살아라〉(1989년), 클로커즈*clokers*〉(1995년) 같은 스파이크 리의 영화에서 발견할 수 있는 브루클린의 풍경이 그렇다. 브루클린의 풍경의 신화는 또한 오스터Paul Auster가 각본을 쓴 웨인 왕王穎의 〈스모크〉에서도 발견된다. 이 신화는 어퍼웨스트사이드에서 정서적 지리학을 발견하는 우디 앨런의 작품들의 미학 속에 들어 있는 맨해튼의 마술의 상징적 중심성과 경쟁을 벌이고 있다. 이 사례들은 살아 있는 공간, 재현의 공간, 도시적 존재의 '부족화'에 대해 말하고 있는데,

거기서 뉴욕은 공간적인 영화적 상상의 부수현상이 된다. 우리는 소피아 코폴라의 〈사랑도 통역이 되나요〉(2003년)의 시각적 미학을 통해 환하게 불 켜진 도쿄의 거리들이나 고다르의 〈네 멋대로 해라A bout de souffle〉나 바르다Agnes Varda의 〈5시부터 7시까지의 클레오〉(1962년) 같은 프랑스의 누벨바그의 우주로 잠겨 들어가는 것을 통해 그와 비슷한 감정적 지리학을 발견할 수 있다.

4. 열림: 영화적 패러다임

역사적으로, 영화적인 것은 도시적 우주에서 일어난 변화의 자연적 경로를 따른다. 도시적 진화의 궤도는 근대성으로부터 포스트모더니티로, 그리하여 포스트-도시적 풍경 속으로 이동하는 미학적 여행으로서의 영화의 궤적과 병행된다. 이 의미에서 만화와 비디오게임에 영향을 미치는 것을 통해 텅 빈 것 즉 꿈으로부터 대도시를 창조해 화면 위에서 시각적으로 제시함으로써 그것을 전달할 수 있는 영화의 능력에 대해 성찰할 수 있다. 화면은 이미지와 관객 사이의 상징적 교환의 매체이다. 마찬가지로 영화는 대도시 매체로 이해될 수 있다. 공간을 대도시적 삶의 방식의 과거, 현재, 미래를 상징적으로 구성하는 것으로 제시하는 것이다.

랑의 영화 〈대도시〉를 회상해본다면 21세기의 상상적 대도시에 대한 비전을 발견할 수 있을 것이다. 괴물 같은 도시인 몰로크Moloch, 건축적 수직성 — 사회학적 관점에서 이것은 사회 집단과 권력 구조 사이의 적대적 관계를 상징한다 — 을 가진 방대한 기계 체계가 그것이다. 대도시에서 우리는 도시 사회학의 미래의 주제들을 위한 제안들을 발견한다. 대도시의 건축학적 모델도 마찬가지로 포스트모던의 몇몇 원형적 건축 속에서 실재와 유사한 것을 발견한다. 그것은 암묵적으로 영화적 상상계의 실재를 참조하고 있는데, 우리는 그것의 미학적 느낌을 또한 〈배트맨〉의 줄거리의 배경인 고담 시에서 암시되고 있는 것에서 찾을 수 있다. 즉 다양성 그리고 다다이즘적 의미에서 아상블라주에 기반한 세계 도시가 그것으로, 그것은 포스트모던한 도시의 패러다임과 관련되어 있는 것처럼 보인다. 우리는 그러한 패러다임을 또한 사회학적 주제들을 예견하고 있는 영화의 또 다른 사례인 〈블레이드 러너〉에서도 발견할 수 있다. 하비[26]에 의해 팝아트 작품으로 묘사된 이 영화는 탈산업적 데카당스, 상징의 카오스, 기술적 세계, 도시적 미로, 바로크적 파편화, 타이렐사Tyrell Corporation의 구조에 의해 지배되는 인상적인 건축물의 공간적 지리학에서 전형적으로 나타나는 영향의 예시이다.

　SF적 관점에서 태어난 '미래'의 이 모든 도시는 우리 시대의 도시적 풍토학의 주제에 대한 일종의 예측을 구성한다. 현재의 도시로서의 미래의 도시가 그것이다. 그것은 우리의 상상들의 공간 속으로 샅샅이 스며들어 온 이 영화들의 상상계가 실재 속으로 투사된 것처럼 보인다. 이런 식으로 영화적 소통은 도시적 미학을 창조하고 전달하는데, 거기서 대도시적 삶의 리듬은 점점 더 영화의 리듬을 닮아간다.

　대도시를 영화적 캐릭터로 고려하는 것은 우리 자신이 공간과 맺는 관계를 성찰하도록 우리를 이끌며, 영화의 비전에 대한 우리의 경험으로부터 도시의 풍경에 대한 '내밀한 지리학'을 지도로 만든다. 일종의 경험적 경험주의인 셈이다. 즉 이와 같은 이해방식을 영화에서의 대도시의 미학에 부여할 수 있을 텐데, 그러한 대화적 관계는 대도시의 많은 특징이 효력을 발휘하게 되는 상상계의 매체의 힘을 성찰하고 의식하는 것을 도와준다. 영화에서의 도시적 풍경의 이미지들은 대도시의 형상의 "상징적 이행"[27]으로 나타난다. 여행, 산책, 소요 *flanerie in visu*에 의해 형성되는 지식의 구조를 우리가 깨닫는 것을 도와주는 "지각의 현상학"[28]에 의한 시선의 구조화가 그것이다. 따라서 벤야민[29]의 이론을 따르자면 영화적 우주 속에서 작용하는 꿈, 상상계 그리고 실재 사이의 그와 같은 교환은 대도시의 본질에 시각적으로 접근하는 것을 허용해준다.

상이한 영화 기술적 사례에 기반한 도시의 풍경 탐구는, 우리가 보기에는, 이미지가 핵심적 역할을 하는 현상학적 노력으로 간주되어야 한다. 이런 식으로 영화 기술적 우주는 도시와 도시 공간을 도시 연구 및 상상계의 사회학의 초점으로 재현하는 것에 대한 성찰을 촉진할 수 있다. 만약 보는 것이 아는 것의 방식 중의 하나라면 도시 관련 분과학문들은 대도시의 재현 그리고 대도시를 이루는 요소들의 성좌를 풍부하게 하기 위해 이미지에 대한 시각 이론과 현상학적 방법을 필요로 할 것이다.

참고문헌

1. Krase, J., "An Argument for Seeing in Urban Social Science", *Urbanities, The Journal of the IUAES Commission on Urban Anthropology*, volume 2, Number I, Vancouver, May 2012.
2. Deleuze, G., *Cinéma 1. L'image-mouvement*, Les Éditions de Minuit: Paris, 1983.
3. Kracauer, S., *Le voyage et la danse. Figures de ville et vue de films*, textes choisis et présentés par Ph. Despoix, traduit de l'allemand par S. Cornille; Saint-Denis: Presses Universitaires de Vincennes, France, 1996.
4. Simmel, G., *Sociologie. Études sur les formes de la socialisation*(1908), PUF.: Paris, 1981.
5. Metz, C., *Essai sur la signification au cinéma*, Klincksieck: Paris, 1968.

6. Maffesoli, M., *La contemplation du monde*, Grasset: Paris, 1993.
7. Morin, E., *Le cinéma ou l'homme imaginaire*, Les Éditions de Minuit: Paris, 1956.
8. Bazin, A., *Qu'est-ce que le cinéma?* Édition du Cerf: Paris, 1962.
9. Durand, G., *Les structures anthropologiques de l'imaginaire*(1960), Dunod: Paris, 1993.
10. McLuhan, M., *Understanding media: The Extensions of Man*, McGraw-Hill: New York, 1977.
11. Abruzzese, A., *La splendeur de la télévision. Origines et développement de la culture des médias de masse*, L'Harmattan: Paris, 2006.
12. Lynch, K., *The Image of the City*, MIT Press: Cambridge, USA, 1960.
13. La Rocca, F., "L'instance monstratrice de l'image. La sociologie visuelle comme paradigme phénoménologique de la connaissance", *Visualidade, Revista do Programa de maestrado em cultura visual*, vol. 5, no. 1; UFG: Goiâania, pp. 115~121, Brazil, 2007.
14. La Rocca, F., *La ville dans tous ses états*, CNRS Éditions, Paris, 2013.
15. Deleuze G., *Cinéma 2. L'image-temps*, Les Éditions de Minuit: Paris, 1985.
16. Benjamin, W., "L'oeuvre d'art à l'époque de sa reproductibilité techniue"(1936), traduit de l'allemand par M. De Gandillac; Allia: Paris, 2003.
17. Epstein, J., *Écrits sur le cinéma*, 2 vol.; Éditions Seghers: Paris, 1974~1975.
18. Weber, M., *Essais sur la théorie de la Science*, Plon: Paris, 1965.
19. Schütz, A., *Le chercheur et le quotidien. Phénoménologie des sciences sociales*, traduction d'articles sélectionnés à partir des Collected Papers, traduit par A. Noschis-Gillieron; Méridiens-Klinksieck: Paris, 1987.
20. Mons, A., *La traversé du visible. Images et lieus du contemporain*, Les Éditions de la Passion: Paris, 2002.
21. Mottet, J(dir.), *Le paysage au cinéma Champs Vallon*, Seyssel, France, 1999. *La ville au cinéma*, sous la direction de Th. Jousse et Th. Paquot; Cahiers du cinéma: Paris, 2005.
22. Aumont, J., *L'oeil interminable. Cinéma et peinture*, Librairie Séguier: Paris, 1989.
23. Hugues, E. C., *The Sociological Eye. Selected Papers*, Transaction Books: New Brunswick (US A), London (UK), 1997. 또한 Berger, J, Mohr, J., *Another way of telling*, Vintage Books, Random House: New York, 1995을 보라.
24. De Certeau M., *L'invention du quotidien*, Vol. 1. *Arts de Faire*(1974); Paris: Gallimard, coll. folio essais, France, 1990.
25. Sansot, P., *Poétique de la ville*, Klincksieck: Paris, 1973.

26. Harvey, D., *The condition of postmodernity*, Blackwell: Oxford, 1989.
27. Tacussel P., Mythologie des formes sociales, Méridiens Klincksieck: Paris, 1995.
28. Merleau-Ponty, M., *Phénoménologie de la perception*, Gallimard: Paris, 1964.
29. Gilloch, G., "Optique urbaine: Le film, la fantasmagorie et la ville chez Benjamin et Kracauer", in *Walter Benjamin et la ville*, Éditions de l'Éclat: Paris/Tel Aviv, 2006, pp. 101~127.

9장

카메라가 역에 도착하다:
문화적 기억으로서의 영화적 기억

러셀 J. 킬번

> 머릿속에서 지워지지 않는 이 도시는 갑옷이나 벌집 같아서 우리는 모두 그것을 이루고 있는 각각의 칸 안에 우리가 기억하고자 하는 것을 …… 배열할 수 있습니다.
>
> ― 칼비노, 『보이지 않는 도시』[1]

1. 서론: 영화적 도시, 정체성 그리고 문화적 기억

이 글에서 나는 현대의 대도시를 집단적 기억에 대한 그리고 영화의 소멸에 대한 아이러니하게 구체적인 메타포로 탐구하고 있는데, 그것, 즉 '도시'가 최근 한 사람이 감독, 각본, 제작을 모두 맡은 특수효과 중심의 두 블록버스터 영화 〈인셉션Inception〉[2]과 〈휴고Hugo〉[3]에서 디지털적으로 구성되고 있기 때문이다. 현대 도시는 영화 같은 매스미디어, 대량 운송 양식, 특히 기차와 더불어 19세기에서 비롯되었지만 20세기 초에 동원된 시민-소비자로서의 주체 — 프리드버그가 분명하게 밝히고 있듯이 그는 또한 항상 보는 사람viewer이기도 하다 — 에게 말을 거는 가운데 신용을 얻게 되었다. 후기 자본주의 하에서 영화에 의해 조정되는 "동원된 가상적 시선"에 초점을 맞추는 가운데 프리드버그는 "과거를 간직할 수 있는 능력의 감소"[4]를 대가로 생산되는 "점점 더" 후기적인 현대적 주체성에 대해 묘사하고 있다. 하지만 아마 틀림없이 이 주체는 심지어 보다 일찍 출현한다. 표준 시간은 1884년에 플레밍Sanford FLeming 경에 의해 최초로 제안되었는데, 그것을 통해 도시화의 증가와 노동의 산업화의 결과를 봉인했다. 그것이 근대의 소외된 주체의 출현을 위한 전제조건이었다. 유럽과 북아메리카에서 기차와 표준시간대가 등장한 것은 현대적 시간과 공간을 변형시키고, 영화가 가상의 3차원 공간에서 움직임을 이미지로 재현하는 것을 통해 대변동에 비견될 수 있는 충격을 현대적 주체에게 가할 수 있는 길을 닦았다.[5][1]

〈인셉션〉과 〈휴고〉 모두 서로 다른 방식으로 영화적 재매개remediation를 문화적 기억 형태로 이용하는데, 영화의 과거에 대한 향수는 최신 디지털 효과로 제시된다. 그것은 (플래시백으로서 그리고 꿈 또는 "보통은 가장 사적이고 정신적인 사건으로 생각하는 것"[7]으로) 주관적 기억 형태로 감추어져 있는 것처럼 보이지만 실제로는 감추어져 있지 않다. 이 두 영화는 등장인물의 내면적 지형학을, 그/그녀의 환경을 소박한 말 그대로 알레고리화하는 것을 통해 외부화하는 경향을 전형적으로 보여준다(〈휴

---

1 버그스트롬은 이렇게 지적하고 있다. 즉 〈인셉션〉과 왕가위의 〈2046〉에서 영화로서의 많은 차이에도 불구하고 "기차들은 공간적이기보다는 시간적인 횡단선을 위한 또는 시간의 공간화를 위한 은유가 된다."[6]

고〉는 핵심적 플래시백과 꿈 장면을 담고 있는 반면 〈인셉션〉은 하나의 긴 꿈 장면으로 읽거나 또는 하나의 긴 플래시백 또는 동시에 이 양자로 읽을 수 있을 것이다). 게다가 영화의 과거에 대한 〈휴고〉의 향수에 대해 영화 제작 과정에 대한 〈인셉션〉의 알레고리화[8-10]에 대해서와 마찬가지로 많은 논의가 이루어지고 있는데, 나는 이 글에서 재매개된 꿈-기억으로서의 각 영화의 지위를 두 영화 각각이 도시(특수한 도시이지만 또한 '도시' 일반이기도 하다)에 의존하고 있는 것과 연결시킴으로써 논의를 한층 더 앞으로 밀고 나가볼 것이다. 이 도시는 포스트 영화적인 3차원적 틀로, 이 틀 안에서는 처소적locative 욕망과 이동적locomotive 욕망이 똑같이 주체를 규정하는데, 이 주체의 심리는 그를 둘러싼 환경과 구분 불가능하다.

2. 처소적 주체와 이동적 주체

나는 근대의 영화적 주체성의 **처소적** 축을 **현실적** 또는 **메타포적** 위치 또는 장소locus라는 관점에서 해석하고 있다.[2] 다른 곳에서 논한 대로 기억과 지어진 공간 사이의 관계는 현재의 영화학의 연구 대상으로 너무나 적절한데, 그것을 인공적 기억이라는 고전적 이론과 연결해볼 수 있을 것이다.[11] 도시는 대부분 지어진 공적인 동시에 사적인 공간과 건물로 구성되며, 건축 구조들은 서양 문화에서는 기억을 가리키는 가장 오래된 메타포 중의 하나이다. 실제로 "건물은 기억 체계를 위한 고전적 모델 중

---

2 심지어 **보다 덜** 행위 주체적인 테크놀로지에 대립되는 것으로서 말이다. 자기가 어디 있는지를 알기 위해서는 지도의 독법이나 나침반 사용법을 알아야 하지만 GPS가 달린 도구가 있으면 그것이 우리를 위해 그러한 일을 대신해 우리가 어디 있는지를 알려준다.

의 하나이다."[12] 둘 사이의 관계는 항상 메타포적이지는 않았다. 고전적 기억술은 다른 감각보다 **시각**에 특권을 부여한 (오늘날 지배적인 것과 같은) 문화에서 고도로 발전된 시각적·공간적 능력에 입각한 기억법이다 ([12, 13]을 보라).

아이러니하게 두 영화 모두 각각의 미장센에서 이 (거의 사라져가고 있는) 세계의 증상을 보여주는 책을 그리고 그것에 기반한 문화를, 특히 서점, 도서관, 대학 강의실 등 물리적 건축 공간을 맹목적으로 숭배하고 있다. 물론 두 경우 각각의 대조는 인쇄된 세계와 움직이는 이미지의 세계 사이의 것으로, 거기서 후자는 자체에 고유한 독특한, 물리적인 동시에 가상적인 도시 공간을 필요하게 만들고 있다. 메넬Barbara Mennel은 현대 도시와 영화 사이의 친화성을 이렇게 식별하고 있다. "도시처럼 영화는 공간의 환경 설정에서 이루어지는 사회적 관계의 생산과 재생산 과정에 관여하고 있다."[5] 개인적·사회적 정체성이라는 현대적이고 포스트모던한 개념은 제임슨이 포스트모던한 문화적 지배소[14]라고 부르는 것의 주관적이고 객관적인 공간 — 대부분 시각적으로 규정된다 — 내부에서 정교화된다. 이 공간은 고전적인 기억술적 로키*loci*(장소나 공간)의 우리 시대의 인공적인 또는 보철장치적인 기억보조장치적 동의어, 기억의 환경*milieux de memoire* 또는 특수한 토포스, 관습적 화면에서의 '화제'나 장소, 즉 도시의 배경, 거리, 건물, 방, 외부, 내부로 구성되는 영화적인 도시경관이 된다. 그것은 종종 관습적 숏과 시퀀스, 특수한 형식적·양식적 수단과 특수효과에 상응한다. 그것은 특수한 (노라Pierre Nora의 용어를 차용하자면) 기억의 장소*lieux de memoire*, 개인적이거나 집단적인 **기억**의 형상적 내용을 위한 맥락이 된다. 영화 속의 도시는 화면 위에서 구현되는 상상 속의 도시의 3차원 공간으로, 공유된 정신적인 거리 풍경을 제공한다.

의미가 저장되고 회수되고, 사회적 실천이 정당화되고 이식되며, 정체성이 생산되고 소비되며, 욕망이 충족되고 갱신될 수 있도록 해주는 그리고 갑자기 제거될 수 있도록 해주는 허구적인 건축적 틀이 그것이다. 영화적 도시는 공적이고 '사회적인 기억, 따라서 특수한, 역사적으로 침전된 집단적 정체성의 시뮬라크르 같은 공간이다.3 영화적 도시는 기억의 보고이다. 주체적 내면성이 객관화되고 외부화되며 화면상의 도시 경관으로 투사된다. 일종의 포스트모던한 무기력한 오류이자 (가장 통속적인) 프로이트주의의 시각적·공간적 용어들로의 중요한 번역으로, 그것이 할리우드와 그것 너머의 영화 스크린에 거주하는 개인적 정체성의 대중적인, 낭만화된 이상을 여전히 규정하고 있다.

따라서 근대의 영화적 주관성의 처소적 축과 이동적 축의 교차점으로 돌아가 영화의 역사는 뤼미에르 형제 그리고 멜리에스와 함께 파리에서 시작되었다고 말할 수 있을 것이다. ⟨휴고⟩는 이 사실을 부분적으로 인정하는 가운데 상상의 파리 속에서 진행되지만 그 결과 파리가 덜 중요해지는 것은 아니다. 그것은 또한 1930년대의 파리의 특수한 이미지로, 스콜세지에 의해 20세기 초의 그림엽서의 조성調聲을 닮도록 만들기 위한 촬영 후의 최신 디지털 효과에 의해 환기되고 있다. 하지만 그것은 또한 멜리에스 영화들의 독특한 원색들이기도 한데, 원래 손으로 색을 입힌 것이었다.[16] 전체적으로 ⟨휴고⟩는 뤼미에르의 '천연색 투명사진', 즉 청록색과 오렌지색이 지배적인 칼라사진을 생산하기 위한 20세기로의 전환기의 기술의 시각적 질감을 모방하고 있다.[16]

파리가 영화적 도시 중 가장 유명할 수 있는 반면 **도시 영화**의 역사는

---

3 맥닐은 이렇게 지적한다. "도시들은 연속적 활동이 자체에 고유한 역사를 가진 집단적인 정신적 삶을 생산하는 가상의 기억술적 영역들을 구성한다."[15].

아마 틀림없이 베를린에서 시작되었을 것이다.4 [루트만Walter Ruttmann 감독의] 〈베를린, 대도시의 교향곡〉의 1막의 시작 장면을 떠올려보라.[24] 여객 열차가 독일의 시골을 가로지르며 베를린 역에 접근하고 있다. 급속한 몽타주가 질주하는 선로들의 시점 숏 그리고 차륜, 전신선, 지나가는 집들의 준-추상적 클로즈 숏 사이를 왔다 갔다 한다. 하지만 기차와 몽타주 모두 기차가 종점에 도착하면서 느려지지만 인간 존재는 전혀 보이지 않는다. 어떤 주체도 없으며 익명의 대량 운송의 역동적인 기계화된 근대의 전령인 기차 자체뿐이다. 루트만의 이 영화는 메넬이 '기차 효과'라는 치비안Yuri Tsivian의 개념을 차용해 영화의 창립 신화라고 부르는 것을 우의상징화하고, 설립하고 있다. "초기 화면들에서 다가오는 기차에 대한 공황에 가까운 반응"[5]이 그것이었다. 치비안은 여기서 1895년 12월 18일에 뤼미에르가 파리의 그랑 카페에서 시네마토그라프를 입증했다는 거의 출처가 불분명한 이야기를 언급하고 있는데[5], 거기서 두 형제가 라 시오타 역으로 들어오는 기차의 뉴스*actualité*를 상영했다는 것이다. 소문에 의하면 관객은 카페 공간으로 들어오는 것처럼 보이는 기차를 보고 일어나 달아났다고 한다. 메넬은 이에 대해 이렇게 말하고 있다. "중대한 순간에 모더니티의 아이콘, 즉 도시성, 속도, 영화, 도시를 결합함으로써 종종 인용되는 앞의 신화는 영화가 자기에 대해 들려주는 이야기를 재생하고 있다. 즉 불이 나가면 환영이 나타나는데, 너무나 진짜 같아 우리는 활동사진을 보고 있다는 것을 잊는다는 것이다."[5] 기차 효과라는 이 신화는 영화의 역사의 시작에 관한 이야기이다. 차니에 따르면 동일한 순간에 "영화는 모더니티의 시간 경험을 규정하는 예술 형태가 되었다."[25]

---

4 도시 영화 일반에 대해서는 예를 들어 [17~23]을 보라.

[뤼미에르 영화에서] 움직이는 기차는 모더니티에서의 시간과 공간에 대한 지각이 변하고 있음을 구체적으로 보여준다. 도시적 대 시골적으로서의 공간, 현대적 대 전현대적으로서의 시간이 그것이다. 영화는 공간과 시간을 조작하는 반면 기차는 공간을 붕괴시키고 보편적 시간이라는 개념을 요구한다. …… "기차, 시간 엄수, 활동사진이 모두 하나로 합쳐져 20세기로의 전환기에 시간에 대한 새로운 이미지를 창조했다."[25]

19세기 후반에 "시간과 공간은 점점 더 추상적으로 되어가고 있었다. 그것은 이 둘이 모더니티의 다른 측면들과 공유하고 있던 특징이었다. …… 그리고 영화는 이 개념들 그리고 지대한 영향을 가져올 이 개념들의 결과들을 통해 작업할 수 있는 장소를 마련해주었다. 따라서 "움직이는 기차가 모더니티를 우의상징하는 영화", 예를 들어 베를린에 대한 루트만의 영화적 에세이-시에서 "중요했던 것은 놀랄 만한 일이 아니다."[5]5
동시에 "영화는 독특하게 공간적인 형태의 문화이다. …… 도시처럼 영화는 공간의 환경 설정에서 이루어지는 사회적 관계의 생산과 재생산 과정에 관여한다."[5] 영화는 20세기에 르페브르Henri Lefevre가 "공간의 생산"이라고 부르는 것에서 핵심적인 역할을 했다. 역으로 이 공간 내부에서 **정체성**이 생산된다. 그러한 20세기적 맥락에서 '모더니티'는 눈眼 중심적 성격에 의해 규정되는데, 거기서는 시각이 "중심 감각"[27]이다.

---

5 가끔 이 역사를 그리고 이 역사가 다른 역사와 맺고 있는 연관성을 상기시키기 위해 새로운 영화가 나타난다. 예를 들어 1945년에 독일을 횡단하는 기차 여행이 최면술을 통해 환기되는 무의식적인 정신 속으로의 여행에 빗대어 진행되고 있는 라스 폰 트리에의 〈유로파〉(〈26〉)가 그렇다. 두 경우 모두 여행은 죽음 속에서 끝난다.

따라서 모더니티는 도시에 의해 예시되듯이 영화에 의해 예시된다. 또 다른 창설적 도시(키예프, 모스크바, 오데사) 영화인 〈영화촬영기를 든 사나이〉 이래 영화적 도시는 시각성과 유동성의 현대적 장소였는데, 이 영화에서 베르토프Dziga Vertov는 카메라맨을 미장센의 일부로, 바로 프레임 안에 집어넣는다. 보여진 육체와 보고 있는 주체가 그것이다. 하지만 이처럼 원심적으로 역동적인 시나리오에서 흐려지는 것이 있는데, 기억 문제가 그것이다. 그것은 전혀 우연적인 것이 아닌데, 20세기의 모더니즘의 지배적인 계통에서 특징적으로 나타나는 성찰적 기억이 중시되지 않기 때문이다. 종종 가명이 종종 '장난감 팽이'로 번역되는 베르토프는 항상 이동 중인 영원히 현존하는 현재라는 현대적 태도를 전형적으로 보여준다. 그리하여 영화의 클로즈업과 몽타주에 의해 심지어 지금까지는 정적이던 공간이 역동적으로 바뀌는데, 그것은 (벤야민 말을 빌리자면) 폭발한다.

3. 시각적 무의식, 공유된 꿈꾸기와 기억

프랑크푸르트학파와 관련된 비평가 중에서는 벤야민이 정신분석의 정리들을 새로운 기술에 의해, 특히 영화에 의해 굴절된 현대적 도시 공간(그의 경우에는 파리와 베를린) 연구에 생산적으로 확대할 수 있음을 전형적으로 보여준다. 모더니티에 대한 벤야민의 성찰들 또한 모더니즘을 반反반영적인 "새로움의 충격"으로 이해하려는 모든 환원적 시도를 복잡하게 만들고 있다. 1935년의 논문 「기술복제 시대의 예술작품」에서 벤야민은 그가 "시각적 무의식"[29]이라고 부르는 것을 통한 영화적 이미지의 "구원" 가능성을 검토하고 있다. 즉 단지 우리가 이미지를 갖고 하는 것뿐만 아니라 우리가 그것을 먼저 **어떻게** 보는가를 바꿈으로써 상품화를 구성하는 기억 상실을 무효화할 수 있는 영화의 **잠재력**을 말이다.

우리의 술집과 대도시의 거리, 사무실과 가구가 있는 방, 정거장과 공장, 지금까지 우리는 바로 이것들 속에 구제할 길 없이 갇혀 있는 것처럼 보였다. 그러한 것이 영화가 등장함에 따라 이러한 감옥의 세계가 10분의 1초의 다이너마이트로 폭파됨으로써 우리는 사방으로 흩어진 감옥 세계의 파편들 사이에서 유유자적하게 모험에 가득 찬 여행을 시도할 수 있게 되었다. 클로즈업된 촬영 속에서 공간은 확대되고 고속도 촬영 속에서 움직임 또한 연장되었다([29]).

영화적으로 말해 벤야민이 이런 말을 쓴 이래 우리는 얼마나 멀리 이동했을까? 긴 설명을 담고 있는 〈인셉션〉 1막은 우리 시대의 흥미로운 사례를 제공하고 있다. 이 장면에서 코브(디카프리오Leonardo DiCaprio)는 묘한 이름을 가진 애리어든Ariadne(페이지Ellen Page)에게 이 영화가 다소 향수어린 목소리로 '공유된 꿈꾸기shared dreaming'라고 부르는 것이 얼마나 멋진지를 조언한다. 스트레이트 컷 위에 걸쳐진 사운드 브리지는 파리의 한 카페에서 커피를 마시고 있는 두 사람으로 옮겨간다. 이 장면은 처음에는 관습적인 역촬영 숏 시퀀스에 따라 진행된다. 코브는 애리어든에게 이렇게 묻는다. "너는 꿈의 시작을 실제로는 결코 기억하지 못하지, 그렇지? 항상 막 진행되던 것의 딱 중간에서 끝나지." 애리어든은 마지못해 동의한다. 그는 고집스럽게 계속한다. "이걸 한번 생각해보라고, 애리어든. 너는 어떻게 여기에 왔지?" 코브가 말하고자 하는 요점이 무엇인지를 애리어든이 곰곰이 생각하는 동안 화면은 클로즈업으로 옮겨갔다가 다시 또 다른 컷으로 옮겨가 카페의 마스터 숏으로 이어지며, 초extra-디에게 시스diegesis적 사운드가 불길하게 커진다. 코브가 애리어든에게 그들은 실제로는 작업장에서 잠들어 있었으며, 그녀는 자기와 꿈을 나누고 있다는 것을 알려주는 동안 컷은 다시 애리어든의 클로즈업으로 돌아간다. 갑자기 그들 주변에서 일련의 폭발이 일어나고, 디지털적으로 합성된 파리가 불가해하게 파괴된다. 코브의 질문은 허공을 맴돈다. 어떻게 그들은 이 카페에 오게 된 것일까? 여기서 (코브가 설명하는 바의) 꿈의 역학이 영화의 가장 기본적인 내러티브적 테크닉과 융합된다. 즉 모든 영화의 꿈의 시퀀스에서처럼 스트레이트 컷에 의해 그곳에 도착했으며, 아주 느린 슬로우 모션(1,000fps[30]까지 촬영할 수 있는 고속 HD 카메라로 만들어낼 수 있다) 속에서 주변의 이웃이 폭발하는 가운데 마찬가지 방식으로 떠난다. 한 가지 중요한 의미에서 우리는 벤야민이 그의 이 유명한 논문을 쓴 이후(이 거리는 '디지털'이라는 말에 의해 가늠된다) 아주 멀리까지 왔다. 하지만 영화적 이미지는 무엇을 조명하고 의식화했을까? 그것이 화면 위에서 뿐만 아니라 화면 앞에서 구성하는 상이한 주체들이라는 관점에서 말이다.

벤야민은 이렇게 계속한다.

따라서 카메라에 나타나는 것은 육안으로 보는 것과는 다른 성질의 것임이 분명하다. 다르다는 것은 무엇보다도 사람의 의식이 작용하는 공간의 자리에 무의식이 작용하는 공간이 대신 들어선다는 점에서 그러하다. 사람들의 걸음걸이가 어떻다는 데 대해 대충은 이야기할 수는 있지만 정작 발걸음을 내뻗는 몇 분 동안의 자세가 정확히 어떤 것인지에 대해서는 거의 알지 못하고 있는 실정이다. …… 여기에 카메라는 그것이 지닌 보조수단으로

…… 개입한다. 정신분석학을 통해 충동의 무의식적 세계를 알게 된 것처럼 우리는 카메라를 통해 비로소 시각의 무의식적 세계를 알게 된 것이다([29]).

발걸음의 역학이 인간 눈에 보이게 된 것은 단지 사진이 발명되면서부터였다. 예컨대 19세기 중반에 이루어진 마리브리지Eadweard Muybridge의 유명한 동작 연구가 있는데, 그것은 1912년의 뒤샹의 작품 〈계단을 내려가는 누드〉에도 반향되고 있다. 전자는 영화를 예측하며 후자는 보고 재현하는 방식에 영화가 미치는 영향을 드러내고 있다. 결국 걷기의 **미학**이 가시적이게 된 것은 단지 벤야민, 그리고 그보다 전에는 보들레르의 산책자에 와서 였다. 하지만 시각적 무의식은 단지 이전에는 보이지 않던 것을 보이도록 만드는 문제만은 아니다. 아도르노와 호르크하이머가 중요한, 1944년에 출간되었을 때보다 오늘날 훨씬 더 중요한 『계몽의 변증법』의 한 구절에서 이렇게 상기시키듯이 말이다. "모든 물화는 망각이다."[31] 랜즈버그는 벤야민이 보기에 "카메라는 억압과 물화를 통해 육안에는 접근 불가능하게 남아 있던 것을 가시적으로 만들 수 있는 능력을 갖고 있다"[32]고 주장한다. 다시 말해 영화의 카메라는 기억을 **되찾**는 작용을 한다. 하지만 정말 그것은 모종의 **시각적 억압**을 취소하는 문제일까? 디지털 카메라는 원화를 갖고 있지 않다는 사실을 넘어 벤야민의 시각적 무의식의 절정을 대변한다고 말할 수 있을 것이다. 디지털은 우리가 상상할 수 있는 것이면 무엇이든 보여줄 수 있으며, 따라서 볼 수 있는 가능성을 대변하는 것처럼 보이는 한에서 말이다. 브로디는 이를 이렇게 표현하고 있다. "이미 시각화된 것을 너무 쉽게 소비할 수 있는데 왜 굳이 애를 쓰고 꿈을 꾸는가?"[33]6 이론가들은 계속해서 지금까지 아날로그적이었던 영화 이미지의 디지털적 변형의 결과들을 양화하고 있다. "컴퓨터 그래픽이 지금 예를 들어 애니메이션 안으로 일관된 할리우드 유형의 카메라 테크닉, 이동 가능하고 계속 바뀌는 관점을 도입하는 것을 가능하게 만들고 있다."[34] 〈휴고〉는 격찬을 받은 오프닝 숏에서 이러한 경향의 너무나 충격적인 예를 제공해준다. 아마 루트만의 〈베를린 심포니〉에 대한 오마주인 것처럼 보인다. 아네트는 아래와 같은 콜커의 말을 인용하고 있다. "[스콜세지의] 영화의 미장센은 믿기지 않을 정도로 상세한 반면 카메라는 종종 미장센을 통해 빠르게 움직이며, 보이는 것뿐만 아니라 그것을 보는 행위에 주목하기 위해 트래킹 숏과 특이한 화면 구성을 이용한다. [스콜세지] 스타일에 특수한 특징은 롱 트래킹 숏으로, 단 한 번의 테이크의 공간을 통해 어떤 캐릭터나 카메라의 시점을 추적한다."[33] 이 숏은 장대한 회중시계의 메커니즘으로서의 파리의 이미지로부터 시작해 [7] "공중의 크레인 숏과 트래킹 숏 사이의 경계를 컷 없이 이 둘 사이를 움직이는 것에 의해 흐려버린다. 그리고 짐과 벤치들을 넘어 곧장 시계로 질주하는 …… 가상의 카메라를 보여주는 것에 의해 물리적 트랙이 없다는 사실을 과시한다."[8] 이 숏은 이 역의 세계를 내다보는 — 많은 시계를 돌보지 않을 때 그가 대부분의 시간을 보내며 하는 일이 이것이었다 — 휴고(버터필드Asa Butterfield)에 대한 클로즈업으로 마무리된다. 따라서 이 오프닝은 아네트가 이 영화가 아이러니하게 최근의 디지털 기술을 이용해 영화의 과거를 "향수어린 방식으로 재매개하고 있다"고 부르는 것을 웅변적으로 선언하고 있다.[8] 하지만 이 숏이 이 모든 디지털적 화려함에도 불구하고 〈휴고〉에 전형적인 것이 아닌 것은, 무수히 많은 디지털

6 물론 움직이는 이미지의 디지털화는 인간의 상상하기의 한계들을 예견 불가능할 정도로 제약한다는 반론 또한 항상 존재한다. 하지만 여기서는 이 비판을 더 이상 자세히 다룰 수 없다.

이전의 관습적 테크닉과 전환, 그리고 보드웰이 지금 전 세계의 대중 영화의 지배적인 관용구로 식별하고 있는 스타일[35]이 그렇지 않은 것과 마찬가지이다.

역사적으로 "허구적 영화는 **실황** 영화이며", 영화는 **서사** 매체로 기능한다는 점이 종종 지적되지만 그것 이면에는 **레코딩** 또는 포획 매체로서의 영화의 기능이 있다. "카메라는 **인덱스**의 예술이다." 화면상의 대상이 실제로 사진으로 찍히기 위해 카메라 앞에 존재하는 한 말이다.[36] 그와 반대로 디지털 카메라는 아이콘성iconicity의 예술이라고 부를 수 있다. 환상적 리얼리즘, **시뮬레이션**의 예술 말이다. 여기서 화면상의 대상은 결코 카메라 앞에 있지 않다. 그곳에는 결코 카메라가 없기 때문이다. 대상은 컴퓨터 위에서 **구성된다**. 〈휴고〉가 디지털적으로 만들어낸 인위성을 과시하며 "현실에 묶여 있기보다는 창조된"[16] 세계를 제시하는 반면 〈인셉션〉의 디지털적 차원은 특수효과 — 이것은 가능한 최대한 주의 깊게 디지털적으로 잡힌 것이 아니라 실제 필름(65mm 와이드스크린을 35mm의 클로저 숏과 섞어 썼다[30])으로 촬영된 (일반적으로) 실사 촬영 장면과 혼합된다 — 면에서 가장 의미심장하게 드러난다. 놀란에 따르면 "사진적 리얼리즘"을 달성한 것이 영화 촬영 기사 피스터Wally Pfister에게는 "시금석"이었다. 따라서 그들은 (대부분) 디지털을 거부했다. 인덱스적으로 결합되는 아날로그적 이미지가 어쨌든 존재론적으로 영화 외부의 현실에 보다 가깝다고 가정하고 있는 셈이다. 비록 그러한 현실이 '꿈'이더라도 말이다.

그러한 가정 아래 깔린 생각은 이렇다. 즉 꿈은 우리가 꿈 안에 있을 때 현실처럼 느껴지는데, 그것은 실제로는 영화 속의 대사이다. …… 우리는 어떤 피상적인 초현실주의를 가진 꿈의 연속을 원했던 것이 아니다. 우리는 그것이 현실 세계라고 구체화되는 것보다 덜 타당성을 갖기를 원하지 않았다([37]).

놀란은 그의 논평에서 회화부터 영화에 이르는 시각 예술에서 초현실주의라는 어휘는 분명하게 "읽을 수 있는" 리얼리즘 ― 이것을 토대로 초현실주의의 가장 인상적으로 기묘한 효과가 구성되어 왔다 ― 에 입각해 있다는 것을 잊은 것처럼 보인다. 달리와 마그리트의 회화 그리고 콕토뿐만 아니라 달리와 부뉴엘의 영화를 보라. 놀란이 본인의 영화 대본의 철학을 약간 너무 많이 믿은 것인지도 모른다는 것은 영화 속의 적어도 두 개별 대화에 의해 암시되고 있는데, 둘 다 코브와 그의 순진한 처녀 "꿈의 건축가"인 애리어든을 포함하고 있다. 유니버시티 칼리지, 런던 그리고 실제 도시를 혼합한[37] 꿈-파리 ― 오스만 남작의 유명한 불르바르들은 자신들에게도 되접어 꺾어진다(놀란에게는 미안하지만 이것은 디지털 효과이다. 그것에 기꺼이 '초현실적'이라는 용어를 적용할 수 있을 것이다) ― 를 도보 여행하는 동안 그녀는 이렇게 언급한다. "꿈의 공간은 모두 시각적인 것에 관한 것이라고 생각했다고 짐작했는데 그것보다는 그것에 관한 느낌에 관한 것이군요." 이전의 교육 과정을 이수한 후에 이 말을 하는 것인데, 이전에 그녀는 "그들이 이것의 현실을 생각하도록 만들기에 충분한 세부사항을 어떻게 얻지"라고 걱정했었다. 여기서 '그들'은 보는 사람을 포함할 정도로 모호하다. 코브는 이렇게 대답한다. "안에 있으면 실재처럼 느껴지지." 이렇게 (영화와 감독 모두의 말을 액면 그대로 받아들이자면) '느껴지는 것'은 어떤 가치를 가졌건 디지털 카메라보다는 필름으로 찍는 것에 의해 달성된다.[37] 꿈의 건축가인 애리어든은 이 영화에서 공유된 꿈꾸기를 촉진하는 기술이 특수하게 기능하는 방식 못지않게 신비로운 방식으로 일을 한다. 그와 같은 기술적 모호성은 많은 영화적 SF에서 전형적인데, 그것은 아직 가능하지 않을 것을 묘사하는 것과 관련되어 있기 때문이다. 하지만 일종의 무대 디자이너 겸 영화 촬영 기사로서의 애리어든의 역할은 이 영화의 무의식이 시각적인 것에 특권을 부여하고 있음을 말해준다(이것은 전혀 독창적이지 않다). 결국 애리어든의 일은 꿈의 세계를 계획하고 그녀/그가 꿈꾸고 있는 주체를 납득시킬 수 있을 정도로 충분히 구체적으로 실현하는 것이다. 다시 말해 그러한 세계들은 꿈으로서 진짜처럼 (영화의 용어를 빌리자면 '실제처럼') 보일 필요가 있다. 주체의 '잠재의식', 그녀/그의 가장 내밀한 욕망이 순수하게 작동할 수 있도록 하기 위해서 말이다. 이 영화의 내적 논리에 의하면 성공적인 '인셉션'을 위한 열쇠는 이렇다. 시각적인 것에 특권을 부여하는 것은 이 영화도 인정하듯이 〈인셉션〉이 꿈뿐만 아니라 기억을 묘사하는 데서 엄청난 함의를 갖고 있다. 꿈속으로의 인센셥의 주인인 코브가 기차뿐만 아니라 꿈에 대해 미심쩍어하는 것은 시사적이다(그는 "나는 기차를 좋아하지 않아"라고 말한다). 강하게 …… 파리를 닮은 관습적인 꿈의 세계를 건축하면서 파리에 대한 본인의 기억에 의존하는 애리어든에게 훈계하면서 말이다. "너의 기억으로부터 어떤 도시도 재창조하지 마라. 항상 새로운 장소를 상상하라"라고 그는 말한다. 그녀가 왜라고 묻자 이렇게 대답한다. "왜냐하면 너의 실제 기억으로부터 꿈을 짓는 것은 실재적인 것 그리고 꿈인 것에 대해 네가 움켜쥐고 있는 것을 잃어버리기에 가장 쉬운 방법이기 때문이지," 이 말 속에는 기억이 주체를 비록 (코브의 죽은 아내인 말Mal에 대한 플래시백 형태에서를 제외하고는) 현존하지는 않지만 '현실'로서의 그녀/그를 과거와 연결시킨다는 가정이 깔려 있다. 반면 꿈은 근본적으로 비현실적이며 존재론적으로 미심쩍다. 현실과 비현실적인 것의, 기억과 꿈의 혼동은 후회의 열쇠에서의 기억의 꿈의 연옥에 대한 이 영화의 버전에서 가장 커진다(만약 대신 이것이 행복한 또한 향수어린 기억에 관한 것이었다면 그것은 연옥이 아니라 천국이었을 것이다. 결국 '킥kick'에, 즉 하나의 꿈 수준에서 보다 높은 다음 수준[그리고 궁극적으로 깨어 있는 현실]으로의 격렬한 이행에 착수하기 위해 선택된 노래는 에디프 피아프 버전의 〈아니오, 난 후회하지 않아요〉이다). 일단 연옥에서 길을 잃게 되면 — 말이 영원히, 그리고 사토Sato가 일시적으로 그러하듯이 말이다 — 깨어 있는 현실과 '단순한' 꿈, 즉 단순한 기억 사이의 구분에 대한 확신을 잃게 된다. 따라서 꿈이 아니라 기억이 이 영화가 끝날 때쯤 진짜 문제로, 코브의 위치에 있는 주체 누구에게나 양날을 가진 칼로 출현한다. 마지막 장면이 모호하게 끝나는 것이 당연히 힘을 갖게 되는 것은 이 때문이다.

꿈과 기억에 대한 이러한 해석은 새로운 생각이 아니다. 기억과 꿈 모두에 대한 프로이트의 초기의 관심[7]이 〈휴고〉와 〈인셉션〉의 현상 모두의 재현에 간접적으로 영향을 미치고 있다. 깨어 있는 기억과 반대되는 '꿈-기억'이라는 프로이트의 개념이 이와 가장 크게 관련되어 있다. 깨어 있는 기억은 구성적으로 망각될 수 있으며 기억 상실과 상기, 억압화 사이의 지속적인 상호 작용이다. 반면 '꿈-기억'은 "아무것도 망각하지 않는다." (프로이트에 따르면) 무의식에는 부정이 존재하지 않기 때문이다.[38] 프로이트는 더 나아가 이렇게 주장한다. 즉 꿈은 "기억 증진적이며", "기억을 소환할 수 있는데", …… 이것은 깨어 있는 의식에는 가용하지 않다."[38] 여기서 프로이트의 말을 말 그대로 받아들인다면 — 그리

---

[7] 예를 들어 프로이트의 『심리학의 개요』를 보라(1895)([38]).

고 그렇게 하지 못할 이유가 없을 것이다. 우리 시대의 대중문화 전체는 바로 이와 같은 종류의 조야한 팝적인 정신분석적 직역주의에 입각해 있기 때문이다 — 〈인셉션〉에서 예를 들어 이 생각을 주체가 결코 실제로 경험하지 않은 것, 그곳 즉 주체의 '잠재의식'(용어에 주의하라) 속에 이식되었지만 개인적 진리의 가장 심오하고 내밀한 것으로 간주되는 것에 대한 기억을 되살려내는 꿈의 전망까지 연장하고 있음을 알아차릴 수 있을 것이다. 물론 현실(성) 속에서 우리가 꿈-기억에 접근할 수 있는 유일한 방법은 깨어 있는 기억을 통하는 것뿐이지만8 〈인셉션〉의 SF적 시나리오에서 꿈-기억 내용은 직접적으로 접근 가능하고 탁월하게 **가시적**인데, (영화에서) 그것은 다소 깨어 있는 기억처럼 보이기 때문이다(이것은 〈휴고〉의 꿈 장면에도 해당되는 이야기인데, 등장인물의 '정상적인' 꿈 상태를 재현하는 한 비교해볼 때 이쪽 장면들이 훨씬 더 관습적이다. 비록 〈인셉션〉의 파리 카페 장면에서처럼 그것은 서론과 함께 시작되지만 말이다. 따라서 주인공도 또 바라보는 사람도 그/그녀가 경험하거나 바라보고 있는 것이 '현실'이 아님을 깨닫지 못한다 ……).

하지만 '공유된 꿈꾸기'라는 개념 속에서 〈인셉션〉은 카메라로 창조되었든 아니면 촬영 후에 디지털적으로 추가되었든 모든 화려한 특수효과에 대한 내장된 근거를 갖고 있다. 아이러니하게 놀란은 이 영화의 전반적 미학을 옹호하는 가운데 이 핵심적인 스토리의 요소를 환기하고 있다. 그것은 〈휴고〉에 너무나 즐겁게 예시되어 있는 지배적 흐름들에 악영향을 미칠 것이다. '아이러니하다'고 말하는 것은 우리 시대의 관객은 꿈

---

8 덧붙이자면, 깨어 있는 기억은 꿈꾸기로부터 깨어나기로의 이행 또는 각성 속에서, 즉 꿈 자체가 "기억을 대대적으로 잃어버리는 경우"[38]에서 망각적이지 않은 것과 마찬가지로 망각적이지 않다.

에 관한 영화라면 의당 디지털 특수효과로 가득 차 있겠지 하고 기대해도 용서될 터이기 때문이다. 비록 역사적으로 그것이 바뀌고 있지만[9] 촬영 후 단계는 촬영술적 요소와 미장센적 요소를 결합하거나 생략하는 가운데 컴퓨터 효과들이 구성되는 단계이다. 마노비치에 따르면 오늘날을 지배하고 있는 것과 같은 디지털 영화는 "새로운 종류의 리얼리즘"을 대변한다. "이 말은 어떤 것이 실제로는 일어날 수 없지만 마치 일어날 수 있었을 것처럼 보이도록 묘사하는 것을 말한다."[36] 하지만 처음의 영화평과 인터뷰들은 몇 가지 예외를 제외하고 〈인셉션〉의 주요한 특수효과는 모두 카메라, 무대에서 큰 비용과 노고를 들여 얻은 것임을 분명히 하고 있다. 하지만 주제적으로, 심지어 철학적으로도 이 영화는 우리 시대를 지배하고 있는 디지털적 비전을 예시하고 있다. 코브가 아버지에게 말하고 있듯이 꿈-건축은 "현실 세계에 존재하지 않는, 존재할 수 없을 것을 창조할 기회"를 대변한다.

아네트가 지적하듯이 〈휴고〉는 영화의 과거를 향수에 젖어, 심지어 애조를 띠고 되돌아보고 "향수에 젖은 재매개화를 통해 …… 영화의 역사적 기억"[8]과 관계를 맺으려는 대중 영화의 요즘 흐름을 대변한다. 아네트에 따르면 〈휴고〉는 분명히 ["작품의 '포스트-영화적 번안'으로서의]" "미디어, 기억, 역사 사이의 협상"을 분명하게 예증하고 있다. 그것은 영화의 사진술적·정신분석학적 특징을 명백하게 되돌아보고 있다. 셀즈닉의 2007년도 그래픽 노블 『휴고 카브레의 발명 The Invention of Hugo Cabret』 [8]을 번안한 것이다. 하지만 영화의 향수는 또한 선구자 멜리에스의 삶과 영화들에 대한 전유 및 재매개화와 밀접한 관계가 있다. 왜 멜리에스

---

9 제임스 카메론 감독의 〈아바타〉(2009)가 이에 딱 들어맞는 사례이다.

는 영화를 만들기 시작했을까? "실제로는 아무도 모른다"가 영화의 처음의 대답이지만 나중에 〈휴고〉는 익숙한 이야기로 허구적 핑계를 제공한다. 즉 뤼미에르 형제가 1895년에 그랑 카페에서 영화 〈라 시오타 역으로 들어오는 기차〉를 상영한 것이 그것이다.[39] 스콜세지는 관중이 움직이는 기차를 현실로 착각하고는 당황해서 카페에서 도망쳤다는 신화를 도용하며, 영화의 기원에 대한 새로운 신화를 만들어내기 위해 멜리에스의 자서전과 함께 그것을 넘어서고 있다. 하지만 이 순간은 이 영화에서 보다 이전에, 즉 휴고가 꿈(실제로는 꿈속의 꿈)을 꿀 때 암시된다. 이 장면은 휴고가 두 눈으로는 아버지의 시계와 배경의 자동장치를 찬찬히 보며 침대로 가면서 시작된다. 그것들이 휴고가 잃어버렸지만 궁극적으로 되찾을 것의 핵심적 상징으로, 후회와 희망이 영화적 상호텍스트성 속에서 수렴되고 있다. 〈인셉션〉에서처럼 스트레이트 컷이 역의 중앙 홀에서 다음 번 무대 도구로 바뀌어가며, 알아들을 수 없는 목소리가 도착과 출발을 알리고 있으며[10] 카메라는 심장 모양의 열쇠, 자동장치를 수리하고 본인의 수수께끼를 풀 열쇠를 훔쳐보는 휴고를 지켜보고 있다. 위에는 '카브레와 아들들, 시계들[말 그대로이다]'이라고 새겨져 있다. 휴고는 (철도 선로들에 맞추어 조정되어 있다) 행동 축을 속이 다 보이는 방식으로 건너 뛰어 열쇠를 찾아오기 위해 철로로 뛰어내린다. 도착하는 열차가 접근하면서 갑자기 철로가 진동하기 시작한다. 차륜과 엔지니어의 클로즈업 컷들은 베르토프와 루트만의 초기 도시 영화를 환기시킨다. 기차의 눈으로 바라보는 숏들이 겁에 질려 어쩔 줄 모르는 기관사와 번갈아 나오며, 아직 이상한 낌새를 채지 못한 휴고가 삽입된다. 전혀 불가능할 것처럼 보이지

---

10 아마 타티Jacques Tati의 〈윌로 씨의 휴가〉(1953)의 시작 장면을 가리키는 것일 것이다.

만 시간이 확장되는 속에서 말이다. 단지 영화를 영화적으로 표현하는 것 뿐만 아니라 서스펜스를 창조하기 위해 관습을 가로지르는 것에 의해서 말이다. 점점 더 속도를 올리는 기차를 장황하지만 역동적으로 잡아낸 에이젠슈체인적 클로즈업이 휴고 그리고 기차를 세우는 데 실패한 기관사와 번갈아 나오는데, 기차는 꼬마 휴고를 바로 칠뿐만 아니라 속도를 줄이지 못하고 철로 끝을 지나서까지, 중앙 홀을 통해 계속 달려 나가 경로에 있는 모든 것을 박살내며, 수십 명의 사람을 거의 죽여 버리며 역의 한쪽 끝에 있는 벽 크기의 창문을 뚫고나가며, 마침내 1층 아래의 거리에 코를 먼저 박고 멈추어 선다. 이런 식으로 1895년에 몽파르나스 역에서 실제로 있던 열차 사고로 엉망진창이 되었던 일을 완벽하게 재연하고 있는 것이다.[7] 이 마지막 숏들에는 또한 멜리에스의 1904년의 영화 〈불가능한 여행〉[40]에 대한 생생한 암시도 들어 있다. 거기서 일군의 탐험가가 마술적인 여객 열차를 타고 해저뿐만 아니라 하늘을 날아 전 세계를 여행한다. 하지만 휴고의 경이로운 꿈은 여기서 말 그대로 악몽으로 변형되는데, 휴고의 개인적 두려움과 욕망이 영화의 역사의 재매개화된 이미지들로 번역되기 때문이다. 이 시퀀스는 휴고가 악몽에서 또 다른 꿈이라는 것이 곧바로 드러나게 되는 현실 속으로 깨어나면서 끝난다. 이 시점에서 20세기로의 전환기에 경력의 절정에 이른 멜리에스가 영화제작가가 작업하는 모습을 지켜보는 플래시백-기억과 관련해 젊은 타바르René Tabard에게 했다는 말을 떠올려 볼 만한 가치가 있을 것이다. "만약 자네가 자네의 꿈이 어디서 왔는지 한번이라고 궁금해본 적이 있다면 돌아보게나. 자네의 꿈은 여기서 만들어진다네." 꿈으로서의 영화라는 주제 그리고 영화 스튜디오는 꿈의 공장이라는 주제는 할리우드의 창설 신화에 영합하고 있는 점에서 하등 독창적이지 않지만 그렇다고 해서 그것의 상관항을 간과하도록 하는 원인이 되어서는 안 된다. 즉 영화 속의 꿈은 자체에 고유한 논리와 어휘를 갖고 있으며, 그것은 꿈과 관련되어 있다기보다는 영화적이라는 것이다. 또는 오히려 꿈과 관련된 것은 영화와 관련된 것에 의해 포함된다는 것을 말이다.

4. 포스트 영화적 향수: 기차의 도착

디지털 영화, 즉 포스트 셀룰로이트 영화라는 새로운 규범을 예시하는 한에서 〈휴고〉와 〈인셉션〉은 포스트 시네마적 영화다. 따라서 '포스트 시네마'라는 말은 시네마적인 것이 문화-지배적인 것으로 총체적으로 보급된 것뿐만 아니라 또한 새로운 디지털 기술에 의해 그것이 초월된 것을 가리키는데, 그것은 지금은 시네마와의 우리의 관계의 모든 단계, 즉 제작, 촬영 이후, 배본, 수용, 평가에 영향을 미치고 있다. 어느 정도인가 하면 심지어 지금은 비디지털 영화를 볼 때도 대부분 디지털 수단을 통해 관람하게 되었다. 실제로 〈휴고〉와 〈인셉션〉은 모두 포스트 시네마적 활동 이미지의 본성 자체에 대한 성찰을 구성하고 있는데, 두 영화 각각은 그에 대한 변별적 사례이다. 이처럼 철저하게 자의식적이고 자기반성적인 경향은 영화의 역사에서 전혀 새로운 것이 아니며 심지어 그것이 구조적으로 부정되는 것에 직면해 어느 때보다도 쟁점이 되고 있다고 주장할 수 있을 것이다.

〈휴고〉와 〈인셉션〉은 모두 특수효과 중심의 블록버스터로, 종종 서사보다는 스펙터클을 앞에 놓는 것처럼 보이고 거닝Tom Gunning이 "볼거리들의 영화"(볼터와 그루신은 우리 시대의 내러티브 영화의 종종 혼종화되고 하이퍼미디어화된 특징을 정교화하면서 이 용어를 환기시키고 있다[34])라고 부르는 것의 귀환을 대변하는 것처럼 보일 수도 있을 것이다. 향수가 〈인셉션〉을 지배하는 정서적 정조를 가리키는 정확한 용어인 것은 아니다. 비록 이 영화에서 영화의 역사 또한 핵심적인 역할을 하지만 말이다. 〈휴고〉에서처럼 이 영화의 심리-알레고리적 차원은 현대적 또는 포스트모던 도시에서의 기차와 시네마의 결합에서 생겨나는데, 여기 한군데서만 그러한 것이 아니라 여러 곳에서 그러하다. 도쿄, 파리(부분적으로는 런던에 의해 연기된다), 몸바사(실제로는 탕헤르), LA가 그곳이다. 주요한 액션의 세트피스는 도시 공간뿐만 아니라 개별 캐릭터의 꿈에 특수한 독특한 건축 구조 속에서 구성된다. 사이토Saito의 일본의 성, 임스Eames의 '눈의 요새'(UC 샌디에이고의 가이젤 도서관을 기초로 한 것이다), 코브 본인의 LA 집 등이 그것이다(건축된 공간의 두 유형, 즉 도시와 개별 빌딩이 이 영화의 배경이 되는 이야기에서 코브와 말이 지은 '연옥의 도시'에서 합류하고 있다). 이 영화의 자기성찰성은 코브가 주인공, 우리 시대의 특수한 남성적 주체의 아바타로 발전하는 것과 교차된다. 왜 코브는 기차를 좋아하지 않는다고 말하는 것일까? 실제로 결국 〈인셉션〉은 무엇에 관한 것일까? 만약 꿈이라면 기억에 의해 굴절되고 구조화된 꿈이다. 만약 기억이라면 외견상 그리고 기능상 영화에 의해 규정된 기억이다. (〈휴고〉에서 본대로) 꿈에 대해서도 똑같이 이야기할 수 있다. 하지만 그렇다고 해도 이것은 내 딴의 독창적인 고찰은 아니다. 그것이 영화 딴의 독창적인 생각이 아니듯이 말이다. 하지만 나는 영화, 그리고 기억과 영화에 대한 영화로서의 〈인셉션〉에 대해서는 할 말이 더 있다고 주장하고 싶다. 이 영화가 시각적으로 실현된, 디지털적이고 비디지털적으로 구성된 도시 공간을 주체의 내면을 재현하는 데 이용하는 방식에 대해 할 말이 많은 것처럼 말이다. 이

영화의 액션의 전부는 아니더라도 많은 것이 일어나는 말 그대로의 "잠재의식적" 공간 말이다.11

이 영화의 2막의 꿈의 시퀀스 또는 수준 각각은 연속성을 유지하는 한편 서사적 서스펜스를 극대화하기 위해 주의 깊게 삽입되었는데, 이 영화의 다른 시퀀스들과는 미장센이나 배색 등에서 완전히 다르다. 그것은 대부분 각각의 별개의 시퀀스가 SF, 강도 영화, 스파이 영화(예를 들어 '눈의 요새' 시퀀스는 1969년의 제임스 본드 영화 〈영화폐하 대작전*On Her Majesty' Secret Service*〉을 상기시키기 위한 것이었다[43]) 등 특수한 영화 장르를 환기시키도록 디자인되었기 때문이다. 다시 한 번 꿈과 영화는 구분 불가능하다. 비록 이것은 또한 관객이 교차 편집 동안 갈팡질팡하지 않도록 만드는 것을 보다 쉽게 하는 등 실천적인 서사적 가치를 갖고 있지만 말이다. 이 꿈의 시퀀스들에는 돌진해 들어오고 있는 기차라는 모티브가 간간히 끼어들거나 그것이 시퀀스를 방해한다. 버그스톰에 따르면 "코브의 최초의 추출 작업은 기차에서 자고 있는 동안 이루어진다. 기차는 나중에 시간-공간 사이를 이동하기 위한 메커니즘이 된다. 말과 코브가 둘을 '연옥'으로부터 현실 세계로 돌려보내줄 '죽음'을 실행하기 위해 머리를 철로 위에 올려놓으면서 말이다. 나중에 영화에서 기차는 꿈의 경관에서 파괴적 힘이 되어"[6], 강력하게 반사실주의적 효과 속에서 전혀 엉뚱 맞은 맥락 속에 불쑥 나타난다. 가장 스펙터클하게는 디젤기관차의 엔진이 호우 속에서 번잡한 도심의 교통을 뚫고나가는 것인데, 디지털의 개입 없이

---

11 컴퓨터로 만든 시각 자료가 마지막의 공유된 꿈의 맨 밑바닥의 '연옥의' 도시 경관 수준에서 큰 역할을 한다. 이 시퀀스를 위해 놀란은 "빙하 같은 어떤 것을"을 원했다. 즉 "분명하게 모더니즘 건축처럼 만들어져 있지만 덩어리들이 빙하들처럼 바다 속으로 부서져 들어가고 있는 어떤 것"을 말이다.[42] 이것을 달성할 수 있는 유일한 방법은 LA 근처에 있는 캘리포니아의 해안의 장면을 디지털적으로 늘리는 것뿐이었다.

이중의 세미트레일러 트럭을 기차 외부의 복제품 안에 집어넣는 것에 의해 그럴 듯한 효과를 얻고 있다(훨씬 더 디지털에 의존하고 있는 〈휴고〉에서 이에 가장 비견될 수 있는 순간은 아이러니하게 자동장치가 멜리에스의 영화 속에 나오는 달과 로켓 그림을 그리는 장면이다.[44] 이것 또한 내장 카메라로, CGI없이 이루어지고 있다.[7] 그러한 아이러니는 오늘날 아날로그 영화 제작의 그처럼 인상적인 위업들이 디지털 서라운드와 구분 불가능하게 되어 관객들은 당연히 모든 반사실주의 또는 스펙터클 효과는 컴퓨터상에서 구성된 것이 틀림없다고 가정하게 되는 사실에 있다). 〈인셉션〉의 기차들은 어디서 유래하는가? 적어도 두 가지 대답이 존재한다. 먼저 〈휴고〉에서처럼 영화의 역사와 신화에서 유래한다.[6] 두 번째, 〈휴고〉에서처럼 일부 또는 아마 모든 열차는 코브의 잠재의식적 정신에서 유래한다. 놀란이 '무의식'이라는 다른 선택대신 '잠재의식'이라는 용어를 선택한 것이 어떤 의미를 갖는지를 검토해보면 결국 그것들이 동일한 장소임이 분명해진다. 벤야민의 '시각적 무의식'12에서처럼 '무의식'이 잠재의식보다는 프로이트의 무의식 *das Unbewusste*의 더 나은 번역어임은 분명해 보인다. 프로이트는 자신의 의식의 지형학적 모델에서 의식, 전의식, 무의식이라는 용어를 사용했다(내가 아는 한 '잠재의식'은 존재하지 않는다). '잠재의식'은 분명한 공간적 함의를 갖고 있는데, 〈인셉션〉의 시나리오는 그것을 의도적으로 강조한다. '연옥' 장면이 일종의 심리적인 지하-이층으로 묘사되고 있는 것 속에서 진행되고 있는 사실에서 이 점을 분명하게 알 수 있는데, 코브의 경우에

---

12 나는 뚜렷하게 공간적 용어로 이루어지는 현대적 기억의 영향력 있는 사상가로서의 벤야민의 중요성을 인정한다. 다비에 따르면 본인이 진행 중이던 작업의 이 측면에서 벤야민의 직접적 목표는 기억을 "자서전의 기성의 전통들에 내재해 있는 기억에 대한 시간적 또는 보다 중요하게는 크로노스적 이해방식으로부터" 해방시키는 것이었다.[45]

는 시끄러운 금속 자체에 문이 달린 구식의 엘리베이터로 그곳에 가닿을 수 있다(연옥에서는 어떤 것이든 가능하다. 이 다층 지하의 한 층에서는 또 다른 기차가 으르렁거리며 지나가고 있다). 이 점과 관련해 이 영화는 기차 자체와 같은 보다 오래된 '아날로그' 기술에 대한 향수를 드러내고 있는데, 기차는 대량 운송 양식으로서 19세기를 돌아보며 코브의 잠재의식과 의식적인 정신적 공간을 연결하는 고리로서 영화 〈매트릭스〉 1편의 구식 유선 전화와 비슷하다. 즉 의식적인 현실은 지금 디지털적일 수 있지만 잠재의식은 과거처럼, 하지만 꿈과는 다르게 전前디지털적이다. 물론 그렇게 간단하지는 않다. 이 영화들 속의 모든 것은 전체를 포함하는 디지털의 틀 내에서 출현하고 있기 때문이다. 비록 그것이 부주의한 눈에는 보이지 않겠지만 말이다. 그 결과 하나 이상의 아이러니가 생겨난다. 예를 들어 톰슨은 이 영화의 나중에 나오는 클로즈업 숏을 만족스러운 듯이 지적하는데, 거기서 멜리에스는 시그니처 아날로그 스톱 모션 특수효과를 구성하면서 먼저 영화 편집자로서의 능력[7] 그리고 두 번째로 영화의 역사에 대한 스콜세지의 이해를 간결하게 보여준다.

　여기서 〈휴고〉와의 주요한 차이가 나타나는데, 영웅으로서의 코브의 여정이 휴고의 여정보다 그만큼 더, 적어도 문자적으로 공간-지리학적 관점에서는 복잡하기 때문이다. 즉 휴고가 그의 파리 역을 거의 떠나지 않는 반면 코브는 두 개의 구분되는, 하지만 상보적인 축을 따르고 있다. 그림자에 싸인 코볼 같은 회사에 고용되어 돈만 바라는 꿈의 조작자로서 하는 국제적 여행이라는 수평축. 그리고 다른 사람들의 꿈을 통한 심리-간 여행이라는 수직축. 그것이 그의 본업이다. 첫 번째 것이 본래적인 의미에서 공간-지리적인 것이라면, 두 번째 것은 일군의 상호 연관된 꿈의 상이한 수준 간의 그리고 꿈 간의 복잡한 시간적 관계에 관한 물음에 보다 가까운 것처럼 보일 것이다. 결국 매체의 성격 때문에 후자의 공간들은 단지 그것일 뿐이다. 즉 이 영화의 전반부와 종결부에서 이 영화의 공간들은 모든 현실 세계의 공간과 비슷하기도 하고 그렇지 않기도 하다. 하지만 결말은 이 영화 전체 내부에서의 현실과 꿈 사이의 차이에 대한 어떤 결론적 이해도 의문시하고 있다.

5. 결론

코브의 팽이, 꿈의 토큰은 심지어 그의 것이 아니다. 그는 그것을 회상 장면에서 말에게서 훔쳤다. 거기서 그녀 마음에 죽음에 대한 생각을 심어준 것에 대해 그가 죄책감을 느끼고 있음을 알 수 있다. 그녀의 운명이 되고, 흑백화면으로 넘어가는 마지막 컷에서 관객을 위해 상징화되는 의구심이 그것이다. 이 복잡한 회상 시퀀스에서 코브는 애리어든에게 말을 구하려고 시도했다가 실패했음을 털어놓는다. 그는 애리어든이 두 사람이 함께 지은 연옥 도시 내의 인형의 집에 박아 넣은 금고 안에 일부러 어떤 것을 빼돌렸다고 설명한다. 은폐 과정의 아주 그렇게 미묘하지는 않은 알레고리 속에서 말이다. "그녀는 무엇인가를 안전한 곳에 넣어주었지. 어떤 것을 깊숙한 곳 안에. 그녀가 알았지만 잊기로 선택한 진리를 말이지." 그가 이렇게 말하는 동안 금고 안에 토큰, 팽이를 넣고 있는 말의 모습이 보인다. 다른 많은 것 중 이 장면이 역동적이고 흥분을 불러일으키는 이전의 모든 액션 시퀀스를 위한 명분을 제공해주는데, 거기서 각 등장인물의 꿈은 인식 가능한 액션 장르로 축소된다. 꿈의 세계에서 정신과 정신을 둘러싼 주변 환경은 하나이다. 지어진 공간은 주체성을 위한 토대이며, 정체성은 도시인 형태 내부에 들어 있는 '콘텐츠'이다. 코브는 그녀의 비밀을 찾아 나서 "그녀 마음 깊숙한 곳으로" 깊이 들어갔으며 거기서 "비밀의 장소"를 찾아냈다고 설명한다. 말의 유년기의 집으로 들어가 코브는 그녀의 금고에 손을 댄다. "나는 침입했지, 그리고 생각을 심었지. 간단하고 작은 생각이었지만 모든 것을 바꿀 생각이었지. 즉 그녀의 세계가 실재가 아니라는 것이었지." 해설자의 목소리로 이렇게 말하면서 그는 누워 있는 팽이를 돌리고 금고 문을 닫는다. "죽음이"라고 말이 철로에 머리를 올려놓았던 것을 떠올리면서 말한다. "유일한 탈출구였지." 팽이가 대변하는 문제의 해결책으로 기차가 등장한다. "당신은 기차를 기다리고 있군"하며 코브가 읊조리듯이, 마치 그녀가 기억해야만 하는 교훈을 반복하기라도 하듯 말한다. "당신을 멀리 데려갈 기차를 말이야." 그는 그녀에게 이렇게 말한다. 그들의 목적지가 현실일 수도 있고 그렇지 않을 수도 있다는 것은 중요하지 않다. 왜냐하면 함께 그곳에 있을 것이기 때문이다. 다시 말해 그들의 사랑은 이처럼 사소한 존재론적 구분을 초월할 것이다. 하지만 만약 그렇다면 왜 코브는 그렇게 단호하게 말을 근본적인 존재론적 의심의 감옥으로부터 "해방시키려는" 것일까? 코브가 본인의 순환적 논리의 수인이라는 것은 마지막 장면에서 자기 아이들의 얼굴 모습에 정신을 딴 데로 돌리고는 여전히 돌고 있을지도 모르는 또는 그렇지 않을지도 모르는 팽이를 잊는 사실에 의해 분명해진다.

휴고의 기차들처럼 코브의 기차들은 영화의 역사의 창설 신화를 상기시키는데, 그것은 아래와 같은 이야기로 환원 가능하다. 즉 "영화는 자기 이야기를 한다. 불빛이 나가면 환상이 나타나는데, 너무나 실제처럼 보여 우리는 우리가 활동사진을 보고 있다는 것을 잊는다."[5] 꿈꾸는 사람이 깨어날 때까지 현실을 대신하는 꿈에 직접 유비해서 말이다. 투명성이라는 차원을 가진 '공유된 꿈꾸기'가 영화 관객에게 실제로 일어나는 것에 대한 더 나은 유비이다. 관객은 눈앞의 이미지가 환상에 불과하다는 것을 훤히 알지만 그럼에도 불구하고 이야기가 지속되는 동안 그러한 사실을 거부하기로 결정했기 때문이다. 관객의 동일시 장소로서의 각각의 영화의 주인공은 고도로 돌아다니는 주체이다. 하지만 휴고가 파리는 고사하고 역의 궤도를 점차 떠나지 않는 반면 코브의 여행은 글로벌하고 상호주관적이다. 또는 '공유된 꿈꾸기'라는 개념은 우리로 하여금 그렇게 믿도록 하려는 것 같다. 코브의 잠재의식의 억압된 내용이 그의 또는 오히려 다른 등장인물의 꿈-세계(바로 이와 같은 종류의 스펙터클을 위한 공간)의 공간 속으로 포효하며 들어갈 때 몇몇 증상적인 요소가 나타나는 것은 놀랍지 않다. 예를 들어 그의 잔인한 죽은 아내 말, 진정한 팜므 파탈이 그러한데 그녀는 결코 그녀로서 보여지지 않으며 단지 코브가 그녀를 보거나 보았던 모습으로만 보여진다고 주장할 수 있을 것이다. 그녀는 단지 언제나 그가 받아들이게 되듯이 "그저 하나의 그림자"일 뿐으로, 그녀의 유일한 목적은 그를 죽임으로써, 그리하여 그가 영원히 그림자들의 나라인 연옥에서 그녀와 머무는 것을 확실히 함으로써 그를 "구하려는" 것뿐이다. 이와 반대로 〈인셉션〉의 다른 요소들은 처음에는 보다 놀랍다. 정황을 무시하고 나타나는 기차들이 그렇다. 이처럼 다양한 요소는 분명히 관련되어 있으며(즉 코브에게서) 아이러니하게 에우리피데스가 그린 말의 형상이 문학과 역사에서 아주 긴 역사를 가진 곳에서 기차들은 진정 현대적인, 시네마적 역사를 갖고 있으며 코브의 오르페우스적 캐릭터와 이 영화 모두보다 시간적으로 앞선다. 철학적 관점에서 버그스톰은 키르케고르적인 '믿음의 도약'을 환기시키며, 기차는 "기억을 지나서는 움직일 수 없는 [코브의] 무능력과 연결되게 된다"고 지적한다. "그리하여 역설적으로 운송 양식인 기차들은 실제로는 …… 우리가 기억에서 달아날 수 없다는 생각을 재기입한다. …… 지속적으로 움직이지만 그럼에도 어느 곳에도 이르지 못하는 것은 '현재의 이해를 넘어선 가능성에 대한 믿음의 행위'인 도약을 할 수 없는 사람들의 운명인 것처럼 보인다."[6][13] 따라서 코브가 말과의 자살 협약에서, 그가 그녀에게 잠재의식을 이식했다는 생각 자체를 그녀에게 고쳐주려는 보람 없는 시도에서 기차에 의한 죽음(궁극적인 '킥')을 선택했어야 하는 것은 자의적인 것도 또 단지 '시적인 것'도 아니다. 즉 죽음으로써 자기가 (다시) 깨어나는 현실이 '진짜'인지 또는 최종 현실인지 아니면 단지 꿈의 다른 수준인지를 결코 확신할 수 없음을 말이다(우연히 휴고도 본인의 킥 이후 — 이것 또한 동일하다 — 동일한 혼동으로 인해 고통 받는다. 맹렬하게 달려오는 기차 바퀴 아래 박살나는 것이다). 따라서 이 영화에서 '잠재의식'이 공간적으로 드러내는 무의식은 벤야민의 '시각적 무의식'으로, 지금까지는 보이지 않던 것을 보이게 만들 수 있는 시네마의 잠재력을 가리킨다. 어떤 것을 무로부터 존재 속으로 가져오는 것에 의해서가 아니라 눈으로 하여금 내내 그곳에 있던 것을 볼 수 있도록 허용함으로써 말이다. 억압된 것의 귀환이 아니며, 심지어 억압된 것의 베일 벗기기조차도 아니다.

앞서 주장한 대로 〈휴고〉는 심지어 〈인셉션〉 이상으로 이 두 영화 각각에 영향을 미치고 있는 낡은 영상 기술과 새로운 영상 기술 사이의 관계라는 관점에서 모종의 향수를 느끼는 것에 대해 죄의식을 느끼고 있다. 이 영사기를 든 남자 각각은 각자에 고유한 방식으로 시네마의 과거에 경의를 표하고 있다. 스콜세지는 자기를 멜리에스의 초상을 찍는 사진가 역

---

13 또한 [46]을 보라.

의 대사 없는 카메오로 본인 영화 속에 집어넣는다. 놀란의 접근법이 좀 더 미묘하며 그의 영화의 결론이 훨씬 더 모호하다. 멜리에스의 아파트에서 열린 파티에서 각 등장인물의 미래는 보장된 것처럼 보인다. 이 파티를 찍은 〈휴고〉의 마지막 소용돌이치는 트래킹 숏에 의해 보장되는 종결과 반대로 〈인셉션〉의 모호성은 유명한 종결부의 숏에서 최고조에 이른다. 빙글빙글 도는 팽이의 모습, 흑백화면으로 넘어가기 전의 마지막 컷에 의해 그것이 떨어질지도 모른다는 것이 복선으로 깔린다. 베르토프 본인은 기뻐할 것이다.

참고문헌

1. Calvino, I., *Invisible Cities*, Vintage Classics: London, UK, 2002.
2. Nolan, C., Dir. 〈Inception〉[film]; Warner Bros.: Los Angeles, CA, USA, 2010.
3. Scorsese, M., Dir. 〈Hugo〉[film]; Paramount Pictures: Los Angeles, CA, USA, 2011.
4. Friedberg, A., *Window Shopping: Cinema and the Postmodern*, University of California Press: Berkeley and Los Angeles, CA, USA, 1994.
5. Mennel, B. C., *Cities and Cinema*, Routledge: New York, NY, USA, 2008.
6. Bergstrom, A. J,, "The Traces of 'A Half-Remembered Dream': Christopher Nolan's Inception(2010) and Wong Kar-wai's 2046(2004) and the Memory Film", in *The Memory Effect: The Remediation of Memory in Literature and Film*, Kilbourn, R. J. A., Ty, E.(eds); Wilfrid Laurier University Press: Waterloo, Canada, 2013; pp. 195~210.
7. Thompson, K., "Hugo: Scorsese's Birthday Present to Georges Méliès." Available online: http://www.davidbordwell.net/blog/ 2011/ 12/07/hugo-scorseses-birthday-present-to-georges-melies/(accessed on 31 May 2013).
8. Annett, S., The Nostalgic Remediation of Cinema in Hugo and Paprika. Unpublished work, 2013.
9. Johnson, D. K.(ed), *Inception and Philosophy: Because It's Never Just a Dream*, Wiley and Sons: Hoboken, NJ, USA, 2012.

10. Botz-Borstein, T.(ed), *Inception and Philosophy: Ideas to Die For*, Open Court: Chicago, IL, USA, 2011.
11. Kilbourn, R. J. A., *Cinema, Memory, Modernity: The Representation of Memory from the Art Film to Transnational Cinema*, Routledge: New York, NY, USA, 2010.
12. Bolzoni, L., *The Gallery of Memory: Literary and Iconographic Models in the Age of the Printing Press*, Parzen, J.(trans); University of Toronto Press: Toronto, Canada, 2001.
13. Yates, F., "The Three Latin Sources for the Classical Art of Memory.", in *The Art of Memory*, University of Chicago Press: Chicago, IL, USA, 1966; pp. 1~26
14. Jameson, F., *Postmodernism, or The Cultural Logic of Late Capitalism*; Duke University Press: Durham, NC, USA, 1999.
15. McNeill, I., "Transitional Spaces: Media, Memory and the City in Contemporary French Film", in *Cities in Transition: The Moving Image and the Modern Metropolis*; Webber, A., Wilson, E.(eds); Wallflower: New York, NY, USA, 2008; pp. 205~215.
16. Hope-Jones, M., "Through a Child's Eyes", in *Am. Cinematographer* 2011, 92, 54~67. Available online: http://ebscohost.com/(accessed on 6 June 2013).
17. AlSayyad, N., *Cinematic Urbanism: A History of the Modern from Reel to Real*; Routledge: New York, NY, USA/London, UK, 2006.
18. Clarke, D. B.(ed), *The Cinematic City*; Routledge: London, UK/New York, NY, USA, 1997.
19. Dimendberg, E., *Film Noir and the Spaces of Modernity*; Harvard University Press: Cambridge, MA, USA/London, UK, 2004.
20. Donald, J., "The City, the Cinema: Modern Spaces", in *Visual Culture*; Jenks, C.(ed); Routledge: London, UK/New York, NY, USA, 1995; pp. 77~95.
21. Mazierska, E.; Rascaroli, L., *From Moscow to Madrid: European Cities, Postmodern Cinema*; I. B. Tauris: London, UK, 2003.
22. Shiel, M., Fitzmaurice, T.(eds), *Cinema and the City: Film and Urban Societies in a Global Context*; Blackwell: Oxford, UK, 2001.
23. Webber, A.; Wilson, E.(eds), *Cities in Transition: The Moving Image and the Modern Metropolis*; Wallflower: London, UK/New York, NY, USA, 2008.
24. Ruttmann, W., Dir. 〈Berlin, Symphony of a Great City〉[film]; Deutsche Vereins-Film: Berlin, Germany, 1927.
25. Charney, L., Schwartz, V. R.(eds), *Cinema and the Invention of Modern Life*; University of California Press: Berkeley, Los Angeles, CA, USA/London, UK, 1995.

26. Von Trier, L., *Europa*; Det Danske Filminstitut: Copenhagen, Denmark, 1991.
27. Jay, M., *Downcast Eyes: The Denigration of Vision in Twentieth-Century French Thought*; University of California Press: Berkeley, CA, USA, 1994.
28. Vertov, D., Dir. 〈Man with a Movie Camera〉[film]; VUFKU: Odessa, USSR, 1929.
29. Benjamin, W., "The Work of Art in the Age of Its Technical Reproducibility", in *Selected Writings*, volume 3(1935~1938), Eiland, H., Jennings, M. W.(eds); Jephcott, E., Eiland, H.(trans); Harvard University Press: London, UK, 2002; pp. 101~133.
30. Heuring, D., *Inception*. Am. Cinematographer. Available online: http://www.theasc.com/ac_magazine/uly2010/Inception/page1.php(accessed on 6 June 2013).
31. Adorno, T; Horkheimer, M., *The Dialectic of Enlightenment: Philosophical Fragments*; Schmid Noerr, G.(ed); Jephcott, E.(trans); Stanford University Press: Stanford, CA, USA, 2002.
32. Landsberg, A., *Prosthetic Memory: The Transformation of American Remembrance in the Age of Mass Culture*; Columbia University Press: New York, NY, USA, 2004.
33. Brody, F., "The Medium is the Memory", in *The Digital Dialectic: New Essays on New Media*; Lunenfeld, P.(ed); MIT Press: Cambridge, MA, USA, 2000; pp. 130~149.
34. Bolter, J. D.; Grusin, R., *Remediation: Understanding New Media*; MIT Press: Cambridge, MA, USA/London, UK, 1999.
35. Bordwell, D., "Intensified Continuity: Visual Style in Contemporary American Film", *Film Quarterly* 2002, 55, 6~28.
36. Hiscock, J., "Inception: Christopher Nolan Interview", *Daily Telegraph*, 1 July 20 10. Available online: http://www.telegraph.co.uk/culture/film/filmmakerson-film/7866677/Inception-Christopher-Nolaninterview.html(accessed on 7 July 2010).
37. Müller-Farguell, R. W., "Awakening Memory: Freud and Benjamin", in *Methods for the Study of Literature as Cultural Memory*; Vervliet, R., Estor, A.(eds); Rodopi: Amsterdam, The Netherlands, 2000; pp. 291~296.
38. Manovich, L., *The Language of New Media*; MIT Press: Boston, MA, USA, 2002.
39. Lumière, A.; Lumière, L, Dir., 〈The Arrival of a Train at La Ciotat〉[film]; Lumière: Paris, France, 1895.
40. Méliès, G., Dir. 〈The Impossible Voyage〉[film]; Star Films: Paris, France, 1904.
41. Inception's Snow Fortress=Geisel Library. Available online: http://www.thehighdefinite.com/2010/08/inceptions-snow-fortress-geisel-library/(accessed on 6

June 2013).
42. Russell T., "How Inception's Astonishing Visuals Came to Life", *Wired*, 20 July 2010. Available online: http://www.wired.com/underwire/2010/07/inception-visual-effects(accessed on 7 July 2013).
43. Jolin, D., "Crime of the Century", *Empire*, July 2010, 93~94. Available online: http://www.bauermedia.com.au/empire.htm(accessed on 6 June 2013).
44. Méliès, G., Dir. 〈Voyage to the Moon〉[film]; Star Films: Paris, France, 1902.
45. Darby, D., "Photography, Narrative, and the Landscape of Memory in Walter Benajmin's Berlin", *Ger. Rev.: Lit., Cult., Theory*, 2000, 75, pp. 210~255.
46. Bogue, R., "To Choose to Choose — to Believe in This World", in *Afterimages of Gilles Deleuze's Film Philosophy*, Rodowick, D. N.(ed); University of Minnesota Press: Minneapolis, MN, USA, 2010; pp. 115~134.